郎咸平说

中国经济的旧制度与新常态

郎咸平 著

人民东方出版传媒

东方出版社

图书在版编目（CIP）数据

郎咸平说. 中国经济的旧制度与新常态 / 郎咸平 著. —北京：东方出版社，2014. 12

ISBN 978 -7 -5060 -7903 -7

Ⅰ. ①郎…　Ⅱ. ①郎…　Ⅲ. ①中国经济–研究　Ⅳ. ①F12

中国版本图书馆 CIP 数据核字（2014）第 304013 号

郎咸平说：中国经济的旧制度与新常态
（LANGXIANPINGSHUO：ZHONGGUO JINGJI DE JIUZHIDU YU XINCHANGTAI）

作　　者：郎咸平

责任编辑：陈　楠

出　　版：东方出版社

发　　行：人民东方出版传媒有限公司

地　　址：北京市东城区朝阳门内大街 166 号

邮政编码：100706

印　　刷：三河市金泰源印务有限公司

版　　次：2015 年 2 月第 1 版

印　　次：2015 年 2 月第 1 次印刷

印　　数：1—200 000 册

开　　本：710 毫米×1000 毫米　1/16

印　　张：16

字　　数：258 千字

书　　号：ISBN 978 -7 -5060 -7903 -7

定　　价：39. 00 元

发行电话：(010) 64258117　64258115　64258112

目　录

我对本轮经济改革总体上持谨慎正面评价

郎咸平

各位朋友，呈现在您面前的这本《郎咸平说：中国经济的旧制度与新常态》，是我继出版《郎咸平说：中国经济到了最危险的边缘》和《郎咸平说：改革如何再出发》之后，第三本系统论述中国经济体制改革和中国发展路线图的作品。我在这本书中，试图告诉各位，我对新常态与其他专家有完全不同的理解；我预测，新常态对国家、企业和个人，乃至世界格局的影响，将远远超过邓小平"南方讲话"。我对此持谨慎乐观态度。当然，我的预测以"全面深化改革"成功为前提。

众多迹象表明，中国经济已开始步入新常态。我注意到很多学者和官方机构对新常态所做的阐释，告诉各位，他们都是就现象论现象，并没有抓住新常态的本质。我的理解，中国经济新常态的本质，就是透过改革，逐步使中国成为一个正常的市场经济国家，从而实现国家经济治理能力的现代化。

我一直认为，市场经济体制不单纯是经济制度问题，更是国家治理社会的最有效的治理方式，因为市场的本性就是自由、平等、公平、竞争和博弈合作。所以我们看到，习近平主导的"全面深化改革"透过"三板斧"，使中国经济逐步进入了新常态：第一板斧，简政放权，释放市场活力，就是所谓的"习李新政"；第二板斧，透过三中全会《决定》，确定了市场在资源配置方面的决定性作用，厘定了政府与市场的边界，其核心是压缩行政权力，还私权给公民和企业，即所谓的"法无禁止即可为"；第三板斧，透过四中全会《决定》，规范那些被压缩的公权力，以实现所谓的"法无授权不可为"和"法定职责必须为"的法治目标。

尽管如此，从经济学的角度看，我依然认为，四中全会《决定》是一个为市场保驾护航的政策。这些就是我在本书导论《重塑政府与市场的边界，以新常态革除旧制度》所阐释的主要观点。不认识到这些，我们就无法理解新常态，也无法判断中国将走向何方。如果"全面深改"取得成功，中共将实现自执政以来的第二次自我革命。第一次当然是邓小平先生主导的"改革开放"。

中国要进入正常市场国家行列，还有漫长的路要走。我们看到的是，政府过去一直在做市场的主体，而不是做市场活动的裁判和监管者，这是导致今天中国经济困局的深层次原因。关于这方面的话题，感兴趣的读者可以阅读我过去出版的《郎咸平说：中国经济到了最危险的边缘》。所以我们当前改革的当务之急，就是要清除阻碍建立正常市场经济秩序的旧制度，这就是本书第一篇"革除阻碍改革的'旧制度'：那只伸得过长的手"阐释的内容。在本篇里，我从国企垄断、权力腐败、金融垄断、政策楼市、土地财政、政府监管失责等方面，说明政府在市场方面越位和缺位的灾难性后果，并以此证明一个由政府操控的市场一定不是一个好市场。

为了解决上述问题，我们看到了执政者们在 2014 年连出四中全会《决定》、新《预算法》和"43 号文件"三记重拳，以厘定政府与市场的边界。这就是我在本书第二篇"政府出重拳，为市场保驾护航"阐述的内容。其中，最值得关注的是"43 号文件"。各位晓得这个"43 号文件"有多么重要吗？它将使地方政府彻底丧失投资能力，迫使地方政府从投资型政府转型为服务型政府，"地方政府公司化"趋势将会得到基本遏制。我预测，"43 号文件"将成为厘清中国政府与市场关系的里程碑性文件。请各位一定要记住和领会这个文件。这三记重拳是以政策、法律、法规的形式，厘定了政府与市场的边界，非常了不起。关于厘定"政府与市场边界"的系统性思考，各位可以参阅我过去出版的《郎咸平说：改革如何再出发》一书。

既然如此，那么政府这只"有形的手"该用在什么地方呢？我认为，政府的精力应该放在建立"有效市场"方面，一个没有垄断的市场才是一个有效的市场。这就是我在本书第三篇"有效市场：改革开启攻坚战"要讨论的内容。一个有效的市场应该是破除垄断、公平竞争的市场。在本篇里，我评述了2014年政府在价格改革、电力改革、电信改革、金融改革、国企改革等方面的大动作。为什么说是"大动作"呢？因为这些改革是20世纪80年代以来中国未完成的改革，为什么呢？因为难，所以我将其称之为"攻坚战"。如果政府能够采取有效措施，避免形成新的垄断利益集团的话，我对这些大动作的改革，在总体上给予积极的评价，并对改革的结果持乐观的态度。为什么？因为这些改革，是在反腐败的大棒下进行的。

打破垄断的改革已然成为中国经济的新常态。一个去除垄断，充分竞争的市场生态，才能真正孕育出具有创新能力的企业。我一直认为，调结构、产业升级转型的主体是企业，而不是政府。政府要做的是，营造出一个"法无禁止即可行"的营商环境，营造出一个"充分竞争、公平有序"的市场环境，营造出一个保护私有产权和知识产权的法律环境。本书第四篇"中国产业新常态"要讨论的，就是在充分竞争的市场环境中，企业作为创新的主体，该如何转型升级。我以互联网、通信、高铁、汽车、电子等产业为例，说明企业转型升级、增加竞争力的背后逻辑，供各位参考。

一个有为的政府，不仅应在国内市场为企业营造一个好的营商环境，而且应该像美国那样，在国际上为本国企业营造一个好的营商格局。过去，我们在这方面吃的亏太多了。令人兴奋的是，在2014年，我们看到了新一届政府在国际经贸关系方面的大手笔布局。无论这些布局的最后结果如何，我都看到了一个有为政府该有的动作。这些布局，改变了我们过去被动接受规则的困局，而是主动亮剑，开创了主动布局、创制规则的新局面。这就是本书第五篇"攘外是为了安内：国际经济新布局"要与各位讨论的内容。

好了，各位朋友，这就是我对中国经济新常态背后逻辑的理解。新常态建立的过程也是破除旧制度的过程，这是一条荆棘遍布的道路，但是我们没有选择的余地。

在这里，我要感谢我的学术助手马行空及其率领的团队，没有他们的资料提供和初步研究，就不会有本书的出版；同时也要感谢东方出版社的编辑们，他们研究性的编辑工作，也为本书增色不少。

2014 年 12 月 30 日星期二

重塑政府与市场的边界，以新常态革除旧制度

郎咸平

无视中国经济问题本质的改革，注定以失败告终；但看到本质，却不懂中国经济社会运行逻辑的改革，同样以悲剧收场。

多年来我主要从民生和产业的视角，在解读经济乱象背后的制度根源基础上，坚持呼吁推行以"藏富于民""政府的归政府，市场的归市场"为基本理念的经济改革。遗憾的是，十多年过去了，我们看到的却是一幅"政府的归政府，市场的也归政府""扩权争利、国进民退"的可怕景象。这不是危言耸听，而是我在近两年出版的《郎咸平说：中国经济到了最危险的边缘》《郎咸平说：让人头疼的热点》等书中的主要观点。

2012年中共十八大之后，中国进入了新的政经周期。两年来，我们一方面看到政府"简政放权""公布权力清单"等一系列"新政"出台，但同时，由于旧的制度惯性，以及多年来固化下来的庞大的既得利益集团阻挠，很多实质性的改革根本推动不下去，这才有了从"新政"到新常态的变化。那么，什么是中国经济的新常态？这个问题已经有太多的学者进行了解读，在本书中，我不想做任何重复，也不会从"增长速度、结构调整、经济增长新动力"等抽象的概念出发去解读，而是给大家讲清楚新常态的本质和逻辑究竟是什么，以及它将如何改变中国，如何影响我们每个人。

一、旧制度才是中国经济的真问题：政府不愿意退出市场

我在 2014 年 5 月份出版的《"新政"能否改变中国》一书中，曾毫不客气地指出"中国经济的根本问题是政府不愿意退出市场"。在本书中，我想进一步指出，政府不愿意退出市场就是中国经济旧制度的本质问题，绕开这个问题去谈"扩内需、调结构、保增长"，等等，都是假问题，或者说伪问题。解决假问题的结果，只不过是在制造出更多的新问题。悲哀的是，这恰恰是我们一直在干的事情。

1. 改革为何越改越糟之用调控代替改革

过去十多年来，我说的最多的一句话就是：我们的老百姓最怕改革，因为房改了买不起房，医改了看不起病，教改了上不起学。改革越改越糟！这是民生领域的改革结果，那么经济层面的改革呢？也是越改越糟的。

过去十多年，政府每年几乎都将"扩内需、调结构、保增长"作为经济管理的主要任务。但结果却是，在经济运行过程中，将本应给市场放权让利的改革，逆转为形形色色的扩权争利。"调结构、扩内需"在事实上被"保增长"取代，使经济结构更加畸形，经济改革错失了最佳时机。

这种以技术层面的调控代替实质性改革的做法，在政府层面的具体表现就是，并没有以"壮士断臂"的魄力去推动像发改委等这样的强势部门向市场简政放权。本来，中国的经济改革由于起点较低，再加上人口、资源、环境等红利，使得改革一开始就具有后发优势。因此，无论是产业改革，还是区域经济，只要政府向市场放权，只要中央向地方放权，经济便会马上出现活力。国企改革，沿海和江浙地区崛起以出口为导向的制造业，都是如此。但接下来由于路径依赖，政府既不推动剩下的比较困难的改革，更不愿意退出经济领域，而是围绕"保增长"的目

标，挥舞财政政策和货币政策这两根"大棒"，在经济偏热的时候马上"踩刹车"，在经济遇冷时立即"踩油门"，这种反复摇摆的非常态化管理方式，是对经济周期的人为破坏，不仅造成市场紊乱，对中国这么一个庞大的经济体而言，更是一种灾难。在权力运行不规范，市场这只"看不见的手"被政府"看得见的手"束缚的情况下，频繁调控的结果就是财富快速向国有企业集中，权力再次向政府集中，社会贫富分化严重，庞大的既得利益集团迅速形成并固化，成为今天推行改革的最大阻力。这就是无视或者回避中国经济真问题的结果。

之所以出现这种糟糕的结果，原因就是政府不愿意退出市场，用计划经济的思维去管理市场经济，而且还发明一个口号，叫作"宏观调控，微观搞活"，这是一种非常懒惰的思维模式。我告诉各位，在一个土地、资本（金融）、资源能源和基础设施等基本上由政府垄断的市场，调控有意义吗？结果只能是越调越乱，而且微观也搞不活。即便在充分的市场经济体制下，财政政策和货币政策等调控措施也不见得有多大作用。所以我说，政府是在用调控来代替真改革，其根本原因是不愿意退出市场，其中的既得利益者不愿意放弃权力寻租的机会。

2. 改革为何越改越糟之用投资代替改革

如果用"调控"解决不了经济运行过程中出现的衰退问题，为了"保增长"，政府还有一个更懒惰的办法，那就是干脆直接投资或者间接投资各类国有融资平台、国有企业或者大型项目，以拉动经济增长。特别是2008年全球经济危机之后，我们的政府出台了"四万亿投资计划"，资金主要流向国有企业、基础设施建设和产能过剩行业之后，政府投资压倒了民众消费，而民间资本从实体经济大量流向房地产，资产泡沫膨胀。这就是政府用投资代替改革造成的恶果。

我将政府直接成为市场主体的现象，称之为"政府行为公司化"。本来政府应该进一步放开市场，营造良好的营商环境来刺激投资和消费，来拉动经济增长。而我们的政府，由于"政府办市场"思维惯性的依赖，却采取了相反的路径，例如用调控和投资代替改革。我只能无话可说。

各位晓得"政府行为公司化"有什么严重后果吗？这必然导致经济垄断化、公共利益部门化和经济行为短期化的严重后果。可以说，"政府行为公司化"是所有的经济旧制度、旧常态革除不去的根本原因。

由于"政府行为公司化"，决定中国经济命脉的土地、金融、资源、能源、交通等行业，全部由国有企业垄断。结果如何呢？这些要素的价格是全世界最高的。各位知道后果了吧？我想这也是人民币对外升值对内贬值的重要原因吧。

与此同时，由于政府对经济管制过多，很多本应服务于经济的政府部门，则以加强监管的名义扩权，以增加审批的方式设租寻租，出现了所谓的"公共利益部门化"现象。这个时候，任何实质性的改革就会停滞，经济的活力就会受到抑制。

改革停滞后，为什么会出现"经济行为短期化"呢？这是由我们官员的考核方式和任期制度造成的。我们知道，无论哪个层级的地方官员，任期一般都是五年，而五年后对官员的升迁考核主要依据是，其在当地主政期间的 GDP 数据。在这种情况下，大部分人的选择不会是简政放权、调整经济结构的实质性改革，因为这些改革难度大、周期长、见效慢。相反，集中手中权力和资源，上一些短期内容易出政绩的"大项目"则相对容易得多，比如，高污染、高能耗、高投入等产能过剩的"三高"项目，既有面子又有里子的"铁公基"项目等。结果就是所谓的"官出数字，数字出官"。

好了，各位，透过上述分析，我们可以得出这样的结论，由于政府不愿意退出市场这一旧制度的存在，政府只能用调控、投资这两种手段代替改革，以应付经济上遇到的困局。说实话，也没有其他办法。这两种代替改革的手段反过来又固化了政府直接参与市场的行为，如此循环反复，就造成了我们今天的经济困局。

但是，客观地讲，在原有经济社会运行框架内，让"公司化"的政府退出市场，这个问题从逻辑上是无解的。政府的自我"革命"，离开了国家治理方式从传统治理向现代化治理的转型，只能是一句空话，而国家治理现代化，首先是经济治理能力的现代化。

二、"简政放权"和两个《决定》：用新常态革除中国经济旧制度

2014 年 12 月 11 日闭幕的中央经济工作会议，首度系统阐述了经济新常态，随后对新常态的解读看似铺天盖地，但很多都是千篇一律。我认为，如果不能从国家治理的高度来理解，那么对新常态的认识就是一种盲人摸象。那么，什么是新常态？其本质和逻辑到底是什么？

我对新常态的理解，可能和很多人不太一样。在我看来，新常态并不是某一次会议，某一项政策，而是从确立正确的改革方向到逐一落实的动态过程，或者说，新常态不是某一个"点"，而是一个"域"。新一届领导班子是通过行政管理体制改革的"新政"、中共十八届三中全会《决定》和十八届四中全会《决定》这"三板斧"进入新常态的。

各位一定记得，新一届中央领导上台伊始，即把简政放权作为头等大事。据统计，在短短一年内，取消和下放了 416 项行政审批等事项，取消和免征行政事业性收费 348 项。在 2014 年"两会"期间，李克强总理又明确表态，将再取消和下放行政审批事项 200 项以上，同时要深化投资审批制度改革。确需行政审批的，建立权力清单，清单之外的，一律不得实施审批。新一届政府上台第一年，以简政放权为主要特点的行政管理体制改革，被媒体称为"新政"。

不难发现，"新政"基本是行政管理层面的简政放权，主要是通过厘清"哪些归市场，哪些归政府"，来解决"公共利益部门化"问题。具体可以用两个层面的三句话讲清楚：对于市场主体而言，"法无禁止即可为"，主要目的是激发企业活力，让企业成为创新主体；对于政府来说，"法无授权不可为""法定职责必须为"，其目的在于通过反垄断、保护知识产权，创造好的营商环境，让市场充分发育。用官方话来讲就是"建立并维护公开、公平、公正的市场运行机制"。

革除"政府行为公司化"状态下的旧制度，仅仅依靠行政管理层面的简政放权显然是不够的。前面讲了，"政府行为公司化"，除了导致"公共利益部门化"外，还必然导致"经济垄断化"和"经济行为短期化"。所以中共十八届三中全会《决定》，通过规划一幅横向的经济、政治、社会、文化、生态"五位一体"的改革蓝图，让政府回归公共管理和公共服务的本位，与市场划清界限。四中全会则勾勒了一个纵向的法治秩序下的市场经济愿景，建设法治政府，规范政府干预市场的行为。也就是说，两个《决定》从不同角度为未来几十年中国经济社会，从传统到现代转型确立了一套基本的政府与市场关系框架，以从制度上彻底解决政府公司化问题。所以这两个《决定》是并列的姊妹篇。

好了，我们现在从新常态的角度重新审视两个《决定》。显然，中共十八届三中全会《决定》，主要是调整公权力和私权利的关系。即明确规定，在资源配置中，发挥决定性作用的是市场，而不是政府，政府的主要职责是创造良好的营商环境。这等于为政府行为划定了上限（不得"越位"代替市场）和下限（公共服务职能不得"缺位"），所以说，中共十八届三中全会《决定》的重心是压缩公权力，放大私权利，让政府回归本位，激活市场活力。再来看四中全会《决定》。大家都知道，真正的市场经济，或者说，常态下的市场经济，一定是法治经济。在中共十八届三中全会《决定》解除政府对市场束缚后，四中全会《决定》用法治来规范市场秩序当然是应有之义。但客观地说，四中全会《决定》主要停留在用法治培育市场经济的层面，建设健全的法制市场经济体系目前来看还为时尚早。比如，四中全会《决定》中司法改革部分，禁止党和政府领导人插手具体案件的审理，以及建立跨区域的司法系统，就是为了克服阻碍市场经济的地方保护主义。所以说，中共十八届四中全会《决定》的重心是规范公权力，以保护私权利，让市场经济成为常态化的法治经济。

各位清楚了吧，政府就是通过这"三板斧"（前面谈到的新政，三中全会和四中全会），为中国经济下一步发展奠定制度基础。这些制度，悄然地把中国经济带入了新常态。新常态的目标很清楚，那就是使中国成为一个正常的市场经济国家，一个法治经济的国家，从而实现国家经济治理能力的现代化。这就是新常态背后的逻辑和本质。

为什么这样说呢？一般认为，现代国家经济治理主要包括三方面内容：一是政府权力和责任的界定，以简政放权为主要内容的"新政"和三中全会《决定》，针对的就是这个问题；二是市场的规范与监管，四中全会《决定》，把这个问题解决了；三是规范政府的收入与支出，政府通过新《预算法》，透过"全面、公开和权威"的原则，也把这个问题解决了。我们看到，中国经济新常态，正是按照这样的逻辑在向前推动的。因此，新常态的本质就是经济治理能力的现代化，使命就是通过革除旧制度，让中国经济社会最终进入常态。

各位，通过上面的梳理，我们可以很清楚地知道，什么是新常态的背后逻辑和本质。不搞清楚这些，只看现象不看本质，就是盲人摸象，搞不好会把新常态带上邪路。新一届政府上台以来，采取的对内改革措施和对外经济战略布局，构成了中国经济的新常态，虽然令人眼花缭乱，但其背后是有逻辑的。这就是本书要探讨的内容。

三、新常态的影响程度将超过"南方讲话"

我们知道，1992 年改革开放总设计师邓小平的"南方讲话"，以及随后建立社会主义市场经济体制的一系列改革政策，深刻地改变了中国。比如，透过国企改革放开了几乎所有的竞争领域，设立证券市场等改变了中国的财富版图，"下海潮""打工潮""创业潮"等则改变了无数人的命运。但是，新常态对整个国家和每个人的影响程度，将会远远超过当年的"南方讲话"。下面，我想超越经济话题，谈谈新常态的影响力。

1. 新常态将引发公务员和国企员工的"创业潮"

我们的官员过去之所以"前腐后继"，原因就是我反复讲的，政府这只"看得见的手"伸得太长，管得太多，"政府行为公司化"和"公共利益部门化"现象让政府部门及其官员寻租设租和腐败的机会太多。解决问题的办法，就是我在 2012 年出版的《郎咸平说：让人头疼的热点》一书中提出的"给市场放权"+"强化预算制度"。新常态已经打出的简政放权、"拍苍蝇、打老虎"的反腐败、规范财政预算等组合拳，就是以釜底抽薪的方式，斩断政府和市场之间的利益链条。所以说，过惯了好日子的公务员和国企员工，接下来要么换"大脑"，适应新常态；要么换"地方"，下海创业。说实话，给市场放权的新常态，给创业者提供了大量的机会，我预测，很多有能力有头脑的公务员和国企员工，一定会下海创业。当然，新常态也可能会带来新的"下岗潮"。

2. 新常态使中国变成一个正常的市场经济国家

我这么讲的潜台词就是，不管以前别人承认不承认，事实上我们还算不上一个正常的市场经济体，为什么这么讲呢？大家晓得，正常的市场经济，至少同时满足三个条件：产权清晰、市场配置资源以及法治保障。我们保护私有财产权的《物权法》虽然颁布施行好几年了，但从产权界定角度看，还没有触及国有企业和土地这两个最头疼的问题。至于市场主体这一块，过去我一直呼吁的"政府的归政府，市场的归市场"，针对的就是我们地方政府代替市场配置主要资源的现象。至于法治保障，由于政府过于强势，市场根本无法在法治框架下与其抗衡。前面说了，"简政放权"和两个《决定》以及新《预算法》，就是用顶层设计的方式，逐一清理阻碍市场经济的旧制度，从而实现国家经济治理能力的现代化。

3. 新常态开启了中国政治体制的先河

作为一名经济学者，我很少讨论政治体制改革的话题。但我从来都认为，市场体制不仅仅是一个国家治理经济的最有效的制度，而且还是一个国家治理社会的最有效的制度之一。为什么这样讲呢？因为市场体制本身，就是一个自由、公开、平等和竞争的机制。一个国家的政治体制，说到底就是一套如何处理公权力和私权利的制度和机制。从上面的分析我们可以看出，新常态的本质就是透过"简政放权"和两个《决定》以及新《预算法》这三板斧，重新调整了公权力和私权利的关系，你说这不是政治体制改革，是什么？很多人绕开经济改革，将政治体制改革简单等同于民主选举。民主当然是好事情，但这里我要讲的是，如果没有市场经济体制这个大前提，政治民主就是空中楼阁，我们的邻居印度就是前车之鉴。政治体制改革有很多的事情需要去做，但总得有个先后顺序问题，站在一个经济学者的角度，我认为需要迈出的第一步就是厘清政府与市场的边界，让政府回归本位，让市场经济名副其实。因此，新常态表面看是经济改革，实际上却是真刀实枪的开创性质的政治体制改革。

4. 新常态使中国在国际经济格局中由参与者变成建设者

大家晓得，改革开放至今，我们一直都是努力尝试融入世界经济格局。从引进国外技术和资金，建立"三资"企业，从建立外向型经济到参与国际经济大循环，一直到中国加入 WTO，中国开始融入全球经济体系。回顾中国经济发展过程，可以看出，整个过程，中国只处于"融入者"和"参与者"的角色，导致我们在国际贸易争端当中，一直处于"被动挨打"的局面。新常态下的对外经济布局，我们开始"亮剑"，标志事件就是"一带一路"（"丝绸之路经济带""21世纪海上丝绸之路"）。不同的是，以前我们只是参与者，是国际经济格局中没有太多话语权的跟随者。"一带一路"以及建立亚洲基础设施投资银行和"丝路基金"，则是由中国政府发起并主导的区域经济新秩序，这次我们不仅是参与者，而且还是新的经济格局的倡导者和建设者。

5. 新常态将使中国在文化和价值观层面融入世界大格局之中

大家晓得，新中国成立至今，我们一共有两次融入世界格局的尝试。

第一次是 20 世纪 70 年代初期由"珍宝岛事件"引发的中美建交以及恢复中国联合国常任理事国的合法身份，新中国正式融入世界政治格局并成为其中一支重要力量。这是由毛泽东先生主导的第一次大格局，即政治大格局。第二次是从 20 世纪 80 年代对外开放建立外向型经济，到本世纪初中国加入 WTO，中国开始正式融入全球经济体系，并成为全球第二大经济体。这是由邓小平先生主导的第二次大格局，即经济大格局。虽然中国已经成为全球第二大经济体，但是由于地缘政治因素的影响，我们正面临着"经济包围圈""军事包围圈""能源包围圈"等威胁，尤其美国重返亚洲之后，我们面临的局面更加艰难。我们在周边几乎没有朋友，为什么会出现这样的局面呢？因为对你不信任。为什么不信任呢？因为我们的价值观不同。这就是说，我们在文化和价值观领域没有融入世界大格局之中！

我曾讲过，新常态是经济、政治、社会、文化、生态五位一体的顶层设计。本书重点梳理了经济层面主要问题和应对思路，大家读后一定会觉得布局很好。但在这里我还是要先打击一下大家，对我们这个拥有五千年历史文化的文明古国来说，融入世界格局难度最大的并不是经济，而是文化和价值观。

2012 年十八大提出的"富强、民主、文明、和谐，自由、平等、公正、法治，爱国、敬业、诚信、友善"的社会主义核心价值观，可以看作是新常态下的文化和价值观体系。这 24 个字的核心价值观的最大特点其实是四个字：兼容并包。直白点说，就是我们接受西方文明中自由、平等等价值观，也尊重个体的权利和价值，但我们决不搞文化虚无主义，不抛弃中国传统文化中诚信、友善等价值观，我们在强调个体价值的同时，也注重国家富强和社会和谐。兼容并包是我们从文化和价值观层面融入世界大格局的生命力所在。

我乐观地预言，由习近平先生主导的融入世界的中国第三次大格局，即文化和价值观大格局已经启航，并一定会实现。至此，中国才会成为一个完全的正常市场经济国家，实现中华文明的伟大复兴。

第一篇
革除阻碍改革的旧制度：那只伸得过长的手

第一章 国企：绝对的垄断导致绝对的腐败

一、央企腐败已被政府抬上了台面

十年之前，我曾冒天下之大不韪，公开质疑一些收购国有资产的交易中，存在以欺诈等手段侵吞国家优质资产的行为。十年过去，我们全社会对于揭露类似的国有资产流失的事件变得越来越开明，大家都在一点点行使监督的权力，这一点是我非常乐于见到的。但与此同时，国有资产频繁遭到不法侵吞，国企领导渎职，甚至贪腐的案件层出不穷，这也是我们必须反思的深刻问题。

2014 年 4 月 15 日，新华社《经济参考报》首席记者王文志在微博上实名举报华润董事长宋林："尊敬的中纪委领导：我在去年 7 月 17 日曾实名举报副部级官员、华润集团董事长宋林在华润收购山西金业资产过程中存在严重的渎职行为，造成巨额国有资产流失。出于对中央和中纪委的信任，今天我依然再次以公民的身份实名举报宋林包养情妇，并涉嫌贪腐。"两天之后的 2014 年 4 月 17 日，中央纪委监察部发布消息称，宋林涉嫌严重违纪违法，目前正接受组织调查。

实际上，根据我们的观察和研究，最近几年国企成了官场之外另一个贪腐的重地，而且涉案的有好多是大型央企。我们首先看一组数据，这是从中共"十四届"到"十八届"历次全国代表大会召开之后的五年间，年均副部级以上落马官员的人数。其中，中共十八届三中全会于 2013 年 11 月闭幕，因此我们只统计了 2013 年 11 月至我撰写此书的 2014 年年底期间的情况。又因为统计情况过于复杂，我们仅统计了十八大后落马的省部级以上官员人数。但年均数值之高，还是超出了以往副部级以上的人数。

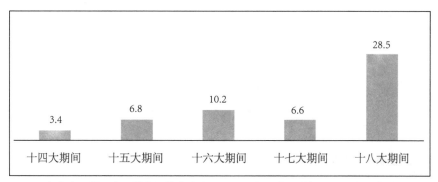

中共十四届至十八届全国代表大会召开后，年均落马副部级以上官员人数

（十八大期间数据为省部级以上落马官员人数）

如果再分析这些落马高官的组成，你会惊奇地发现其中来自国企的人数在不断增长。十四大期间查处的副部级以上官员有 17 个，没有一个是在国企工作的；十五大期间查处的副部级以上官员有 34 个，在国企工作的占 6 个，相当于 18%；十六大期间查处的副部级以上官员 51 个，在国企工作的占 6 个，相当于 12%；十七大期间查处的副部级以上官员 33 个，其中在国企工作的 4 个，相当于 12%；十八大至今的两年时间里，已经处理了 57 个省部级以上官员，其中仅央企就占了 12 个，相当于 21%。

为什么"十八大"期间会查出这么多贪官？国企、央企查处的贪腐案件为什么陡然上升？告诉各位，因为央企的腐败已经被政府抬上了台面。具体情况国资委清楚得很，所以它指出有几个领域的腐败是要重点侦查的。第一种腐败，破产重组、产权交易、资产评估；第二种腐败，物资采购、招标投标；第三种腐败，投资决策。我们根据国资委提出的三大类型腐败，来进行讨论。

二、央企高管透过国有资产交易，从中牟取暴利

第一种类型，破产重组、产权交易，以及资产评估。华润集团原董事长宋林的腐败案就是典型案例，他是被新华社知名记者王文志举报的。这位记者是怎么做的？山西有一个民营企业叫金业集团，王文志认为这个值52亿元人民币的企业，被华润集团旗下的华润电力用100亿元人民币买了下来，这里面有国有资产流失之嫌。又因为这个交易发生在宋林主管华润电力期间，且他亲身参与，所以他也就有了贪腐、致使国有资产流失的嫌疑。

背景提示：华润集团原董事长宋林与山西煤矿并购事件始末

2009年6月至2010年5月，在山西省"煤矿企业兼并重组"期间，华润集团旗下的华润电力在山西吕梁和太原古交两地投入煤矿收购。此时，宋林任华润（集团）有限公司董事长，兼任华润电力控股有限公司、华润微电子有限公司主席。

2009年6月，华润电力占股66%，山西联盛占股34%，成立山西华润联盛煤业公司。在联盛董事长邢利斌的帮助下，华润联盛收购吕梁5个县区38座煤矿（整合为12座）。邢利斌已于2014年3月被警方带走调查。

2010年4月，华润电力又以华润联盛能源投资公司为主体，联合金业集团、中信信托成立山西华润煤业和太原华润煤业两家公司，收购"古交18矿"（整合为9座煤矿）和山西金业集团旗下的"10个资产包"。

其中，山西金业旗下"10个资产包"曾在2009年9月24日以总价52亿元，签约整合给山西同煤集团。但同煤在已向金业支付首笔10亿元价款的情况下，于2010年春节后突然退出整合。此后，华润接盘，以"不低于79亿元"的总价签署了收购协议。

华润联盛、山西华润和太原华润构成华润电力在山西产业的主体，也是整个华润集团能源板块中的最主要部分。全部并购涉及近60座煤矿，公

开的协议对价高达 200 多亿元。

完成这些并购时，华润电力的最高决策者都是宋林，他在 2011 年才辞去华润电力董事会主席兼执行董事的职务。

2013 年 7 月 17 日，新华社《经济参考报》首席记者王文志实名举报宋林等高管，称其在收购山西民营企业金业集团旗下资产的百亿并购案中故意放水，致使数十亿国有资产流失，宋林等有巨额贪腐之嫌。

我是资产评估专家，很客观地告诉各位，产权交易很复杂，特别是体量庞大的交易，里面有很多可以动手脚的地方。华润集团 2012 年的总资产有 9300 亿港币，到 2013 年它的总资产超过 1 万亿港币；从 2000—2012 年，资产上升 15 倍。在这个过程中，兼并、收购是绝对不可避免的。受到王文志关注的山西金业集团交易是 100 亿，占华润总资产的 1%，这种级别的交易在华润的资产上升期里肯定非常多。至于说华润电力对包括山西金业集团在内的兼并、收购有没有出现资产评估问题，在没有看到确切数据之前，我不会妄下结论。但单就目前媒体报道出的情况看，确有值得推敲、审查之处。

我们再说在中石油腐败窝案中发现的两个涉嫌国有资产流失的案件。根据媒体的报道，"周滨及其亲属涉嫌以不法手段取得中石油长庆油田的两个高产区块，并转手获得高额利益"。

2001 年，大庆肇州油田州十三区块被转让给了一家叫作中亚石油的民营企业。转让之后发现，这个油田的产量非常丰富，所以大家就怀疑，这里面是不是有利益输送。2008 年的时候，中亚石油的老板又得到了一家叫作德淦石油的公司，后者有两个项目部，分别是与中石油长庆油田合作开发的长海项目部和长印项目部。

告诉各位一个背景知识，2006 年之后国际原油价格一反之前的低迷，在 2007 年年底飙升到了 100 美元/桶。就是在这样一个背景下，德淦石油作为一个民企竟能拿到中石油第一大油田——长庆油田的两个高产区块，这又引发了很多质疑。再结合我在前面提到的产权交易复杂、资产评估困难的问题，我套用一句时兴的话："这里面的水太深了。"

最后我再告诉各位一个数据，央企一年的产权交易至少有3000件，而真正抓到有国有资产流失嫌疑的不到0.1%。是真的只有这几起交易有问题，还是因为产权交易复杂、资产评估困难而有漏网之鱼？在看到确切数据之前我不妄做判断，仅留给各位思考。

背景提示：中亚石油的母公司吉林华海能源集团有限公司于1999年创立，创始人王乐天20世纪80年代曾在中央国家机关任职，后离职下海经商，是东北地区的能源大鳄、隐形富豪。

2001年，中亚石油进军中石油的第一大油田——大庆油田，获得了开发权。当年12月7日，中亚石油与中国石油天然气集团公司签订了《大庆肇州油田州十三（三至六区块）区块开发和生产石油合同》，同年12月28日又收购了加拿大泛华能源有限公司在1996年8月与中石油签订的《大庆肇州油田州十三（一至二区块）区块开发和生产石油合同》中的合同权益，拿到了大庆肇州油田州十三油田完整的开发权和生产权，其开发面积108平方公里，石油地质储量3.11亿桶。另外，中亚石油还握有2005年获得的大庆肇州413油田（面积60平方公里，石油地质储量1.79亿桶）的开发权。

2007年12月，德淦石油公司成立，由北京海天永丰石油销售有限公司出资500万元，全资发起设立，其股东正是周滨的岳母等人。德淦石油下属两个项目部，分别是与中石油长庆油田合作开发的长海项目部和长印项目部。2008年5月，德淦石油被转让给了王乐天的吉林天卓。根据媒体报道，"不能确知王乐天为接手而支付的对价，但北京一位与其有业务接触的商界人士透露，周滨他们转手就赚了5个亿"。

三、国企招投标、海外投资成为权力寻租的温床

再说第二种类型，物资采购、招标投标。我们有113家央企，各位猜

一下它们一年做多少次招投标？22.6 万次，每家央企一年平均进行 2000
次招投标。这个数字算多的吗？我来给各位做一个对比。我们用中石油和
埃克森美孚做对比，后者从全球来看已经是招投标最多的公司之一了，但
每年也不过 200 次。那么我们的中石油呢？按平均值来算是一年 2000 次，
相当于埃克森美孚的十倍。我们每年搞这么多次招投标，这就是腐败的温
床啊！

我就拿前铁道部部长刘志军为例，他的腐败案中有一个关键的中间
人，就是丁书苗，她透过干预前铁道部项目招标，为自己的公司挣了大约
1800 亿元。丁书苗个人分到了 37 亿元。怎么做的？首先，丁书苗和她的
同伙去找参与铁路工程项目招投标的公司，以有偿方式帮助它们中标。然
后，丁书苗再找到刘志军，告诉他哪些企业给了我好处，你下达指令让这
些企业中标。刘志军在从丁书苗那里收到贿赂后，透过非法干预招投标，
帮助那些行贿的企业中标。

各位注意，因为前铁道部放出的都是大项目，能够参与投标的都是大
型企业，而且这里面的企业大多数都是国企。根据媒体报道，丁书苗在
2007—2010 年间，先后为中国水利水电建设集团公司、中铁十局、中铁十
三局、中铁二十局集团有限公司等 23 家投标公司中标了"新建京沪高速
铁路土建工程 3 标段""新建贵阳至广州铁路站前工程 8 标段"等 57 个铁
路工程项目。

2011 年 12 月，《法制晚报》登载了一则更让人毛骨悚然的新闻，这篇
文章引用最高人民检察院犯罪预防处的一个数据说，工程项目的资金中，
有1/6～1/3 都被用来贿赂各级官员了。

第三种类型，投资决策。2005—2009 年，央企的海外投资年增长率在
59%以上，113 家央企每年的海外投资总数高达 200 起。另外，海外并购
的数量也是非常多的。我还是拿中石油和埃克森美孚做比较，过去十年，
中石油总共对外发起 44 起并购，埃克森美孚是 4 起，我们是人家的 11 倍。
每年进行这么多海外投资、并购，各位晓得结果是什么吗？就是大量亏
损。我给各位提供一组数据，2011 年中国央企在海外设立的近 2000 家企

业中，有 27.3% 都是亏损的。

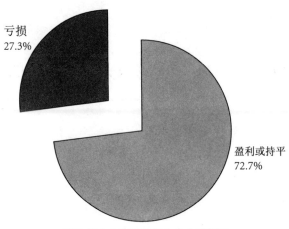

2011 年央企在海外设立企业亏损率

我们回头看"十八大"后落马的省部级以上干部中，虽然说有 21% 都来自央企，但其实只要和上图对比一下就会发现，被逮到的受贿贪官人数很可能只是真实人数的一部分。我做这种判断是想说明，政府正在进行的反腐风暴是对的，但目前还有很多隐藏的贪官没有受到应有的惩罚，希望我们反腐的力度和范围能够继续加大，特别是中纪委和国资委能够对国企腐败问题给予更高层次的重视。

第二章 权力：绝对的权力导致绝对的腐败

随着反腐风暴愈演愈烈，我们发现了一个很特殊的现象，就是反腐总是从"大老虎"身边的秘书、情人、家人入手，顺藤摸瓜抓出一连串贪腐人员。

我们要如何防范这种贪腐窝案呢？我先引用习近平主席过去发表的文章："不能认为'机关牌子大、领导靠山硬，而有所依仗、有恃无恐，更不允许滥用领导和办公室的名义谋取个人私利。"坦白讲，取消专职秘书非常的艰难。以四川为例，2003年四川省政府就下发了通知，要求取消市县级领导的专职秘书。那么根据统计，四川省政府花了半年时间大概取消了2000多个专职秘书。可是两年之后的2005年，四川省委办公厅又再发通知，再次要求取消市县级领导的专职秘书。这是什么意思？隔了一两年之后，这个所谓的"专职秘书过多"的现象又死灰复燃，各级领导对专职秘书的依赖可以说是重得你无法想象。

为什么很多领导离不开专职秘书？为什么这些专职秘书成了腐败窝案的重灾区？这绝对不是秘书个人道德修养的问题，而是领导本身的权力有外溢的原因。很多人想接近领导不得其门而入，那怎么办呢？就想办法找领导的秘书，而秘书就可以在其中透过领导权力的外溢谋取个人私利；或者帮助领导寻求私利，这也是有可能的。

所以各位请看，秘书的问题归根到底是领导的问题，是因为领导的权力过大且没有约束所导致的。除此之外，领导的权力过大且毫无约束，还会让他身边的其他人有谋取私利的筹码，比如他的家人，甚至情人。2007年，中纪委副书记干以胜指出，"落马贪官当中有95%都有情人"，这种比例高得吓死人。那么干以胜还说："反腐败是一个系统工程，如何铲除贪官的情人，则是这个系统工程中的一个重要工程。既然情人盯住的是权力，所以就要对掌权者进行严格的限制，凡是喜欢玩女人的官员不管他有多能干，应该一律从权力岗位上除名。"

各位发现没有，专职秘书也好，情人也好，他们的存在并牵涉经济案件，都是因为领导的权力。所以，我们要解释专职秘书、情人频繁陷入经济腐败案的问题，归根结底是要讨论他们赖以生存的领导，以及领导手中的权力。那么领导的权力又是从何而来的呢？

一、中国"权力金字塔"透过财权、人事升迁权实现由上而下的管控

我们在这里探讨一下中国的权力结构。我以省一级政府为例。省长之下，有七八个副省长协助省长推动、行使行政权，他们分管不同的领域，比如科技、教育、土地、水利、交通等。为了处理政务，每个省政府还配备了一个省政府办公厅，里面有一个秘书长和七个副秘书长，每一个副秘书长对应一个副省长，这些秘书长就负责为每个领导安排每一天的日程，工作也非常繁忙。整个省政府办公厅的规模一般在170人左右，而一个省级政府直属的行政人员大概有4600多人。以广东为例，省政府在编人员4600人，分属于不同的46个厅（局），分别被八个副省长管辖。

省长和副省长如何管理各个厅（局）级单位？首先，是由上而下的财权。一个局的局长想推动业务，必须在得到分管副省长的批示之后，才能拿到应有的经费推动业务。其次，人事升迁权。副省长可以在平时处理财权，但是省长拥有人事升迁权。省长怎样管下面的局呢？你会发现几乎所有省长都要分管审计和监察这两个部门，其实是对下属各个部门的监督权。

另外，省府之下有很多地级市，每一个地级市的行政结构和省一级是一模一样的。有一个正厅级的市长，还有七八个副市长，每一个副市长也分管几个局；地级市政府也有一个政府办公室，也是一个秘书长加上七八个副秘书长。所以，市级领导也是透过财权和人事升迁权控制底下的几个局。每一个地级市，又控制五六个县。

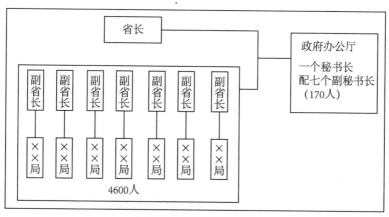

中国省级政府管理系统图

县，作为中国基层的政府部门和市、省有所不同。县里面，副县长的权力要小很多，基本没有财政审批权，很多时候只是起协调作用。所以县长的权力非常大，也可能是这些人里面最忙的。我们跟踪调研了一个县。在57天（3月1日到4月26日）里面，这位县长一共主持召开各种会议17次，走访调研10次，赴外省招商引资3次，出席项目开工仪式3次，接待群众来访2次，陪同上级、企业调研考察2次，督导检查工作2次。各位请注意，这57天去掉周六、周日一共才40个工作日。这还不算县长在办公室处理的各种日常审批、阅读红头文件等工作。而且我相信这不是个案，全中国基本都是这样。

所以我们的地方政府从省一级到县一级都是透过由上而下的财权、人事升迁权，严密管控每一个行政单位，形成一个金字塔形状，这就是"权力金字塔"。这种结构最大的优点是什么？强而有力的执行力。有没有缺点？有！绝对权力导致绝对腐败。

我举个例子，一个人想要办事情，他就想直接找省长、市长、县长解决，因为"权力金字塔"是自上而下管控的。但是他找省长本人、市长本人、县长本人一点都不方便，接近他们太难了，怎么办呢？当然接近他们身边的人，比如专职秘书。这就是为什么习近平主席提出要取消专职秘书这样一个提案。

总结中国政府的权力结构可以看出，因为政府一把手的权力巨大，又可以通过政府结构链条紧紧锁住每一个人。所以上一级领导决定下一级政府有没有经费搞建设，决定下一级官员能不能升迁。而我们的权力结构又没有相配套的完善的监管体系，导致不仅是官员权力巨大，连他们身边的人都能透过权力外溢分享权力，形成腐败窝案。因此，取消专职秘书与否不重要，重要的是如何规范官员的权力。

二、美国行政体制：财权受预算制度制约，人事升迁与上级无关

从"权力金字塔"的构造可以看出，我们打击腐败是任重道远。在这条艰难的道路上，我们不妨做一个假设，中国当前的"权力金字塔"有没有可能100%地排除腐败呢？我认为是可以的。怎么做？这是我发明的方法：用斧头把上下级之间的中间链条、关系全部砍断，砍断之后，整个系统都不会再出现腐败的可能。

有些人质疑说，郎教授把链条都砍断了，我们的政府要怎么运行呢？告诉各位，链条被砍断后，就是类似美国政府的行政体制。什么叫美国的政府行政体制？其实，和中国的是一样的，唯一的差别就是没有各级政府之间的牵绊、链条。

我们先谈美国的州政府，它和中国的省一级政府差不多，也有一个州长，这个州长也有一个办公室，但是几乎没有副州长。不过，州政府底下有很多局，比如加州政府有11个局。那么美国的州政府对底下的各个局有没有财权、人事升迁权呢？没有，因为州议会把财权拿走了。在美国，州政府的任何支出都必须做预算，州议会就是审核预算的。再看人事升迁

权，美国的任何官员都没有升迁的可能性，他们一生就一直坐一个位置。给各位举个例子，美国一个州的财政局局长是选民选出来的，除此之外，有一些局长是州议会任命的，有一些是登广告招聘来的。一旦获得这个岗位，他的任务就是在任期里把财政这件事做好。所以州长和局长之间没有任何隶属关系，也不存在人事升迁权。

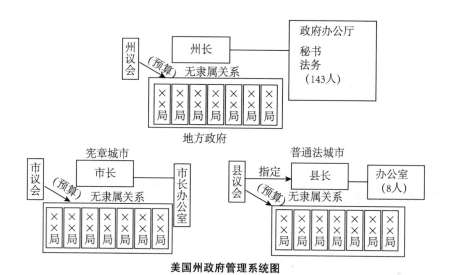

美国州政府管理系统图

在美国，州之下是什么呢？美国没有地级市，只有城市和县，而且它们是同级单位。什么叫城市？像纽约、旧金山、洛杉矶这些地方，它们的政府组织结构图和州政府是一样的，都有一个市长和一个市长办公室，然后下面也有几个局，但是它们和市政府没有隶属关系，因为局长不是被选民选出来的，就是被市议会任命的，或者是广告招聘来的。另外，一个城市的财权也被市议会抽离出去了。所以说，市长这个人对政府下属机构的工作人员，几乎没有什么权力，既管不了钱，又管不了人。

在美国，除了市还有县，而且县是一个非常独特的行政结构。我以弗吉尼亚州的费尔法克斯县为例，县政府的办公室一共有八个人，他们是县长当选后自己组成的八人团队，就是这么简单。这个县的议会呢？有十个人，控制着县政府的财政预算。在县长之下，也有几个局，比如说办结婚登记、离婚登记等。但是县长这个人非常清闲，为什么？因为这个县的议会决定，把县里50%的预算都用来搞教育，其他的钱建公园、图书馆。这是地方上的事，那些所谓的大事呢？那些大事都由州政府在干。这样的系统好不好？好，绝无腐败。告诉各位，美国的县长大部分都还要在外面做兼职养活自己。

三、好的政府管理系统＝美国式预算制度＋中国式升迁制度

那么美国的政府管理系统和中国的相比，有没有缺点呢？也有，由于它没有由上而下的管控链条拴住每一个环节，因此整个架构毫无执行力，经常出现"光杆司令"的情况，比如县里面的局长不听县长的，市里面的局长也不听市长的，州里面的人也不听州长的。2005年的时候，加州搞了一个高铁管理局，做什么？要像我们一样搞高铁，这件事是州长想做的。到2011年的时候，联邦政府补贴了10亿美金支持这个项目。但是这个项目到现在已经九年了，一直没有动工。为什么？因为加州各县、各市说我们不想干，第一不想被抽税，第二环境评估还没做好。我看这个项目很难做成。但是各位想想看，如果这个项目是在中国，肯定能很快上马。

那什么才是一个好的政府管理系统呢？我个人建议，将所谓的财权从中国的"权力金字塔"里剥离出来，由人大负责审核，要做到像美国的预算制度那样全面、透明、权威。什么是全面？就是所有支出必须有预算，否则不能支出。什么叫透明？你买一支笔都要有预算，如果你不服从预算制度，立刻被"炒鱿鱼"。

所以，我的结论就是，在我们现在的政府管理系统中保留人事升迁权，但必须植入一个全面、透明、权威的预算制度，把财权从"权力金字塔"里抽离出来，这样腐败可以大幅度减少。这样做的话，虽然执行力会弱一些，但是可以形成一个没有腐败的执行系统。

那么中国目前的政府职能改革做到了什么程度？2014年5月1日，李克强总理发表了一篇署名文章，叫作《关于深化经济体制改革的若干问题》。文章提出如何把财权拿出来，建立预算制度。而且文章还非常明确

地提出了，"贯彻落实全面、透明、权威的预算制度"。这也是我在 2012 年 12 月 29 日《财经郎眼》节目里面强调的。如果预算制度改革真的能像李克强总理所说的，在中国落地生根的话，我相信专职秘书的腐败会减少，情人的腐败也会减少。我们这一步做成功以后，再走下一步，我相信随着时间的推移，中国行政体制应该会朝一个良性的方向发展。

第三章　银行危机导致中国楼市危机：金融垄断的恶果

一、楼市出现量价齐跌，原因在楼市之外

房价会跌吗？这个问题我在最近几年被频繁问及。

2014 年 2 月中下旬，杭州有两个楼盘相继降价，引发了全国性的大讨论，讨论之热烈也可以说前所未见。降价的楼盘是杭州的北海公园和天鸿香榭里两个楼盘，前者从最高价 1.9 万元/平方米降到 1.58 万元/平方米；后者从 1.75 万元/平方米降到 1.38 万元/平方米。除此之外，当月下旬，江苏常州雅居乐的星河湾也打出广告，说它的毛坯房降价 40%，从 1.2 万元/平方米降到 0.75 万元/平方米。

这是不是全国房价下跌的前兆？很多专家都对这个问题发表了自己的看法。第一个，著名学者谢国忠作为一个看跌派，他说"今年房价要跌 50%"；第二个，牛刀说"中国房价已经到了终极泡沫，和 20 世纪 90 年代的日本非常相似"。除了这两名学者，北京市常务副市长李士祥也发表了看法："北京市区的房价肯定要降，因为供应量增加了。"

最后，我们再看看房地产商的说法。华远地产董事长任志强说："受到人口结构、城镇化、消费水平等多方面因素的共同影响，中国的房地产市场不管是今年还是短期之内的三五年，甚至是中期的十年左右，发展趋

势都不会发生太大的变化，房价不会下跌。"恒大地产集团董事局主席许家印说："成本太高，跌不下来，房地产业收费每个城市不一样，最少的37种，最多的157种，平均下来占房价的11%；而房地产的相关税种目前大概11种，占房价的13%～15%。"许家印还少说了土地出让金，土地出让金通常占房价的40%～50%。

　　好了，看完学者、官员以及地产商从各自领域出发所做的分析，我接下来给各位提供一个基于数据的结论。2014年1—2月，北京、上海、广州、深圳四个大城市的房价涨幅分别是3%、9%、8%和7%；再看这四个城市成品房交易量的同比变化，如下图所示，全部都出现了下跌，其中北京市交易量暴跌48.72%，上海市暴跌18.51%，广州市暴跌39.71%，深圳市暴跌44.72%。换句话说，四大城市中有三个的成品房交易量暴跌程度超乎想象，差不多都在四成或以上。

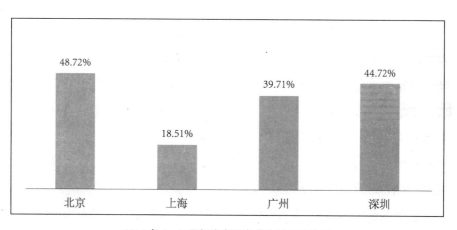

2014 年 1—2 月新建商品房成交量同比跌幅

　　三四线城市我没有翔实的统计，因此只拿这四大城市的数据来分析。我在这里想给各位提供一个全新的概念：不能够针对房地产市场，讨论房地产市场。什么意思？房地产市场的价格也好、交易量也好都只是一个结果，原因一定是在房地产之外。那么2014年2月杭州楼盘接连降价的原因是什么？按照我的分析就是，银行危机导致了这一次的房地产格局变化。

另外，2014 年 1—2 月份四大城市交易量暴跌的原因，也是因为银行首先爆发危机。

二、商业银行资本金成本高企，不愿做长时间、低回报的按揭贷款

为了说明我的观点，我想从两方面来做讨论。第一个方面，银行的按揭受到重大影响；第二个方面，房地产的开发贷款也受到了影响。我先谈第一个方面，按揭市场。根据《人民网》2013 年 11 月 25 日的报道，32 个接受调查的重点城市中，有 17 个出现了暂停房贷的现象，停贷的产品也逐渐由原来的仅限二套房扩展到首套房。2014 年兴业银行发布了一个通知说："自本通知印发之日起，全行暂停办理房地产相关业务，待政策明确后再启动。"随后，银监会要求主要大型商业银行公开发布新闻稿件或在银行官网上公告房地产融资政策，澄清停贷传言，稳定市场。

这场停贷风波背后的原因非常值得深思。告诉各位，中国的按揭市场是风险最低的，它的坏账比例最低，贷款信用甚至远远好于政府贷款和企业贷款。那么我们的商业银行为什么会停止给个人按揭贷款呢？是因为银行缺钱吗？我们再来看一组数据，2009 年金融海啸爆发，中国当时的广义货币 M2 大概是 49 万亿元人民币，五年之后涨到 110 万亿元人民币，相当于平均每一年增长 18%，这个速度是全世界最高的。在这种可能导致严重通货膨胀的情况下，我们的商业银行怎么会缺钱停贷呢？这才是核心问题。

我在这里，针对银行停贷个人按揭业务，提出全新的"两板斧理论"。第一板斧，同业存款大幅上涨。我们都知道，在银行改革之前，我们全社会的储蓄存款基本都存到了工农中建四大行。那时，这四大行会优先把钱贷给国企和地方政府，然后再贷给个人和民营企业。虽然政府资金利用效率很低，民营企业也勉强还能贷到款，而个人住房市场还没有兴起，个人基本也不怎么需要向银行借贷。可是就在 2003—2013 年的十年间，我们的金融系统发生了三件大事，彻底改变了过去的格局。

股份制银行走向全国，盘活了沉淀资金，提升了利率。我们的股份制银行基本上都是在 2003 年前后迅速走向全国。比如 2002 年招商银行上市，之后开始快速在全国铺设网点；2003 年 3 月，兴业银行从"福建兴业银行"更名之后，也标志着其全国性银行地位基本确立；2003 年 9 月，华夏银行上市，开始迅速走向全国。但我们的股份制银行和国有四大行相比，在全国铺设网点的能力是先天不足的。因为没有现成的网点，所以股份制银行吸收存款的能力根本无法同工农中建四大行相提并论；它们如果像四大行一样全国铺设网点，根本负担不起费用，这也就直接影响了它们的放贷能力。因此，股份制银行在过去都是通过同业拆借，通过向四大行借钱来充盈资本金。

国有四大行吸收这么多存款，它们放贷之后还剩很多钱，放在手头上又不能带来收益，那怎么办呢？刚好 2003 年之后，股份制银行在全国全面展开业务，所以我们的国有四大行干脆把手上的钱通过银行间拆借市场，以隔夜拆借、七天、一个月等的形式，将多余的资金借给其他银行，这就是同业拆借。另外，拆借利率在 2007 年之后是由上海银行间同业拆放利率（SHIBOR）决定的，不受央行控制。

背景提示：上海银行间同业拆放利率（Shanghai Interbank Offered Rate，SHIBOR），被称为中国的 LIBOR（London Interbank Offered Rate，伦敦同业拆放利率）。自 2007 年 1 月 4 日正式运行。SHIBOR 是由信用等级较高的商业银行组成报价团，自主报出的人民币同业拆放利率计算确定的算术平均利率，是单利、无担保、批发性利率。

目前对社会公布的 SHIBOR 品种包括隔夜、一周、两周、一个月、三个月、六个月、九个月及一年。每个交易日根据各报价行报价，剔除最高、最低各两家报价，对其余报价进行算术平均计算后，得出每一期限品种的 SHIBOR，并于每日 11：30 对外发布。

我们的四大行把闲置的钱临时借给股份制银行，这在一开始肯定是一件好事，四大行把闲散资金贷出去获得盈利，股份制银行利用这些钱贷给本地的地方政府、民营企业等四大行不愿意服务的顾客。比如，民生银行专门推出服务中小企业的服务。大家都有钱赚，都得到实惠。但是，随着时间的推移，股份制银行越来越依赖于银行间拆借市场的短期借款，这就危险了。

我以中国的兴业银行为例给各位分析一下。兴业银行的负债有两大部分，一个是客户存款，一个是同业存款。2003 年，它的负债总额合计 2530 亿元，其中 2077 亿元是客户存款，占比 82.1%，同业存款 295 亿元，占比 11.7%。2012 年底，兴业银行负债总额合计 3.08 万亿元，其中客户存款只有 58.8%，同业存款占比 32%，达到了 9828 亿元。各位不要忘了，银行要从吸收的存款中拿出 20% 左右上缴央行做准备金的，可是对银行而言，同业存款可以不用缴纳存款准备金直接贷出去。为了更直观地说明，我们看兴业银行 2003—2012 年的同业存款和贷款之比。

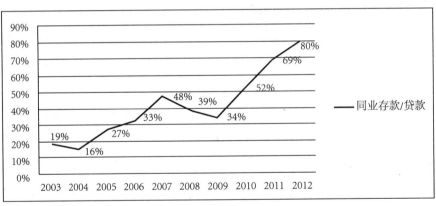

2003—2012 年中国兴业银行同业存款/贷款的比例

2003 年底，兴业银行的贷款余额是 1569 亿元，同业存款是 295 亿元，比例是 19%。2012 年底，兴业银行有 1.2 万亿元贷款，9828 亿元同业存款，这一比例变成了 80%。2013 年更高，可能已经达到 82%。

这太可怕了，如果股份制银行 80%～90% 的放贷都来自于同业存款，也就是从同业市场上拆借来资金的话，风险是非常大的，因为那可不是免费的资金。中国的个人存款大概有 45 万亿元左右，其中 16 万亿元是活期存款，活期存款的利息非常低，这也意味着银行从老百姓手里借到这笔钱的成本非常低。可是，如果股份制银行向四大行借钱的话，是通过同业拆放利率计息，利率平均值在 3% 左右，高的时候能达到 30%。另外，我们常说的余额宝，它其实是天弘基金发行的一只货币基金，针对银行间业务。2014 年 2 月，余额宝总共有 8000 多万用户，资金大概有 5000 多亿元。如果银行向余额宝借钱，那么大约要支付 5% 的利息。

因此，从数据分析的角度看，我们银行体系间的资金借贷成本在一般情况下，已经达到了 3%～5%，而且同业拆借市场波动非常大，利率可以在 3%～30% 之间波动。而现在的按揭贷款利率是 7% 左右，且一放 30 年。如果你是银行会不会发放按揭贷款？而且在放出按揭贷款的过程中，很可能出现银行需要支付 10% 以上的利率进行同业拆借的情况。所以，对于银行来说，做按揭贷款其实是比较亏的。而如果银行做企业贷款，利息可以超过 8%，而且基本上一年就能回收，流动性大，银行当然喜欢做这个。

第二板斧就是网络金融的爆发。我刚提到了余额宝，也就是天弘增利宝货币基金，它通过大额存款的方式，将钱以年收益率 5% 的形式借给银行。然后天弘基金再把得来的利息返还给余额宝用户。那么，像余额宝这种网络金融产品，就给各个银行带来了极大的压力。什么意思？过去银行可以透过吸纳活期存款得到资本金，但是如果大家都把钱存到余额宝而不是银行，银行在需要钱的时候，假设只能以 5% 的年利息向余额宝借贷，这将使得各个银行，特别是过去大量吸储的国有四大行的成本大幅上涨。我以工行为例，工行活期存款有 6.18 万亿元，如果仅仅按照活期存款利率付息，那么只需要支付 400 亿元利息；如果是以 5% 的利息吸纳了天弘基金的大额存款，那么工行就必须多付出 2688 亿元来支付利息。而工行在 2012 年的净利润也不过只有 2387 亿。换句话讲，像天弘基金这样的网络金融产品，对工行等大型商业银行造成了极大的资金压力。

整个 2014 年，我们经常看到来自各方面的对网络金融产品的抨击，为什么？因为网络金融给所谓的传统金融带来了巨大的影响。2014 年 2 月 21 日，央视证券咨询频道执行总编辑兼首席金融评论员钮文新发表博文，题目就是《取缔余额宝》，他说"余额宝是趴在银行身上的'吸血鬼'，典型的'金融寄生虫'，冲击中国经济安全"。另外，三家国有大型商业银行的总行也说，不接受各自分行和以余额宝为代表的各类货币市场基金进行协议存款交易。但是非常缺钱的股份制银行愿意和余额宝合作，因为它们在银行间市场 SHIBOR 过高的时候，可以找余额宝借钱。它们在传统金融势力之外，可以说是互相需要的。那么到了 2014 年 3 月，央行行长周小川公开说"不会取缔余额宝"，余额宝的存在问题到此时才算是尘埃落定。

我在这里想再次重申我对余额宝的看法，我非常支持以余额宝为首的网络金融的发展。为什么？它们给传统商业银行带来了竞争的压力。当然，不可否认的是，网络金融的蓬勃发展已经给传统银行带来了极大的冲击。而且放眼未来，我认为银行的资金成本可能还会持续上升。

那么就是这"两板斧"使得传统商业银行的资金成本大幅上涨，因此银行不愿意做按揭。这就是 2014 年 1—2 月份北、上、广、深房产交易量大幅下跌的主要原因之一。普通老百姓一旦拿不到银行按揭，请问他们怎么买房？

三、房地产商透过"影子银行"借贷，终将面临巨大的资金压力

再谈第二个方面，目前的金融体系对于开发商的开发贷款又有什么冲击呢？

过去的银行都是按照传统方式来放贷，就是银行信贷。可是商业银行在最近几年开始不务正业，都在做什么？比如说你的企业有资金需求，但是资信可能不是很合规，信用也不是特别好，公司也不是特别大，银行把钱贷给你第一不合规，第二心里也没底。那怎么办？银行可以帮助你发行理财产品。银行出面帮助你把理财产品卖给老百姓，从老百姓手里拿到钱后，再把钱借给你。银行透过这个方法赚取手续费，而大部分老百姓都以为卖理财产品的是银行，风险非常小。

这个理财产品，就是我说的不务正业。因为银行传统放贷叫作表内业

务，做理财产品叫作表外业务，不计入银行的资产负债表，所以我们根本无法评估银行作为中介到底卖出去了多少理财产品。我给各位看一组银行传统业务在社会融资规模中占比的连年变化情况：2002 年，社会融资规模中 92% 都是通过银行贷款进行的；2013 年，只有 51% 的融资是通过银行，剩下的一半都是通过委托贷款、信托贷款、企业债券等形式从银行的表内业务跑到了表外业务上。我可以大胆假设，银行接近一半的业务都变成了信托、理财等形式，那么银行通常是替谁在发放呢？主要是地方政府还有地产开发商。地产开发商通常都会假借银行之手发放理财产品或信托产品取得资金，虽然付的资金成本比较高。

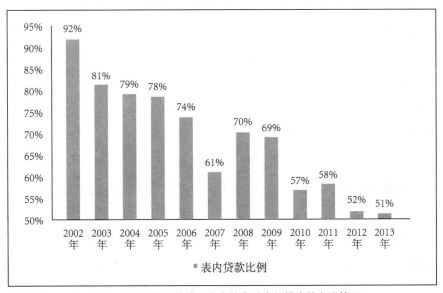

2002—2013 年银行传统业务在社会融资规模中的占比情况

那么理财产品对房地产开发商会造成什么冲击呢？我以德信地产的北海公园项目为例，给各位讲解清楚。北海公园项目的总借款是 10.9 亿元，来自银行贷款、理财产品和基金。根据该公司 2013 年 7 月份披露的信息，"由于地产开发的投资收益没有达到预期，所以公司决定买回资金的股权，自己承担损失"。分析这句话的含义，我认为除了涉及基金赎回，还有理财产品的兑现问题，因为地产开发商发起理财产品也是要有抵押的，比如抵押你的土地、房产等，一旦银行给予赎回的压力，地产商就必须立刻低价促销套现，否则就算违约。与银行牵扯违约问题，是非常麻烦的。那么我也看到了很多媒体、专家、学者对杭州德信地产北海公园项目降价事件的分析，他们大多数人也认为是来自于理财产品的兑现压力导致了楼盘的降价销售。

而且从北海公园项目的成本核算角度看，德信地产也一定是面临了非常大的资金压力，才会降价销售。根据我们的调查，北海公园项目土地楼面价是每平方米 1 万元多一点，成本价 1.7 万元/平方米，而降价幅度是从最高价 1.9 万元/平方米降到 1.58 万元/平方米，相当于跌破成本价了。德信地产为什么如此急于收回资金，我认为和理财产品的催缴有很大的关系。

根据以上分析，我们可以看出，房地产商降价销售不是一个房价会不会下跌的问题，而是要透过房地产，看它背后隐藏的深层经济问题。按照我的分析来看，德信地产降价，以及由它引发的降价风波，其缘由来自银行体系的危机。

银行通过两方面对地产市场造成冲击。第一方面，停办按揭贷款，原因就是"两板斧"：同业拆借、同业存款比例大幅上涨，银行资金成本上升；网络金融产品给传统商业银行业带来莫大的压力，资金成本也上升。而按揭贷款只有 7% 的利息，且一放 30 年，与借给企业一年收取 8% 的利息相比，银行更愿意做企业贷款。另外一方面，对地产商而言，向银行借贷的方式除了过去的正常借贷，还有现在的理财产品、信托基金。而在德信地产降价事件中，我推测很可能是因为投资回报未达预期，为了偿还信托产品、理财产品的兑现问题，它不得不降价促销。

这么分析下来，各位是不是看明白了，某一房地产商降价销售，它背后的原因是非常复杂的，而这些问题不一定会发生在其他房地产商身上，所以也就很难说会引发大规模的降价风波。那么中国楼市的通病又是什么呢？我认为中国楼市的价格变化，基本上取决于政府政策的变动。各位还记不记得 2013 年 2 月政府推出"国五条"，在限购等政策正式实施前，北京、上海、广州、深圳的房屋交易量立刻蹿升，房价立刻暴涨，且连涨两个月。

如果我在 2013 年 1 月预测 3 月、4 月的房价，我必须先预测到 2 月份出台"国五条"。如果我真的神通广大，预测出了 2 月份会颁布"国五条"，那么我就可以很准确地预测出 3 月、4 月的楼市暴涨。但这可能吗？很抱歉地告诉各位，我只学会了逻辑分析，别的我都不会。而政府推出"国五条"是可以用逻辑分析出来的吗？不是，所以我预测不到"国五条"，也就无法做房地产价格的准确分析。我只能在每一次事件爆发之后，从经济学的角度为各位讲解事件背后的深层原因。

第四章　楼市危机：政府难逃不当干预的责任

一、过去五年，中国多建了 4000 万套房子

房地产在过去几年里，一直是全国舆论的焦点。那么 2014 年一个非常值得我们关切的现象是，进入 2014 年下半年，我们的地方政府纷纷取消了限购。我给各位梳理一下，2014 年 6 月 26 日，呼和浩特市政府发布文件宣布正式取消限购，成为全国第一个正式全面取消限购的城市，此时距离 2010 年首次出台"限购令"刚好四年两个月。那么在这之后，济南、海口、苏州、武汉等城市的地方政府也相继宣布放松限购。截至 2014 年 9 月 30 日，全国 47 个限购城市中，已经有 42 个城市放松限购，只剩北京、上海、广州、深圳、三亚这五个城市还在坚守"限购令"。而且从目前的市场风向，以及媒体的报道中，我们还发现广州、三亚这两个城市也快挺不住了。

另外一个影响整个房地产市场的消息是，央行在 2014 年 9 月 30 日下发了《中国人民银行 中国银行业监督管理委员会关于进一步做好住房金融服务工作的通知》。这个通知规定，"对于贷款购买首套普通自住房的家庭，贷款最低首付款比例为 30%，贷款利率下限为贷款基准利率的 0.7 倍"。另外，对于已经拥有一套住房，并且已经结清相应购房贷款的家庭，

"为改善居住条件再次申请贷款购买普通商品住房，银行业金融机构执行首套房贷款政策"。各位，我们央行的意思是，在已经放开限购的城市，如果你第一套房子已经还清了房贷，那么再买房还是可以享受首套房房贷的七折优惠利率，这是一条对房地产市场重大利好的货币政策。

那么，我请问各位，各级政府为什么如此急不可耐地接连刺激楼市？答案呼之欲出，我们的房地产市场已经走过了供不应求的火爆期。各位还记不记得房地产市场过去几年的火爆情况？2004—2008年，中国房地产市场施工量的年均增幅接近20%，那几年同时也是中国经济飞速发展的时期，但是我们当时的GDP增速再高，也没有高过20%（中国2004年、2005年、2006年、2007年、2008年的年均GDP增速分别是10.09%、11.31%、12.68%、14.16%以及9.63%）；2009—2013年，房地产市场的施工量年均增幅是16.4%，但那几年的年均GDP增幅分别是9.21%、10.45%、9.3%、7.65%和7.7%，平均下来GDP年均增幅只有房地产施工量年均增幅的一半左右。

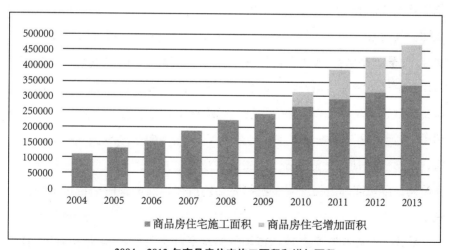

2004—2013年商品房住宅施工面积和增加面积

我们的房地产年均施工量增幅为什么一直居高不下，特别是在遭遇了经济危机之后？其实我们的房地产市场在2007年就遭遇到了冲击，房价出现了下跌。但在2008年，我们的很多地方政府都出台了楼市刺激政策，比如通过各种税费减免，鼓励居民购房。因为这一次的强刺激，我们的房地产价格再次一路狂涨，得到鼓励的房地产市场和地产商当然会继续加速扩张。根据我们的估算，中国房地产市场在受到不断的强刺激的作用下，在经济下行时期，全社会向其直接投入了将近33万亿元人民币；全社会新增地产公司达到2.4万家左右。

我在过去就说过，中国房地产市场的这种表现是不正常的，是不符合市场客观规律的。在本轮全球经济危机时期，欧洲和美国的房地产年均增长率和GDP年均增幅几乎是一样的，这才是一个合理的数值。我们假设，如果政府没有在2008年采取楼市刺激政策，使得我们2009—2013年的房地产年均增长率和GDP年均增长率相近，那么我们目前就会比真实情况少建39.6亿平方米，也就是约4000万套的房子，其中2000万套已经推向市场，还有2000万套在建。根据我们的调查，这4000万套房子有95%左右都建在了二三线城市，而很多今年提出取消限购的城市都涉及房子建多了的问题。

二、银行危机引爆房地产一连串危机

我曾多次说过，中国房地产危机的根源是银行危机。那么中国的银行危机又是从何而来的呢？2008年年底，我们的政府推动了"四万亿投资计划"，这四万亿元投下去，对中国经济造成了三方面的重大冲击。

第一，地方政府为了疯狂搞建设借了大量的钱，但是它们已经没有偿还本钱的能力，甚至连还利息都很吃力，所以中国的地方债危机可以说是一触即发。审计署2013年6月发布的报告称，我们36个地级市的负债总额高达3.85万亿元，这里面16个地级市（包括9个省会城市）的负债比例甚至超过了100%。什么叫负债比例超过100%？就是说这个城市已经资不抵债了，属于技术性的破产。那么如果审计署的这份报告取样准确，我们全国很有可能44%的地级市都存在资不抵债的情况。

第二，国企透过"四万亿投资计划"进行疯狂的扩张，使得经营效率大幅下滑。这就是为什么 2012 年中国股市前十大亏损企业统统是国企，而且总亏损达到了 497 亿元。所以我们的国资委在 2012 年 10 月的时候特别说，未来三到五年将是国企的严冬。

第三，民营企业遭到冲击，什么冲击？第一个冲击"国进民退"。政府推动"四万亿投资计划"是以国企为主导，结果民企的经营地盘被国企大幅度剥夺。第二个冲击是资金链断裂。因为我们的大型商业银行基本都会受政府意志的影响，所以在选择服务对象时会向国有企业倾斜，这就不可避免地导致民营企业在资金来源上的弱势地位。比如，2012 年 7 月份浙江爆发民营企业资金链断裂的风潮，它的导火索就是 2012 年下半年建行从浙江的庄吉集团抽回资金 2000 万元，而庄吉和另外 89 家民企有交叉担保，直接导致了 300 亿元的资金链断裂。这之后就出现了，600 家浙江民营企业联合上书浙江省政府要求资金宽限的事件。

好了，各位晓得这三个冲击又带来了什么新危机呢？就是银行危机，为什么？因为地方政府办的平台债公司、国企、民企恰恰是银行最重要的客户，如果它们三个同时出现了资金危机，那么银行还能独善其身吗？那是不可能的。这就是为什么 2012 年 6 月，16 家上市银行中有 10 家的股价跌破了每股净值，而且在非银行类股票市盈率接近 30 倍时，银行股的市盈率只有 5 倍。这就是危机的前兆。那么到了 2013 年 6 月，我们的商业银行爆发了第一次"钱荒"，就是因为我前面讲的三大客户爆发危机很难还钱，银行资金出现了短缺，只有向其他银行拆借。最后发现其他行也没有钱了，于是 6 月 20 日的同业拆借利率暴涨到 30% 左右，相当于银行也开始借高利贷了。2013 年 12 月 17 日，商业银行又爆发了第二次"钱荒"。那么在 2013 年年底，银行体系终于透露出了两大警告：银行的资金严重不足，很多股份制银行的资金成本达到了 5%。

我想请问各位，如果你是银行的行长你怎么办？第一，你是不是希望资金能够迅速回流，所以对放款时间最长的贷款肯定是不想贷，因为资金回流太慢；第二，希望停止办理放款利息最低的贷款。哪一种贷款放款时间最长而利息最低？就是房贷、按揭。这就是为什么从 2013 年年底开始，中国70%的城市全面停止办理按揭，这加重了房地产的萧条情况。

到这里，我在之前所说的房地产危机就统统能够贯穿起来了。2014年1—8月，全国商品房销售额是41661亿元，同比下降8.9%，降幅比1—7月扩大0.7个百分点。那么这个下跌的情况只有在2008年短暂出现过，但是如此长时间的下跌还是前所未有的。到了2014年5月份，银行一看房产交易达不到预期，于是乎停止办理中小开发商的贷款，这个雪上加霜，最终导致楼市今天的萧条。

我曾经分析过各地纷纷松绑限购令这件事，这是各个地方政府挽救房地产，进而挽救地方财政的方法。但是取消限购就能救楼市吗？根据统计局公布的数据，从2014年开始，我们全国的商品房销售可以说是量价齐跌。2014年6月，我们的商品房销售面积和销售额与2013年同期相比，分别下降了6%和6.7%；到了8月份，多地都取消了限购，但是这两个数据和2013年同期相比竟然还是分别下降了8.3%和8.9%。请各位注意，统计局的数据相对保守，但如果连统计局都认同我们的房地产市场销售量价分别下降了8.3%和8.9%，你能不能想象实际状况的可怕呢？取消限购不仅没有提振楼市，反而出现房价持续下降的情况。这就应验了我前面所讲，这一波房地产萧条是因为银行危机所导致的。

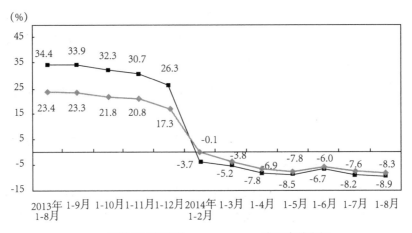

全国商品房销售面积及销售额增速

三、房地产危机引爆地方财政危机

那么房地产危机又会引发哪些其他危机呢？首当其冲的就是地方财政危机。我给各位看一个数据，2014 年 8 月份，全国财政收入同比增长 6.1%，其中税收收入增长 1.9%，可以说是几乎创下了历史的新低，可就是这个数字我相信都是有水分的。另外，2014 年 9 月 29 日，新华网刊登了《房地产低迷 地方财政"空转"抬头》的报道，认为地方政府有用财政资金填补税收窟窿的嫌疑。怎么做的？地方政府动用财政资金借给企业，比如说 100 元钱，让他们拿这 100 元钱去交税，然后企业的税金又以税收形式缴回财政。这相当于同一笔钱空转一轮，以倒账虚增收入、虚列支出的方式，完成各方面的年度指标。文章还指出，2013 年某市财政"空转"资金占它全部财政收入的比率达到了 15%。更可怕的是，这一现象在中国的县级政府更为普遍和严重，"空转"资金占财政收入的比例很可能高达 30%。

我们来做一个比较极端的研究，如果把 2014 年 8 月份财政收入中的"空转"资金去掉，那么我们当月的财政收入增幅就是 -6%，是一个负增长。这对于地方政府来讲，压力是非常巨大的，我甚至都担忧很多地方政府会因此而发不出公职人员的薪水。而令我感到更加不安的是，我们巨额的地方债不要说还本，就连付息，地方政府可能都做不到。

我将全中国划分成六个板块，来和各位仔细分析一下目前的地方债情况。先说东北，以辽宁省为例，2014 年 1—8 月份，全省公共财政收入同比增长 2.4%，增速回落了 4.6%，比年初预算增幅低了 7.1%。财税收入增幅只有 1.3%，比年初预算增幅低了 10%。其中，房地产的税收自 2014 年 2 月份以来，已经连续七个月负增长。北部以内蒙古为例，2014 年 1—8 月份，公共财政收入同比增长 4.3%，增速回落了 6.2%，其中税收负增长 1.3%。最惨的是 2014 年头五个月，内蒙古的税收收入同比下降 12.4%。中部以安徽省为例，2014 年 1—8 月份，全省地方财政收入增长 9.6%，增速回落 9.2%。西部以新疆维吾尔自治区为例，2014 年上半年的财政收入增长 21.1%，增速上涨 7.5%。告诉各位，这是因为前一年的基数低，实际的增长金额仅完成了预算的 41% 而已。西南以云南省为例，2014 年 1—7 月份，云南省财政收入增长 5.4%，增速回落 13.9%。云南省财政厅厅长陈建国说："由于经济下行、企业效益下滑、房地产市场降温等因素持续存在，加之我省特殊的产业结构和税源情况，完成全年财政收支任务将十分艰巨。"南部以最发达的广东省为例，2014 年 1—8 月份，广东省的财政收入增长了 13.85%，增速回落 0.86%，财政收入增速呈逐月回落的趋势。其中，2014 年 1—7 月份广东省财政收入增速分别为 23.69%、19.23%、16.22%、14.32%、14.77%、15.27% 和 14.61%。

以上六个地方的财政数据都完全来自于各地区财政局，而且各位请注意，就是这个数据按照新华网的报道，我相信都是有相当的水分存在。而包含了水分的数据都如此糟糕，我们可以想象地方财政的真实困难程度。

我在前面说过，房地产市场低迷导致了地方政府的财政危机，怎么解决？还得从房地产上下手。于是我们就在 2014 年看到了二三线城市纷纷取消限购的通知，而且央行也采取货币手段刺激楼市，同时减轻地方政府的债务还本付息压力。

但是根据我在各地调研的情况，我们的二套房贷款不是那么容易获批的。为什么？根据央行的规定，如果你还清了第一套房的贷款，就可以申请以七折利率的形式贷到第二套房的贷款。那么在一些地方，当老百姓还完第一套房贷后，银行可能不会再给你贷款买第二套房。为什么？银行要确保自己的资本金用在回报更高、周期更短的地方，比如把钱贷给企业。所以，在央行新政出台后，我建议各位审慎借贷买第二套房，因为你很有可能碰到银行拿了你还完的钱用于其他渠道，而不会把钱再借贷给你的情况。至于地方财政会不会因为楼市持续低迷而难以为继，一些银行根本不会考虑这些。

最后，我给各位再梳理一下中国当前房地产市场萎靡不振的前因后果。首先，2008 年 11 月颁布的"四万亿投资计划"埋下了一系列危机，使得参与其中的地方政府爆发了债务危机；其次，国企由于配合"四万亿投资计划"成为投资主体，且疯狂扩张，最终爆发了效率危机；第三，民营企业受到"国进民退"、资金链断裂两大危机影响。这些危机主体也都是商业银行的主要客户，银行又被拉下了水。所以我们看到，2012 年 6 月，16 只银行股中有 10 只股价跌破每股净值；2013 年 6 月，商业银行爆发第一次"钱荒"，12 月爆发第二次"钱荒"；2013 年年底，银行资金出现不足，股份制银行资金成本高达 5%。这些都是银行危机的警告。

银行怎么处理危机？停止办理房贷，从而催生了 2014 年开始的地产疲软风暴。到了 2014 年 5 月份，银行停止办理中小型开发商的贷款，给疲软的楼市雪上加霜。2014 年 5 月 24 日，央行表态不救市，但是地方政府因为财政非常困难扛不住了，于是乎 47 个限购城市中有 42 个城市取消了限购。但 2014 年 1—8 月份，我们的房地产市场还是萎靡不振，大部分城市都出现量价齐跌的情况。到了 8 月份，全国财政收入仅增长 6.1%，其中税收增长率只有 1.9%，创下新低。这个时候中央政府坐不住了，于是乎央行在 2014 年 9 月 30 日宣布了更加利好于楼市的货币政策。这就是今天中国房地产市场一系列的问题之所在，坦白讲，我在 2008 年、2009 年就在不同场合做过预测，但遗憾的是，我的担忧都成了现实。

那么我们现在应该怎么做？告诉各位，买住宅的时候千万注意，从今以后不要再关心房价是涨是跌，而是要看房子的性价比，性价比高的涨、性价比低的跌，这才是正常。未来房价可能呈现多样化的发展，同一个城市、同一个区、同一个街道也应该是有涨有跌，这才对。因此，我建议各位在买住宅时要尽量满足四个条件：第一，住宅是否具有本地的特色；第二，是否是学区房；第三，是否是地铁房，交通便利；第四，是否是刚需房。具备条件越多，这个房子就越抗压。所以我建议各位，以后选择房地产要像选股票、选产品一样，要做够大量的调研，长期思考，才能做出最佳的选择，因为房价有可能呈现多样化的发展。

第五章　楼市危机引发地方财政危机：
土地财政寿终正寝

一、土地财政让地方政府不能容忍房价下跌

在过去几年中，中国房地产市场的动荡成为每一个中国人最关注的话题。那么在 2014 年 5 月 23 日这天，杭州市相关部门针对房价下跌过快宣布了"限降令"，规定"如果开发商的实际成交价格比备案价格下调超过 15%，网上销售系统将自动锁定交易，无法进行网上签约程序，从 5 月 26 日开始实施"。这个决定一出，不仅再次印证了地方政府对降价潮的担忧，更是引起了极大的争议。2014 年 5 月 30 日，中央电视台的《经济半小时》栏目还特别去杭州调查这个现象，结果证明"限降令"是属实的。

地方政府为什么如此在意楼市降价？其中一个很重要的原因就是土地财政。根据同策咨询于 2014 年 5 月发布的《45 个楼市限购城市土地财政依赖度分析报告》，北京、上海和广州的土地财政依赖度在 50% ~ 60% 之间；依赖度超过 80% 的城市有 13 个，其中佛山、南京、长沙超过 100%，而杭州甚至高达 156%，恐怕也是全国最高的了。就因为这个原因，杭州市政府不敢让房价下跌得太多，否则会直接影响土地财政。

数据显示，2014 年 1—4 月份，北京、上海、深圳、广州、杭州五个城市房价同比增长、商品房当年累计成交面积如下页图所示，除了杭州，

其他城市都是房价继续上涨，但成交面积同比下降，其中北京下降了
50%，相当于"腰斩"；而只有杭州出现了量价齐跌的情况，且它的成交
面积同比下降了55%，也是五个城市里跌得最厉害的。

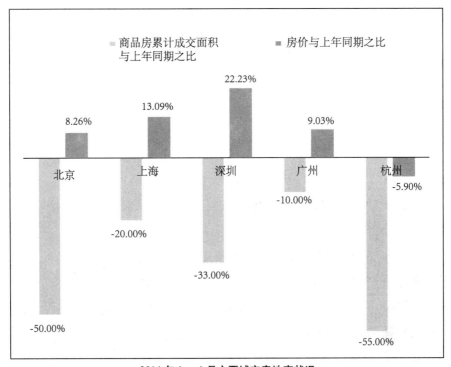

2014 年 1—4 月主要城市房地产状况

　　由于房地产销售达不到预期，使得部分小型开发商资金链断裂，一些
开发商到了必须清盘，降价销售的地步。比如杭州的德信房地产公司就在
2014 年 2 月打响了杭州马年房地产"第一降"，它的北海公园楼盘售价从
1900 美元/平方米降到 1580 美元/平方米，并由此引发了杭州其他楼盘的
跟风降价。再告诉各位，杭州绝对不是唯一"撑不住"的房地产市场，包
括上海在内的大城市房价都开始纷纷下降；另外，像万科这样的大型开发
商也加入了降价的队伍。

二、英美的经验：政府该如何干预房地产市场

面对房地产市场自身的危机以及其给经济带来的冲击，政府应该秉持什么态度呢？应该让房地产市场发挥自我调节的机制，但现实是，我们的政府过分干预房地产市场的走势。政府干预市场行为这一点我一直非常反对，但还好中央政府在 2014 年 5 月 24 日表态了：将不对房地产市场做任何的救市措施。这一点我个人是表示支持的。为什么？我们需要一个价格能够自由调整的房地产市场，而不是随意由政府调控，这样我们的房地产市场才能良好地发展。我们很多的"有关部门"都认为自己比市场聪明，很多人也认为政府的手伸进来之后市场会更好，这些想法都是错的。

我在下面将提供最严谨的数据向各位证明，政府透过行政干预手段参与得越多、政府手伸得越长，这个市场越糟糕。我将利用大数据调研和各位谈一谈我的观点。首先我想先给各位介绍一个指数，这个指数叫作房地产泡沫指数，用房地产的年均开发增长率除以 GDP 的年均增长率。这个数字如果是 1 的话，是最正常的，也就是说房地产市场开发的增速和 GDP 的增速是一样的，这是最好的状态；如果超过 1，甚至达到 2，就是存在泡沫；如果达到 3，那么这个泡沫就非常严重了。但根据我们所做的大量调研，只要市场对价格的调节机能不被破坏，泡沫指数即使达到 3，基本上也会回调到正常水平。

我先以美国房地产 1998—2013 年的泡沫指数来为各位分析。请注意，美国 1998 年的房地产泡沫指数已经达到 2，并在 2004 年达到高点 3.35。由于市场过热，美国政府选择用金融手段进行调节。美联储从 2004 年 6 月开始，在两年的时间内加息 17 次，使得联邦基金利率从 1% 提升到 5.25%。那么美国政府的调控导致了什么结果？基准利率大幅攀升加重了购房者的还贷负担，住房市场开始降温，房价也确实开始下跌。但与此同时，累积多年的房贷问题终于爆发，再加上加息导致的还贷额度上涨，致使大量借款人无法按时偿还贷款，金融市场对美国房地产次级贷款开始不

信任，最终演化为 2007 年的次贷危机。

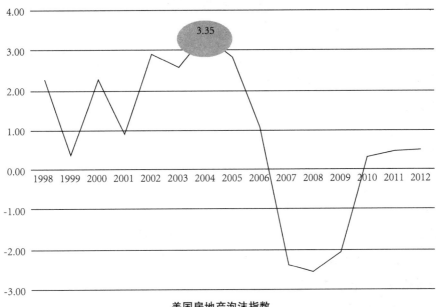

美国房地产泡沫指数

金融危机爆发之后，美国政府有没有采取行政手段调节房价呢？没有，它只是派出美联储采取量化宽松等政策，依靠相对温和的金融手段把美国的基准利率水平降到最低，也就是又回到了打压泡沫之前的水平。美国的房地产市场在这场剧烈动荡中，凭借自身的价格调节机制，在三年之后的 2010 年，让房地产泡沫指数重新回归到了正常的波动范围。2010 年、2011 年、2012 年，美国的房地产泡沫指数分别为 0.3、0.4 和 0.5。2013 年年底，美国的房地产泡沫指数应该是达到了历史上最正常的水平 1.04。

再告诉各位，房地产市场稳定温和地涨价是最好的。任何国家的长期市场都是有通胀的，而抗通胀最有效的方法就是这个国家的不动产价格同时在稳步上升，增幅最好比通胀率高一点点。房价在市场自我调节之下起起伏伏是正常的，但长期看应该是平稳上升的。我给各位举个例子，美国过去 100 年的年通胀率一般都不到 3%，而同一时期美国的房价年涨幅也不到 4%，应该是刚好比通胀率多一个百分点。所以，在美国买房就能够对抗通货膨胀。美国房地产危机的例子，就恰好证明了我的观点。但如果政府在市场价格自我调节的过程中，透过行政手段强行介入，那么后果可能比 2004 年之后的美国更严重。

　　美国房地产的案例绝对不是孤例，英国在 1998 年的时候同样出现过类似的问题。英国从 1998 年开始大幅下调利息，从 1998 年的 7.5% 一路调到了 2007 年的 3.5% 左右。所以导致英国的房地产泡沫指数开始大幅上涨，在 2003 年达到最高点 3.2。我说过，只要泡沫指数超过 3，就是比较严重的地产泡沫了。英国政府在这个时候开始加息，从 3.5% 一路提高到5.75%，房地产泡沫指数也相对缓和下来。但不幸的是，由美国引爆的全球经济危机在 2008 年开始发酵，这直接导致英国房地产市场暴跌，房地产泡沫指数一下子跌成了负值。

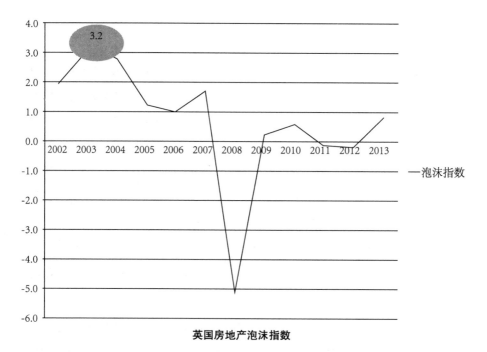

英国房地产泡沫指数

　　这个时候，英国政府要如何抉择呢？它没有选择用行政手段直接干预房地产市场，而是选择继续使用相对温和的金融手段。英国政府在危机中像美国的美联储一样，开始降低基准利率。比较幸运的是，爆发金融海啸的国家是美国而不是英国，英国也没有加入欧元区而遭遇欧债危机，所以它的房地产泡沫指数在 2009 年就回到了正常水平。那么在 2010 年、2011 年、2012 年，英国的房地产泡沫指数也是上下起伏，到了 2013 年就非常稳定了，达到 0.9，又是在 1 左右。

所以各位请注意，英国的例子和美国的一样，都讲述了同一个道理：房地产市场在短期之内会有波动，会过热、会过冷，但是没有关系，我们要允许市场机能自动调整。政府唯一能做的事就是通过利率等比较温和的金融手段进行一些调节。但最后还是要透过市场价格机能，让市场慢慢恢复正常。所以我们看到，英国和美国的房地产市场经过一番冲击之后，房地产泡沫指数在最后都回到了非常正常的水平，美国是 1.04，英国是 0.9。

三、中国房地产市场在政府干预下毁于一旦

我们再回过头来看中国房地产市场。如果我说中国房地产市场的自我调节能力很可能是全世界最好的，各位会不会感到吃惊？我继续用房地产泡沫指数为各位分析。我们从 1998 年开始计算，2001 年的这个指数达到了 3.05 的高位，也就是遭遇了严重的房地产泡沫。但是从这个高点开始，在没有任何政府强烈行政干预的情况下，我们的房地产市场透过自我调节，从 2001 年的 3.05 一直降到 2009 年的 1.75，历时九年。我认为中国用九年的时间自我回调，比英国和美国在短短两三年的时间里迅速回调，给市场造成的冲击更小。房价缓慢回落对我们的开发商、老百姓、政府，乃至整个社会都是有好处的，它给市场中的个体留出了足够的适应、缓冲空间。

但就是这么好的一个市场，在 2008 年和 2012 年政府两次强行救市之下，被破坏掉了。我们先谈 2008 年的救市，2008 年 11 月 1 日，我们的政府通过两个办法宣布救市，第一，取消印花税、增值税，契税降低 1%；第二，按揭利率打七折，首付比例甚至降到 20%。我认为这些都是政府根本不该出台的救市政策。英国和美国政府最多是调整基准利率，根本不会干涉按揭利率。我再特别强调一下，我在前面讲的美国和英国调整利率，指

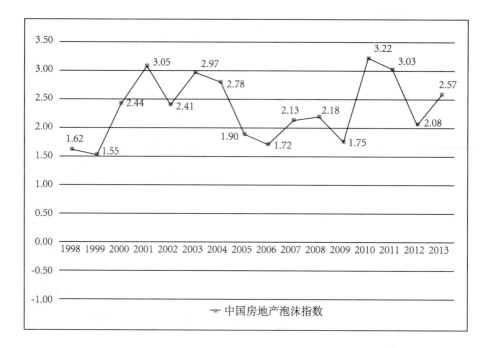

中国房地产泡沫指数

的是基准利率，不是按揭利率，英国政府和美国政府是不可能干涉按揭利率的。

那么我们的政府强行采取行政手段救市，结果是什么？不该救而救的结果就是，我们的市场本来正在靠自身价格调节机制继续降低泡沫指数1.75至1的水平。很可惜的是，2008年11月采取所谓的救市政策后，市场自我调节的机能被完全打乱。最后，中国房地产市场在2010年创下了比2001年3.05还要高的泡沫指数，达到了3.22，我们的房地产市场泡沫程度可想而知。

2010年前后，中国房地产泡沫持续居高不下，政府一着急又开始利用行政手段打压楼市：取消2008年推出的优惠政策，采取限购政策，而且将二套房的首付比例增加到40%。这一番打压下来，我们的房地产泡沫指数降到了2012年的2.08。这个数据已经很好了，我们的政府不应该再继续调控，而是要让市场自动调节，泡沫指数继续下降，就可以像美国和英国一样。中间即使出现负值都没有关系，因为它会反弹的，如果数值最后维持在 1 是最好的。

但现实情况是，泡沫指数明明到了 2.08，政府却又为楼市不景气着急，于是在 2012 年开始第二次救市：按揭利率打 8.5 折，很多地方政府提高了公积金的贷款额度。第二次救市的结果是，房地产泡沫指数又上升了，在 2013 年就达到了 2.57，也就是泡沫程度再次加重。

四、因政府干预扰乱市场正常信号，10.4 万亿资金盲目进入房地产业

中国房地产市场在政府行政干预下导致巨大的波动，且对经济造成了极大的伤害。各位晓得吗？如果我们的政府在 2008 年没有选择救市，而是让房地产市场自我调节价格，那么我们今天的房地产市场很可能会出现接近于 1 的泡沫指数，也就是市场正常的局面。但因为我们的政府接二连三地调控楼市，最终导致我们从 2008 年起，向房地产市场无谓增多了几十万亿元的资金流入量。

告诉各位，房地产对整个经济的拉动指数是 3.15。其中，每 100 元的房地产需求可以带动 34 元的机械设备制造业需求、33 元的金属产品制造业需求、19 元的建筑材料及其他非金属矿物制品业需求、19 元的化学工业需求、17 元的炼焦和煤气及石油加工业需求、17 元的采掘业需求，等等。所以综合起来，每 100 元的房地产开发投资，会影响其他行业 215 元的需求，一共产生 315 元的产出。

我们再结合房地产泡沫指数来算一下。2009—2013 年，我国在房地产方面的直接投资一共是 30.4 万亿元。如果我们的政府在 2008 年和 2012 年没有进行两次楼市刺激，且假设我们的房地产市场在价格自我调节之下，房地产投资泡沫比例为 1，则 2009—2013 年对房地产的投资增量应该是 20 万亿元。所以，从数理分析上看，两次刺激政策导致的房地产投资直接损失有 10.4 万亿元。加上 3.15 的乘数效应，全社会总损失资金高达 33 万亿元左右。

那么再假设，如果经济危机以来，我们对房地产投资的增幅为 0，则

泡沫指数为 0，那么我们的房地产投资直接损失为 15.1 万亿元；如果金融危机以来，对房地产投资的增幅和欧美一样，是负增长，假设泡沫指数为 -1，那么我们的房地产投资直接损失为 18.9 万亿元。

再告诉各位，政府在调控房地产的同时，除了把资金这个要素从其他市场抽离出来注入房地产市场，还把人力资源都集中到了房地产市场。在 2008 年调控之前，根据中宏数据 2004—2007 年的统计，中国地产开发企业的数量是非常稳定的，大概有 6 万多家；2008 年调控之后，大家都认为房价不会跌了，于是一下子挤入相当于过去总数 40% 的新增房地产公司，导致地产商圈也人满为患。各位是否考虑过，这多出来的 40% 地产商很可能来自制造业，在政府调控发出的错误信号导向下，他们盲目地进入了地产界。

最后，我们看看房地产泡沫指数和房价的关系。根据下图所示，当泡沫指数到 A 的时候，开发商会认为市场的未来非常乐观；当泡沫指数变成 B 的时候，开发商开始出现悲观情绪，所以价格会下跌；在政府的干预下，泡沫指数涨到了 C，导致开发商再次乐观；当泡沫指数跌到 D，价格也跌到 d，房地产商再次悲观。

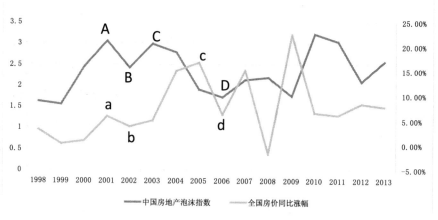

中国房地产泡沫指数和房价走势图

从图中我们可以看出，在 2008 年之前，中国房地产行业可以说是拥有全世界最好的调节机制，不但不会给经济造成冲击，而且价格自我调节机制也非常健全，泡沫指数和价格指数基本一致。但是，2008 年政府采取调控之后，泡沫指数和价格指数完全没有任何相关了，因为政府调控完全破坏了房地产市场的价格机能，价格再也没有办法反映市场的真实情况了，导致整个社会一窝蜂地炒地产。

最后，我必须痛心疾首地指责政府不恰当的房地产调控，最近的两次调控给中国经济带来了巨大的冲击，让 33 万亿元到 57 万亿元的巨额资金、2.4 万家新增房地产公司背后的经营人才，因为政府调控破坏价格机制，而进入了本不该进入的市场，导致其他行业，特别是服务业、制造业因资金链枯竭和人才流失而衰退，形成今天的惨状。

中央政府在最近不断释放出对房地产市场不调控、不救市的信号，我个人非常支持。那么在政府不调控的过程中，也请各位注意，房价一定会下跌，但你不要恐慌、不要紧张。为什么？下跌才会涨，涨才会跌，这是非常正常的现象。房地产虽然价格高，但是它的价格变化规律和猪肉、衣服是一样的。你不怕猪肉价格、衣服价格有涨有跌，也没必要怕房价的高低波动。

我们从政府到老百姓都必须建立一个市场化的心态，就是一个正常的经济应该是容许价格有涨有跌的。2014 年 5 月 21 日，世界三大评级机构之一的穆迪对中国房地产市场做出了评估，结论是"从稳定转变为负面"。那么在这种大背景下，我们的政府、地产商以及民众应该保持一个平稳的心态，坚持让房地产市场自我调节价格，政府不要干预市场才是对老百姓、对开发商最好的消息。从长期看，我们的房地产年增长率会和美国的规律类似，地产价格的年涨幅一定会比年通胀率多一个百分点，这就是最稳定的经济状态。

第六章　市场秩序：政府监管职责不能缺位

2014 年 7 月 20 日，上海福喜食品有限公司被媒体曝光使用大量过期、变质或者次等原材料生产快餐店所需食品，这起事件被公布之后引起全国哗然。关于这起事件，我首先要给我们上海市政府一个最高的评价，相关人员在当天就进驻上海福喜调查这起事件。而且我们还听说，调查受到了福喜保安的阻挠，这更体现了造假企业的可恶。

在市场不断开放的过程中，势必会出现扰乱市场秩序、危害公共安全的行为。在这个时候，作为市场基本秩序和公共安全的维护者，政府必须挺身而出，承担法律规定的保护老百姓的义务。我常说"政府不要过多地干预市场的自发行为"，但请我们的政府一定厘清政府和市场的边界在哪里，类似于福喜事件这种危害公共安全的事件，我们的政府就必须严肃查处，决不姑息，这就是为什么我要高度评价上海市政府的快速反应。

一、洋品牌为什么到了中国就普遍存在质量问题

在曝光的新闻中，只提到福喜给麦当劳供给的食品出了问题。但是各位晓得吗？根据我们的调查，除了麦当劳，福喜还替多少快餐店提供原材料呢？肯德基、必胜客、东方既白、星巴克、棒约翰、吉野家、7-11、星期五餐厅、赛百味、汉堡王、达美乐，等等。可以说，我们小老百姓平常

去的所谓的洋快餐店基本上都是由福喜食品有限公司提供食材的。

我对于上海市政府能够快速行动给予一个比较积极的评价，但是我更想强调的是，我们受所谓的外资的欺压、歧视并不仅仅局限在食品安全领域，而是涉及方方面面、各行各业，这一点让我感到非常愤愤不平。我在这里不想谈什么大道理，只是把我们最近搜集到的数据分成三个类别，和各位朋友做一个深入的讨论，看看我们在衣食住行各方面都受到了什么样的歧视。

不仅是食品，生产奢侈品、汽车、服装等的外资企业在中国大陆也都频繁出现质量问题。最近几年，有关外国产品的投诉量暴增。2010—2011年，上海市食品以及药品检验所对肯德基的鸡肉做过八次抽查，结果是都有问题——抗生素残余物超标。这说明肯德基和供货商福喜在得知鸡肉有问题的情况下，还是照旧合作、经营，根本就是屡禁不止。

另外，各位是否还记得 2010 年发生的"橡胶门"？还有 2011 年的"老油门"，就是肯德基用来炸鸡的油，四天才换一次。然后是发生在 2012年的，肯德基、麦当劳采用 45 天速成鸡的问题。这么看来，快餐业的两大巨头——肯德基、麦当劳每年都会在中国大陆爆出质量问题。更让人气愤的是，这种事件频繁发生之后，麦当劳、肯德基还能在中国屹立不倒，这在其他国家，特别是在欧美国家是完全不可想象的情形。

食品安全，甚至可以说洋品牌在中国的质量问题，为什么屡禁不止、屡查屡犯？我觉得是我们的处罚太轻，如果把处罚力度提升到要让犯错误的企业倾家荡产的程度，我看哪一家企业还敢。

告诉各位，奢侈品也是一样。我给各位提供一个数据，从 2013 年 3 月15 日到 2014 年 3 月 15 日，中国人对奢侈品的投诉比欧洲多 65%。

为了证实我的观点，我再以汽车行业为例，给各位分析一下。根据我的团队在中国汽车质量网上搜集到的数据，2010—2013 年的四年间，中国大陆汽车投诉量增加了 11 倍，从 2010 年的 2106 件上升到 2013 年的 22328件。其中，对外资车的投诉比例从 50% 增长到 69%。那么这四年间，外资车在大陆市场的占有率增长了多少呢？只有 5%。换句话讲，外资车的市场占有率只增长了 5 个百分点，投诉量却增加了 19 个百分点，这证明了什么？证明进口汽车的质量是在逐年下滑的。

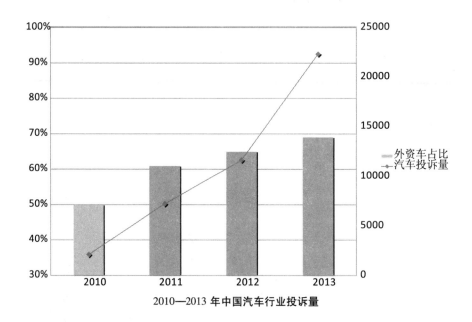

2010—2013 年中国汽车行业投诉量

另外，在大陆被投诉为最差的十款车当中，只有一款车是国产自主品牌的汽车，其他九款车全部都是外资进口车。而在售后服务方面，我们的自主品牌取得的成绩远远超出大多数人的认知。在 2013 年汽车售后服务企业十佳名单中，有四家都是我们的自主品牌，分别是吉利汽车、长城汽车、众泰汽车、北京汽车。其实，我在很早之前就曾对奔驰、奥迪、宝马等所谓的豪华品牌车做了非常深入的分析，这些企业可以说是完全不顾企业道德形象，对我们进行各种价格歧视、维修歧视，等等。

我再请各位思考一下，你每次投诉之后，那些洋快餐、奢侈品和外资车企业有改进吗？它们都是一样的，从不改进。

二、政府监管缺位，造成洋品牌的"中国病"

首先，洋品牌在国内和国外的标价差价巨大，完全是价格歧视。涉及这个问题的外资企业实在太多，我无法一一列举，只是找了几个有代表性的、国内外标价差距大的例子，给各位看一看。我从差距最小的说起，箱包皮具国内比国外的标价高 30%，珠宝的这一数字是 50%，化妆品是 115%，汽车的平均值是 200%，高级手表是 225%。在我们收集的国内外差价中，奶粉是最可怕的，国内外标价差距达到了 250%。

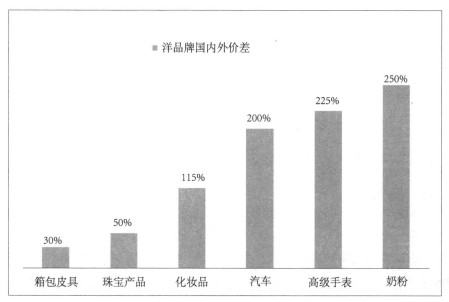

■ 洋品牌国内外价差

洋品牌国内外价差

我在这里想特别提一下奶粉价差的问题。在三聚氰胺事件爆发之后，在中国消费者几乎别无选择地需要买进口奶粉的时候，那些所谓的洋奶粉集体涨价。再告诉各位，不仅仅是三聚氰胺事件爆发的 2008 年当年，进口奶粉在随后中国乳业调整的五年时间里，平均涨价幅度超过了 60%。对于国外乳品企业这种不顾企业道德形象的做法，我们的发改委在 2013 年对其中六家企业发起反垄断调查，并最终处以约 6.7 亿元的巨额罚单。

另外，发改委针对进口汽车以及进口汽车零部件的反垄断调查，也一直在推进中。2014 年 8 月 10 日上午，国家发改委召开例行发布会，新闻发言人李朴民就汽车反垄断调查一事进行了回应。其中，上海克莱斯勒、湖北奥迪，以及日本的 12 家企业确实存在垄断行为，将进行处罚。奔驰是否存在垄断仍在调查。据李朴民介绍，国家发改委于2011年年底开始在广泛征求相关企业、行业协会、专家和律师意见的基础上，对严重违反《反垄断法》的一些汽车整车、零配件生产企业和经销商进行调查，并根据违法状况做出处理，目的就是维护汽车市场的竞争秩序，保护消费者的合法权益。

到2014年8月10日为止，除国家发改委对克莱斯勒和奥迪的调查之外，2014年8月初，江苏省物价局反垄断分局已经对苏州、无锡等五个城市的奔驰经销商进行反垄断调查。8月4日，上海市发改委、江苏省物价局所属的反垄断局对奔驰公司上海办事处进行了调查。奔驰是不是存在垄断行为，在我撰写这篇文章的过程中还在调查取证。

我为什么花了这么多的篇幅来谈论，发改委以反垄断调查的形式调查这些外国品牌呢？我认为有必要对发改委的调查行为给予一个正面积极的鼓励，以及我个人的支持。因为我们绝对不能容忍这种国内外的价差事件，这是对我们整个市场经济的一种玷污、一种侵犯。

其次，品质拙劣。我就以服装为例来分析，2004—2014年的十一年间，我们对进口服装查验的过程中，有一半都是不合格的，出现的问题包括甲醛超标、酸碱值与标识不符、掉色、掉线等，总之问题层出不穷。各位猜猜看，出现这些问题的都是什么国外品牌？包括你们经常去的ZARA、H&M，甚至还有路易威登、华伦天奴、D&G。而且，这些问题一出现就是十年之久，这些被曝光的企业有什么改善吗？没有，这些洋品牌从来不改进。

各位知道更可怕的是什么吗？世界十大珠宝品牌之一的卡地亚也在中国存在质量问题。2014年6月，浙江省质监局对五个批次的卡地亚饰品进行了抽检，结果是100%不合格。卡地亚把品质最拙劣的产品运到中国大陆来，它为什么敢于这样做，不怕得罪大陆的消费者吗？而我们消费者的自我保护意识又在哪里呢？

除此之外，还有汽车的质量问题，这个听起来更让人义愤填膺。我给各位举个例子，汽车有个后防撞钢梁，成本只有500元而已。但由于我们的有关部门没有要求汽车必须装这个钢梁，所以很多外资汽车厂家根本就不想安装。根据北京电视台的报道，骐达、思域、锐志等车型都是不装后防撞钢梁的。一个钢梁才500元，这些外资车企都是能不装就不装的态度。

还有更可恶的，中央电视台对奔驰车的质量问题也做出了报道。奔驰竟然用沥青阻尼片，这是一级致癌物。各位晓得吗？奔驰在其他国家用的阻尼片都是高分子的树脂或者是橡胶做成的。而在中国竟然用一级致癌物，你能相信吗？那么奔驰用这个沥青阻尼片能节省多少成本？才100元人民币而已。奔驰车子一卖动辄上百万元，却连100元都要省。这是什么意思？这是对中国消费者最大程度的侮辱。所以关于这一点，我们还是要呼吁政府对进口汽车以及零部件制定严格的质量标准要求。

另外一个问题是汽车召回事件。很多人都开车，请问你们遇到过多少次汽车被生产厂家召回的情况？很少，对不对。告诉各位，美国车企只要发现生产出的某个批次的汽车有一点小毛病，马上就召回。为什么？免得受到更大的处罚。那么我接着问，外资车企在中国经常召回有问题的汽车吗？我不能说没有，但是确实是次数太少。我给各位举个例子，从2009年起，大众汽车在美国、德国等地针对DSG（双离合变速箱）问题实施了召回。2013年1月，大众汽车在中国台湾对搭载DSG的车型进行了召回，而对于大陆存在同样问题的车辆却没有召回。事件在中国大陆地区发酵之后，大众仅仅是对有问题的汽车实施了"延保"。

外资车企明明有很好的召回传统，为什么在中国大陆不执行呢？因为中国对车企不召回问题车辆的处罚过轻。我在这里把美国政府的相关法律介绍给各位。在美国，如果汽车出问题，而车企又不主动召回的话，会被罚得破产。我们这里是什么情况？我也介绍给各位，根据中国的《缺陷汽车产品召回管理条例》，对隐瞒汽车产品缺陷或拒不召回的汽车厂家，多采取先"责令改正"，如拒不改正再"罚款"。

各位注意到这里面的措辞了吗？只是"责令改正"这么轻微。如果被责令的车企拒不改正，我们的有关部门再去罚款。各位猜猜看罚多少？未按照规定备案召回计划实施召回，罚款上限是20万元；生产者未按照已备案的召回计划实施召回，罚款上限是 100 万元；经责令召回拒不召回，处缺陷汽车产品货值金额 1% 以上 10% 以下的罚款。我们的罚款这么轻，这些外资车企在衡量利弊之后，当然不召回了。因为它们召回的结果是，要花比罚金更多的成本去维修。

看到这些洋品牌歧视中国大陆市场的现象，我感到痛心疾首。我们过去面对这些问题，没有特别大的感触，因为消费者保护意识不足。但是最近，我发现我们在这方面有非常大的进步。以此次的福喜事件为例，上海市政府在发现的当天就进行了查验，这就是一个进步。

三、公共安全受到侵害，政府必须挺身而出、严刑峻法

我经常提"政府的归政府，市场的归市场"，要求政府不要过多干预市场，但是像这种严重危害公共安全的事件，我们的政府就应该下重手管。政府和市场的界限一定要划清楚，对于涉及老百姓切身利益的公共事件，政府必须用强力的姿态出面，这个时候老百姓是需要政府的，你不能在这个时候退出，而且应该强行介入，严刑峻法。

怎么做呢？在立法层面给予消费者更多的权益保障。我建议我们的政府引入"吹哨人"法案。1986 年，美国对公共行为提出"吹哨人"法案，只要接受过政府补贴的公司，或者直接、间接的受益者，都要受到老百姓的监督。什么意思？作为消费者，一旦发现接受政府资金援助的企业，或者间接受到好处的企业有欺诈违法的行为，就可以揭发检举它们。然后可以请司法部门调查，如果检举的内容属实，那么该企业所交罚款的 15% ~ 25% 都是归举报者的；如果司法部门不予调查，你也可以自己调查，如果调查结果证明你的检举是正确的，那么企业罚金的 25% ~ 30% 是你的。目前，美国老百姓因为"吹哨人"法案，已经从揭发检举中获得了 10 亿美元的奖励。所以，除了行政干预之外，我们要引入"吹哨人"法案，透过民事诉讼的方法解决、监督包括洋品牌在内的，消费者权益受侵害的问题。

背景提示："吹哨人"法案是《联邦民事欺诈索赔法案》的一个程序性修正案，也称"告发人诉讼"。该法案允许个人代表美国政府，起诉任何收到或使用政府资金，并从中获利的合约人和其他实体，包括州等地方政府的欺诈行为。法案中的"个人"就是"吹哨人"，意为瞭望哨和告发者，帮助政府监察公共行为中的欺诈和不公。司法部在收到投诉、告发后60天内，要进行调查并决定是否作为原告参与起诉。如果司法部起诉，"吹哨人"可以分到赔偿额的15%～25%；如果司法部不起诉，"吹哨人"可以自行调查并起诉，以"私人检察官"的身份打击影响政府资金的腐败行为，"吹哨人"可以分到赔偿额的25%～30%。

结合我前面提到的洋品牌在中国大陆犯下的普遍质量拙劣、国内外差价大的问题，我呼吁这些洋品牌的中国大陆员工当"吹哨人"，一旦检举成功，政府从出事企业的罚款中拿出一定比例，奖励给做"吹哨人"的员工。因为如果透过正常的司法程序去惩罚这些洋品牌，不仅调查、举证的过程费时费力，而且处罚金额还不足以起到震慑作用。即使全面完善法制，也还需要很长的时间，在这段时间里，我们老百姓的生命健康，以及各项权益都要继续受到损害。因此，我建议我们的政府及早引入"吹哨人"法案，保护消费者的权益。

第二篇

政府出重拳，为市场保驾护航

第七章 "43号文件"：政府丧失投资能力，转型为服务型政府

一、投资型政府是地方债务危机的制造者

2014年9月21日，国务院下发了《关于加强地方政府性债务管理的意见》，简称"43号文件"。这个文件的重要性，我相信远远超乎各位能够想象的范围，因为它将永远改变地方政府的执政思维。地方政府过去的思维是投资发展城市，那么从2015年1月5日开始，将逐渐转变为运营服务城市。

这是一个什么样的转变？2008年11月，中央政府推出"四万亿投资计划"之后，使得整个地方政府的执政模式产生了重大的危机。过去地方政府一直是以GDP为纲，对各级干部的考核基本上只考核地方GDP增量，而其他关于民生经济的指标，基本上都不太考核。

在这种考核制度之下，地方政府的执政模式日趋畸形。他们左手抓基础建设，右手抓招商引资，以这两种方式不停地增加当地GDP。但与此同时，与民生经济息息相关的，比如教育、医疗等都因为不受重视而频频出现各种社会问题。

在畸形的地方政府运作模式下，我们的中央政府又推出"四万亿投资计划"致使地方政府的工作重点在更大程度上向GDP倾斜，最终使得中国

固定资产投资占到 GDP 的比重越来越大。我给各位看一组数据，从 2005
年到 2013 年，我国固定资产投资占 GDP 的比重，由 2005 年的 48.6% 涨到
2009 年的 67.0%，再涨到了 2013 年的 78.6%。与此同时，美国固定资产
投资占 GDP 的比重是 20% 左右，日本是 25% 左右，而且都很稳定。也就
是说，其他国家的固定资产投资占 GDP 的比例都在 30% 以下，只有我们
已经达到了 78.6%，这种模式是绝对不可持续的，我们不可能一直搞
建设。

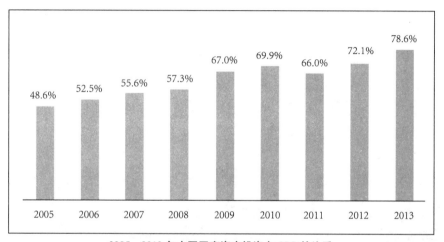

2005—2013 年中国固定资产投资占 GDP 的比重

大搞建设的问题之一是，钱从哪里来？基本上是借来的，这就是我们
常说的地方债。告诉各位，我们现在的地方债已经形成了重大危机。各位
猜猜地方政府借了多少钱？根据统计局给出的数据，地方政府的债务余额
从 2006 年的 3.56 万亿元，一直涨到了 2013 年 6 月底的 17.89 万亿元。我
认为地方政府欠的钱远不止这些，还有 18 万亿元的社保基金亏空，以及大
概 7 万亿元的信托理财产品，还有大概 5 万亿元的所谓 BT 模式下的欠债。
什么叫 BT 模式？就是企业垫资先建设，政府分期摊还。那么这些欠债加
在一起差不多有 48 万亿元左右，这是我们地方政府真正的全部欠债。

我们经常提到的地方债指的是 17.89 万亿元的地方政府融资平台债，
这里面市政建设占了 34.6%，交通建设占了 24.4%，这两个加在一起差不

2006—2013 年中国地方政府债务余额（万亿元）

多占 60%，而民生经济支出只占 12.34%，这是严重不足的。2014 年 6 月份，在审计署公布的《2012 年度中央预算执行和其他财政收支的审计工作报告》中，被抽查的 54 个县里面有 47 个县的民生投入不达标，也就是说有 87% 的县在民生投入上是不合格的。以教育为例，2012 年我们的教育支出占 GDP 的比重达到 4%，这是最好的一年；到了 2013 年，这个比重跌到了 3.85%，该比例和其他国家相比，可以说是相当低的。

各位看到这个结果会不会痛心疾首？我们的地方政府以纯粹债务计算花了 17.89 万亿元，以总债务计算花了 48 万亿元，但却没有把最根本的民生经济搞上去，而是把钱主要花在了基础设施、招商引资，这些基本上是给地方政府官员个人履历添彩的地方。这种由畸形的考核制度引发的畸形地方政府运作模式，在经年累月的沉积，以及"四万亿投资计划"的加速下，最终酝酿出了数目庞大的地方债务危机。

2013 年 6 月 10 日，审计署发布的审计报告指出，36 个地级市的总负债已经高达 3.85 万亿元，这是什么概念？首先，36 个地级市的负债就已经接近我们最近几年一直谈论的"四万亿投资计划"的总额。如此看来，2008 年 11 月推出的所谓"四万亿"的天量投资，远远不止 4 万亿元。这也就是为什么区区 36 个地级市，它们的债务总量就能接近 4 万亿元。

其次，36 个地级市负债 3.85 万亿元这个赤字算不算高？它相当于每个地级市负债 0.107 万亿元债务，按当时的汇率计算相当于 174 亿美元。各位都听说过美国底特律市破产的消息吧，这个消息在当时轰动了全世界，成为全世界各大媒体的头版头条新闻。告诉各位，底特律破产的时候负债金额是 180 亿美金。如此看来，我们这 36 个地级市其实和破产的底特律的负债规模非常相近。而美国只有一个底特律就已经轰动了全世界，中国审计署给出的数据说明，我们至少有 36 个"底特律"。

我还要警告各位，中国可是有 333 个地级市，最糟糕的状况可能就是 333 个"底特律"。当然，这是最悲观的看法。再分析审计署给出的数据，在被抽查的 36 个地级市里面有 16 个，也就是 44% 的城市其负债比例超过 100%。用经济术语来形容，这就是资不抵债，技术性破产。所以如果抽样具有普遍性，那么我们必须做好一个心理准备，那就是中国的地级市当中，可能有 44% 已经陷入技术性破产的阶段。

二、"政府公司化"导致工业和房地产产能过剩

地方政府还不了钱怎么办？这就是"43 号文件"出台的背景。

国务院 2014 年 9 月下发"43 号文件"一个月后，财政部又下发了《地方政府性存量债务清理处置办法（征求意见稿）》（以下简称《办法》）到各级地方财政部门。这个《办法》规定：截至 2014 年底的存量债务余额应在 2015 年 1 月 5 日前上报；将存量债务分类纳入预算管理；统筹财政资金优先偿还到期债务；2016 年起，只能通过省级政府发行地方政府债券的方式举借政府债务。各位晓得这份文件的潜在含义吗？其中很重要的一点就是，我们的中央政府要对 2015 年 1 月 5 日之前存在的地方债兜底。

而地方政府为了能让中央政府为其债务兜底，要付出什么代价呢？地方政府的权限要被大幅压缩，对目前以 GDP 为纲的政府运作模式做一个重新调整。我们的省级以下地方政府无法自己发债，如果非要筹措资金，只能一级一级上报到省级政府，由省级以上政府出面发债融资。我们的中央政府以这种形式强力遏制了地方政府乱投资的畸形治理问题，这是对的。而我们的地方政府，坦白讲，他们在未来的几年中实际上更需要做的不是建新的，而是去过剩产能。

过去几年，地方政府在拉动GDP时搞了很多工业园区，它在功能上满足招商引资的需要，在建设过程中因为需要基础设施做配套，所以也给地方政府大搞基建提供了依据。各位如果仔细观察，会发现差不多每个县都有产业园区，中西部不少地方甚至出现园区空置，乃至抛荒的现象。2014年6月《商界评论》发表的统计数据显示，2013年中国物流园区平均空置率高达60%；截止到2014年6月，国家级经济技术开发区共215个，国家级高新技术开发区114个，省级和地市级开发区更多，全国2862个县、333个地级市里面，至少有3000个省级以下开发区。

如此疯狂地建设工业园区，并且给出很多优惠政策，会有什么结果？就是造成严重的产能过剩。我给各位看一组数据，白色家电产能过剩率47%、黑色家电产能过剩率73%、水泥产能过剩率37%、平板玻璃产能过剩率38%、粗钢产能过剩率26%、造船业产能过剩率50%、船板产能过剩率70%、汽车整车产能过剩率35%、电解铝产能过剩率超过30%。中国政府门户网站2014年10月9日发表的报道援引了李克强总理的话："说实话，我们产能过剩的几个行业，哪个不是审批出来的？我不是一概否认审批制度，但一些纯商业、纯经济的事项还拿来审批，很容易造成寻租、腐败。"这就是大搞建设误导经济的结果，造成了大量工业上的产能过剩以及腐败。

第二个方面是社会上的产能过剩。地方政府为了提高当地GDP，还疯狂推动房地产行业，搞所谓的造城运动，结果出现了大量房地产产能过剩。我给各位提供一组数据，2013年全国城镇家庭住房空置率高达22.4%。国际上是什么水平？2000年至今，美国的住房空置率介于1%～3%，中国香港地区的住房空置率低于5%，我们是全世界最高的。

但即使这样，我们仍然在疯狂地造城。2013年，国家发改委调查了12个省区的156个地级市，其中12个省会城市一共规划建设55个新城新区，144个地级市里面有133个要建设新城新区，占92.9%。这里面，12个省会城市总共打算建的55座新城其平均面积是63.6平方公里，旧城平均面积是115平方公里。请各位注意，旧城通常是大量平房或老旧低矮的楼房，新城的面积虽然只有旧城的一半，但是建的都是高楼大厦，可容纳的人口会很多，甚至可以和旧城容纳同样的人口。再告诉各位，经过我的估算，这 12 个省区的新城最多可再容纳 7.1 亿人口。请各位想想看，我们有可能在短时间内消化相当于 7.1 亿人居住的大批新城吗？不可能。

我们过去所谓的左手抓基础建设，右手抓招商引资拉动 GDP 的方式，不但造成了严重的地方债务危机，同时也导致地方开发区产能过剩、工业产能过剩，因造城运动而诱发的房地产产能过剩。我们的各级地方政府以后肯定是不能再这样肆无忌惮地发债、乱投资，而在去过剩产能的过程中，我也要提醒我们的各级政府，你只要尽好疏导经济的义务就可以了，不要再过分地插手干预经济。

三、丧失投资能力，迫使地方政府转型为服务型政府

重回地方债这个问题，"43 号文件"是从财政的角度对地方政府的行为进行约束，要求地方政府今后在处理基础建设、招商引资、民生经济等问题时，如果需要政府筹资，就必须做到"修明道、堵暗渠"。

我在前面已经提到了中央政府要为存量债务兜底，那么地方政府以后再发生新的债务怎么办？我以棚户区改造为例，给各位仔细分析一下。2014 年 8 月，国务院发布了《国务院关于加快棚户区改造工作的意见》，这里面涉及棚户区改造以及相关的配套措施怎么建设的问题。其中，明确规定了有关资金的问题，"国家开发银行成立住宅金融事业部，重点支持棚户区改造及城市基础设施等相关工程建设；纳入国家计划的棚户区改造项目，国家开发银行的贷款与项目资本金可在年度内同比例到位"。从这里面可以看出，未来可能发生的城建项目其权责以及债务全部收归中央政府，由中央政府统筹办理。

我们的中央政府为什么要把如此重要的权责收回去呢？因为地方政府的劣迹实在太严重了。数据显示，地级市、县级市的负债比例占到地方政府总负债的 70% 以上。在 2013 年 6 月底的 17.89 万亿元地方债中，省、

市、县负债余额分别为5.19万亿元、7.29万亿元、5.04万亿元，这里面市级、地级市、县级市加在一起就占到70%。如此不知收敛地举债，导致中央政府将发债资格门槛提到了省级政府。也就是说，省级以下政府以后不具备发债借钱的资格，发债权全部归于省级政府。因此，他们如果再搞招商引资、建新城等，基本上是不可能的了。此外，不能举债还会导致省级以下地方政府很难再出台减税等政策，为什么？城投债被遏制住之后，地方政府基本上只能透过税收来填补财政赤字。而减税等政策，恰恰是地方政府招商引资的重要招数。

因此，对于地方政府的执政模式而言，"43号文件"会为其带来三大改变：第一，基础设施、城市建设，比如棚户区改造的财务问题全部划归中央管理；第二，地级市、县级市负债过重，而未来只有省级政府可以发债，地级市、县级市只能通过省级政府发债，并由省级政府统一管理；第三，招商引资基本上被叫停。

那么省级政府要想发债就那么容易吗？"43号文件"规定，经国务院批准省、自治区、直辖市政府可以适度举借债务，市县级政府确需举借债务的由省、自治区、直辖市政府代为举借。我再告诉各位，虽然只有省级政府能够适度举债，但是本届政府还希望透过市场倒逼进行改革。什么意思？比如某省计划发债，那么你怎么说服老百姓买你的债券？为了兜售债券，省级政府就必须把自己的政务搞好，并且向老百姓申明有还债能力。所以省级政府为了把债券卖出去就必须把省政府建设搞好，财务状况搞好，保证有还债能力，这就是透过发债倒逼改革。

我在这里要给出一个提醒，如果政府不发债，能不能搞建设呢？可以。地方政府可以通过BT的方式，让企业垫资先建设，政府分期摊还。但请注意，这也是倒逼式改革。BT项目实施的前提是，企业家要相信他把工程做好以后，政府会如期交付资金，否则谁会愿意做赔本的生意呢？所以为了证明这个项目的可行性，我们的地方政府就必须把政务做好，向对方显示有可偿还的能力。如此看来，本届政府是透过发债、BT模式，倒逼各级地方政府进行改革，这是我非常赞同的一个方式。所以在未来，如果省级政府不同意为其发债，各级地方政府又找不到企业做 BT 之类的项目，那么就没有其他方法搞基础建设。

"43 号文件"以及各种改革实施之后，我们会发现，各级地方政府在未来的基础建设、招商引资方面将逐渐丧失主要权责，与此同时，地方债务问题会由中央政府兜底，且继续发债的权力收归省级以上政府。当改革产生影响，地方政府抛开以 GDP 为纲这个运营概念后，他们将逐渐回归到一个正常、有序的地方政府运营模式，真正做一点有益于老百姓的民生建设。

为什么老百姓喜欢去北、上、广、深四座大城市？那么挤、那么乱、那么脏，他们为什么也甘之如饴？有两个主要原因。第一个，学校好；第二个，三甲医院多。可是"43 号文件"实施之后，北、上、广、深四座大城市再建学校或者再建医院已经不可能了，因为取得土地非常困难，成本太高根本做不成。而随着人口越进越多，这些城市将变得更拥挤，效率更低，老百姓生活更痛苦。

但是在二、三、四线城市筹建医院和学校就相对容易得多。请各位想想看，如果能够通过省级政府或者中央政府的整体规划，未来在二、三、四线城市慢慢设立更多的三甲医院，以及好学校，那么人口进入大城市的意愿将逐渐减少，老百姓有更大的意愿留在二、三、四线城市。这个就是为什么地方政府不能自己来推动所谓的教育、医疗改革的原因，因为医院、学校的整体规划、布局要由省级政府，甚至中央政府统筹。这是我们过去一直建议的，本届政府的这个思路我表示非常支持。

总结下来，省级以下地方政府的权责中，公检法没有了，基础建设能力没有了，招商引资没有了，发债权也没有了，然后教育、医疗机构的规划说不定都要上交省级政府或者中央政府。那么他们还剩下什么权责呢？可能剩下环保、农业、科技、工商登记，还有民政等。换句话讲，按照我的估计，地方政府 80% 的职能或将全部被剥离开来，然后只能做上述这几项和民生经济有关的事务。如此一来，地方政府的执政思维将由过去以GDP 为纲的发展模式，改变为运营服务型模式。而这才是老百姓需要的，也是新一届政府一再强调的"以民生经济为主体的政府"。

如果地方政府全部转化为运营服务型模式，只做民生经济的话，地级市还有存在的必要吗？目前，我们一个地级市下辖几个县，如果县级政府能够把民生经济做好的话，地级市的存在必要性就会大幅下降。所以在未来，很可能会由省级政府直接领导县级政府，那么这个模式不仅符合我们的执政理念，也符合国际惯例。

"43号文件"的公布，是我们的政府在迈向现代政府过程中的重要一步。所以，我个人对于"43号文件"的魄力，以及影响力都感到惊喜，也感到极为震撼，并对它的执行充满了期待。地方政府职能的真正转变，是对我们老百姓最大的利好之一。

最后，我再给老百姓打一剂兴奋剂，如果地方政府只做民生经济有什么好处？

举一个例子，各位知不知道我们买的菜，菜价大部分都是税费。而这笔财政收入其实是总额里非常小的一块，那么我们为什么不能够把它取消呢？我们可以学习香港特区，由政府收购所有的菜市场，把摊位免费租给菜贩，然后菜贩象征性地交一点水电费，其他的税、费都不征收，结果是我们的菜价可以跌一大半，老百姓可以买到更便宜的菜，这不就是民生经济嘛。

另外，地方政府还可以在电力改革等重大改革中尽一份力。比如，用电大户可以直接和电厂签约购电，而不是由电网决定电价。怎么做？比如一个县的县政府出面直接和电厂签约，然后为县里的企业直接买到便宜的电，这样电费大约可以节省一半。这些才是地方政府，尤其是县级政府应该做的事。

如果因为地方政府的作为，老百姓能够省一大半菜钱，企业省一半电费，地方政府自然得到老百姓的拥护和信任。我们的地方政府过去搞基础建设，和老百姓的日常生活没有直接挂钩，倒是和官员的政绩直接挂钩，这样如何赢得民意？

主要关注民生经济会使地方政府的执政能力更为加强，而政府官员将来就是要将企业家服务好，希望企业能够多赚钱，能够多聘工人，解决当地就业问题，解决政府税收的问题；然后把老百姓服务好，让他们减少生活成本。这是地方政府职能的重大转变，我们期待这一天的来到。

第八章　中国预算：还可割断和规范政府投资的市场行为

一、中国旧式政府预算：导致各级政府"暗箱操作"出贪腐

2014 年 8 月 31 日，全国人大常委会通过了修改《预算法》的决定，新的《预算法》于 2015 年 1 月 1 日开始实施，这对我们来说是一个天大的利好消息。各位晓得这部新《预算法》的意义有多么重大，它的出台又有多么艰难吗？

我要先讲一个历史故事。各位还记不记得，2009 年上海市财政局对于申请公开预算的这一诉求给出的解答？他们说政府预算属于国家机密。那么上海市政府在当时做错了吗？没有，因为预算在当时确实是国家机密。1997 年，国家保密局和财政部制订了一个规定，叫作《经济工作中国家秘密及其密级具体范围的规定》，这里面明确指出，"财政年度预算、决算、草案，以及收支款项的年度执行情况，历年财政明细统计资料等属于国家机密，不得向社会公开"。1997 年订立这个规定之后，立刻导致了大量的腐败和浪费，因为这个规定将整个《预算法》和各级地方政府的预算变成了一个所谓的"暗箱操作"，这是非常可怕的。

我们放下中央政府的预算不谈，先看地方政府的预算。地方政府分为省、地级市，以及县和乡镇三个层级政府。由于我们在过去把预算当成国

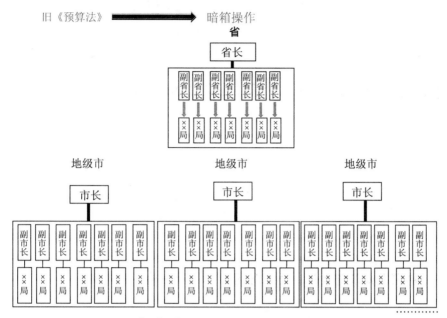

旧《预算法》下的中国政府运行模式示意图

家机密来对待，地方政府的预算就慢慢变成了一个"黑色金字塔"，什么意思？所有预算都变成了"暗箱操作"，民众完全不清楚地方政府是如何花钱的，更无从监督。"暗箱操作"又导致什么结果？一个是腐败，一个是民怨沸腾。

在"暗箱操作"中，地方政府的几项收入、支出是不会特别明晰地列在预算里面的。比如卖地收入、行政事业收费，以及使用国有资产的有偿收入等，它们都叫作预算外收入。各位晓得这些预算外收入占地方政府每年预算内收入的多少吗？差不多65%以上，有时甚至能达到90%以上。也就是说，地方政府全年财政收入中有40%～50%都是预算外收入！而在目前的中国，地方政府的这笔预算外收入完全是一笔糊涂账。

我们再看支出的问题。中国人民大学的调研结果显示，有些地方政府的支出中有40%都被划到了"其他支出"这一项，让外面的人根本不晓得这些钱具体是怎么花的。什么意思？在"其他支出"这个名目下面，你不用任何说明，什么款项都可以报销，比如吃喝玩乐、各级招待等。

在预算外收入和预算外支出这两个不可控的财政手段掩护下，我们的很多地方政府都在进行"暗箱操作"。根据中纪委的公告，2005 年江西省景德镇市的民政局违规集资建房，"以 1000 元/平方米的价格将 8 套建筑面积为 255.3 平方米的联体别墅配售给局领导班子成员，将 5 套建筑面积为 224.6 平方米的别墅配售给市军休所工作人员"。也就是说，这些领导干部花 20 多万元就能买一套别墅，那么当地正常别墅的售价是多少？每套至少 100 万元~150 万元。这中间的隐形福利由谁买单？告诉各位，由当地财政买单。怎么做的？景德镇市政府的一份报告记录了这些别墅被减免的各项费用：市政公用设施配套费、地方教育附加费、新墙材专项基金、散装水泥专项资金等当地预算外收入全部减免 50%，相当于每套别墅减免了 84 万元。也就是说，当地财政局以每套别墅少收 84 万元预算外收入为代价，给这些领导干部配备了便宜的联体别墅。

再举一个例子，湖南省扶贫开发工作重点县——安仁县——县政府兴建的政府办公大楼是全县最辉煌的建筑。根据媒体报道，安仁县 2012 年的人均年收入只有 3272 元，整个县政府在 2007 年的财政收入只有 1 亿元。各位猜猜看，安仁县政府投入兴建政府办公大楼的钱是多少？2 亿多元。到目前为止，县政府还没有完全说清楚资金的来源，但我认为这完全是一起"暗箱操作"。各位想想看，这些信息被披露出来之后，当地的老百姓该是多么怨声载道。

二、新《预算法》是制度反腐的重要机制

综合起来看，地方政府有 40%~50% 的收入来自预算外，无账可查；有 40% 的支出是"其他支出"，也是无账可查。这中间，就是巨大的腐败空间。在这种情况之下，我们应该怎么做？作为一个有时代使命感的节目，《财经郎眼》曾经从几年之前就开始呼吁，推动现代的预算制度。

在我的内心深处有一个梦想，我希望把地方政府的"暗箱操作"转化成一个现代的预算制度：保持地方政府目前的三个层级不变，最上面的还

是省政府，第二层是地级市，第三层是县一级下面的行政单位。在现代预算制度中，省政府和地级市之间、地级市和县政府之间有非常严格的预算监控体系，因此只要下一级政府出现不法行为，就会立刻被依法处置。另外，上级政府对下级政府的强控制，还表现在上一级政府用现代预算制度来分配预算。最后，我还希望能够有强有力的社会监督，比如媒体、老百姓都能监督政府怎么收钱，怎么花钱。

但是要想实现我提出的这个现代预算制度是非常艰难的。首先，我提出的建议必须具有可操作性，我们如何能够确保上级对下级的监管、社会监督能够有效执行？这个问题才是重中之重，怎么做到呢？我在 2012 年 12 月 29 日播出的《财经郎眼》中曾给出过具体建议。

背景提示：2012 年 12 月 29 日播出的《财经郎眼》部分内容

郎咸平：《预算法》必须做到以下几个原则：第一，全面。所有的开支必须在预算里面列出来，比如计划花 100 元买茶杯，你就只能在 100 元以内去买茶杯，也不能拿这 100 元去买圆珠笔，然后事后补账，如果没买茶杯就把这笔预算撤销。总之，不列出就绝对不能支出，支出就一定要找到列支，列支之后不能更改也不能事后补账。第二，透明。我们的预算必须让每一个老百姓都看得懂，绝对不能写得晦涩难懂。比如买什么高科技产品，或者一句"若干"就把很多账目带过了，这些都是不可以的。要写就写"买 5 个茶杯""买 10 支圆珠笔"这样的清楚账。第三，权威。政府一旦制定预算，就必须按照《预算法》的规定来执行，如果地方政府不好好执行，以后就不给你拨钱，甚至可以撤换（有关负责人）。

非常荣幸的是，我曾经提出的全面、透明、权威三个预算制度条件，在新《预算法》中成为了主要的组成部分。什么叫全面？所有的政府收入全部纳入预算，不存在预算外收入；所有支出全部纳入预算，没有预算的就不能支出，也不能事后补账。新《预算法》规定，预算草案必须细化。怎么做？一般公共预算草案要按照保障功能分类和经济属性分类编制，分别反映预算的支出方向和具体支出用途。按保障功能分类，编列必须注明属于哪类底下的哪款，然后又属于这一款底下的哪项，也就是进行三层分类；按经济属性分类，编列到属于哪类底下的哪款，也就是进行两层分类。透过保障功能和经济属性这两次一经一纬的分类，可以准确、全面反映预算支出的全貌。

各位觉得规范、细致了很多是不是？但其实美国政府的预算比我们的还要细致。美国联邦政府的预算光目录就有 212 页，内容分成 5 大本，摞在一起差不多有半米高。细致就是全面的基础。

我在这里想特别向各位讲讲我对政府预算的观点，政府列的预算怎么样才叫合理？把账目越列越细，并且做到全面透明。过去，地方政府花钱只需要请示上级，不需要对老百姓汇报，因为他们觉得老百姓根本无权知道政府是怎么花钱的。这样的话，腐败就会很自然地产生。

现在不一样了，各级政府不但要对上级负责，而且要对老百姓负责。对上级负责是因为我们的财政分配方式并没有改变，在分税制下，一方面中央通过转移支付分给地方政府一部分资金；另一方面，对于地方的预算内财政，上级有权直接修改其预算。对老百姓负责是指，在新《预算法》下，各级政府花的每一分钱都要公开出来，只要有乱花钱的情况大家都看得到，被发现了，负责人就要被问责。

我给各位举个老百姓问责的例子，比如某地税务局说要买 100 台电脑，那么我们就要问你为什么需要 100 台电脑，答说需要登记税务资料。买了电脑，你需不需要再买税务软件呢？需要的话，继续报账。另外，这个税务局还要不要买圆珠笔、印章等？这就是我们监管的思路，从一个购置 100 台电脑的大单开始问询，然后不断问询和它相关的其他采购。这样发展下去，我相信，我们以后的政府预算目录也会像美国那样，有 200 多页，要用 5 大本来记录。

当然，这个发展过程需要时间，我认为第一步是需要人大的参与，什么意思？目前，人大只花 9 天的时间审核预算，而美国需要一年左右的时间审核预算。随着政府预算项目的不断细分，我相信人大的工作会更加繁重，人大的作用也会更加突出，去详细审核每一笔预算是否开支合理，保护老百姓的权利。

我们再说透明。一个旨在推动政府预算公开的非政府组织——国际预算伙伴，它在 2012 年公布了一个预算透明指数。在对全球 100 个国家和地区的财政预算透明度进行分析后，它得出了一个可以说在很多人预料之中的结果：中国在满分 100 分的情况下只得了 11 分（全部受调查的国家和地区平均分是 43 分），排在所有受调查的国家和地区中的第 85 位，而且与往年比呈现下滑的趋势。不过根据新《预算法》的规定，从 2015 年 1 月 1 日开始，各级人大通过的预算必须在 20 天内公布。这个公开速度是和欧美看齐的，我个人对此比较满意。

第三，我们说权威，这一点非常重要。过去，我们的各级政府如果违反《预算法》的规定，比如超收超支、擅自动用国库款、不应在预算内支出的款项纳入预算等，最多对负责人给予警告、记过这类的行政处分。这些惩罚对于官员来说完全是不疼不痒，他们过几年照样升官。

因为处罚过轻，导致了什么结果？从近几年我国财政收支数据可以看出，预算超收、超支现象非常普遍，这让预算根本称不上是预算。我们只能查到 2007 年之前的财政超收、超支数据，那么根据数据汇总，1995—2007 年我们每年都有很大一部分超收、超支现象。其中，超额支出数量从 1997 年的 300 亿元，涨到了 2007 年的 7300 亿元。

告诉各位，这种可怕的视预算如无物的情况，在美国是绝对不会发生的。为什么？因为美国政府对预算有着非常严苛的监管制度。给各位举个例子，美国各级政府的负责官员如果违反预算规定发生了超支行为，轻者会被停职、革职，重的会被判处两年以内监禁、5000 美元以内罚款；部门负责人必须向总统、国会报告。

庆幸的是，我在新《预算法》里面发现，我们即将采用和欧美最严格的标准非常相近的处罚规定，来惩处违规行为的负责人——基本没有警告、记过这种轻描淡写的处罚，直接明确什么情况下应该降级、撤职、开除，甚至刑事处分。

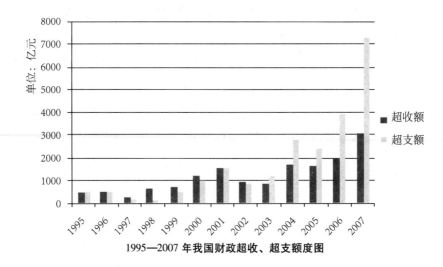

1995—2007 年我国财政超收、超支额度图

坦白讲，做到我所说的全面、透明、权威并不容易。原因很简单，当所有收入、支出都被预算控制后，权力会被逐渐关到笼子里，腐败空间越来越小，而这必然导致既得利益集团为维护既得利益进行反扑。那么为了帮助各级政府"从奢入俭"，第一，上级要有专人负责审核下级预算，一旦有不法行为就要依法严厉追究；第二，采取公众监督，要真正把预算草案公开到媒体、公众眼前，接受质询、监督。

关于新《预算法》，我们再来看看李克强总理是如何谈的："预算管理制度改革是一项自我革命的财税制度改革，首先触动的是中央国家机关和地方政府部门的利益。全面规范、公开透明的财政制度，在提升政府公信力、推进'制度反腐'方面，具有不可替代的作用。"我认为，中国如果能够知行合一，一定会建立起一套前所未有的制度式反腐机制。

三、新《预算法》是一项厘清政府与市场边界的重要制度

我同意李克强总理对新《预算法》在推进国家治理模式改革方面的肯定，作为经济学家，我认为新《预算法》作为所谓的"经济宪法"，在修订的过程中特别删除了"加强国家宏观调控"这样带有计划经济印记的规定，至少是在财政这项政府功能上明确了预算的定位，也明确了对政府不

"越位"、不"缺位"的要求，做到了我经常说的"政府的归政府，市场的归市场"，这对中国建立起自己的市场经济非常重要。

下面我和各位探讨一下新《预算法》在市场经济方面的建树。告诉各位，新《预算法》可以解决政府宏观调控的"逆周期"与财税体制"顺周期"之间的矛盾。什么意思？我们目前的地方政府做预算都是上一级政府在年末，预估下级政府第二年可能的支出，然后下级政府再以完成每一年的收支平衡为目标，向下辖企业收税、费等来平衡当年的支出。

背景提示：根据过去《预算法》的规定，地方政府不得编制赤字预算，每年的财政结余直接上缴上一级政府。一般情况下，下级地方政府为避免出现财政赤字都会努力"开源"；而如果出现多余的收入，则多以"年终突击花钱"的方式供本级政府花销，因为上缴上一级政府也是"白收走，没好处"。

各位想想看，预估下一年要支出多少钱这个是相对比较容易的，但是税、费的收取和宏观经济状况密切相关，当年很难估算出下一年的税收情况。那么，在这种情况下，我们经常看到税务部门在经济不景气的时候，为了完成当年的上缴任务，要求辖区内的企业缴纳"预缴税"，这对于本来就面临经营困境的企业来说完全是"雪上加霜"。而且根据我的调查，这种"雪上加霜"的艰难处境不仅仅发生在民营企业身上，一些地方国企也会在经营困难时面临当地税收部门的"刁难"。另一方面，在经济处于上升期，或者已经过热的时候，税收部门可能前三个季度就完成了全年的上缴任务，为了不抬高当年上缴税收的基数，他就会让辖区内企业不缴纳第四季度的税，留到来年再征收，这很可能最终导致产能过剩。

而我们的政府调控一般都是"逆周期"的，也就是经济寒冬期的时候，就给经济"加把火"；经济过热的时候，就给它"降降温"。这么看来，原来的《预算法》和政府调控完全是两个方向，两个力量加在我们的市场经济上，完全起不到良性调节的效果。

　　根据中共十八届三中全会关于"审核预算的重点由平衡状态、赤字规模向支出预算和政策拓展"的要求，我们的新《预算法》就规定，"各级人大预算审查的重点是预算安排是否符合国民经济和社会发展的方针政策，收支政策是否可行。为确保收入预算从约束性转向预期性，要求各级预算收入的编制，应当与经济和社会发展水平相适应，与财政政策相衔接。各级政府不得向预算收入征收部门和单位下达收入指标"。

　　具体的实施措施是什么？各级地方政府要建立跨年度预算平衡机制。第一，各级政府的一般公共预算按照国务院的规定，可以设置预算稳定调节基金，用于弥补以后年度预算资金的不足。如果各级地方政府的财政状况出现超收的，就把多余的钱打入这个预算稳定调节基金；如果各级地方政府当年出现财政赤字，就从这个预算稳定调节基金里拿钱出来冲减赤字。如果基金里的钱不足以弥补赤字，市、县级政府可以通过申请上级政府的临时救助实现平衡，然后在下一年度的预算中归还。这样做以后，我们的各级地方政府就可以避免发生，透过向市场不规范征税的方式来调节年度收支不平衡的问题，相当于不再以行政手段干预我们的市场经济。

　　第二，如果省一级地方政府出现了赤字，那么就要经本级人大或者其常委会批准，然后在财政报表中增列赤字，报财政部备案，在下一年度预算中予以弥补。各位请注意，省级政府允许出现财政赤字是一个重大突破，这在过去的《预算法》中是绝对不允许的，它为预算透明、公开提供了必要的条件。各位想想看，省级政府在明知有财政赤字会被惩处的情况下，他们肯定不敢把赤字公开出来，这就为很多犯罪提供了前提。

　　第三，实行中期财政规划管理。根据新《预算法》的规定，我们的财政部门要会同其他部门研究编制"三年滚动财政规划"，什么意思？"三年滚动财政规划"是要对各级政府未来三年的重大财政收支情况进行分析和预测，然后对规划内的一些重大改革、重要政策等进行研究。一旦这个"三年滚动财政规划"开始执行，和各级政府重大项目等有关的部门都要听从这个规划的安排。这样做，一些地方上不可能一年完成的大项目，它们牵扯的资金在过去的政府预算中就是一笔糊涂账，很容易滋生腐败。那么在这个"三年滚动财政规划"里面，与大项目相关的部门和账目都会持续性地被公开，这对我们的监督机制是一个重大利好。

最后一点，地方政府发展的一些没有收益的公益性事业、地方政府性基金预算为有一定收益的公益性事业拨款时，如果出现钱不够的情况，也可以编列赤字，然后透过举借一般债务予以弥补。前者发债叫作地方政府一般债务规模，后者发债叫作地方政府专项债务规模，它们都要纳入限额管理，由国务院确定并报全国人大或其常委会批准。

这就涉及了地方政府发债这个问题。我们过去的《预算法》规定，"地方各级预算按照量入为出、收支平衡的原则编制，不列赤字"。但实际情况是什么？我们的各级地方政府透过经营地方融资平台公司，以土地为抵押物向商业银行借钱发展本地经济，形成规模巨大的地方债，对我们的银行体系，甚至整个宏观经济而言都是一把致命的达摩克利斯之剑。关于这一做法的危害，我在本书以及过去的《郎咸平说：让人头疼的热点》等作品中都做过详细的解读，此处不再赘言。

根据新《预算法》的规定，地方政府可以发债，但必须满足五个条件：第一，经国务院批准的省级政府可以举借债务；第二，发债必须是服务于公益性资本支出，不得用于经常性支出；第三，举债的规模必须由国务院报全国人大或者全国人大常委会批准，省级政府在国务院下达的限额内举借的债务列入本级预算调整方案，报本级人大常委会批准；第四，只能采取发行地方政府债券的方式，而且地方政府除非在法律特别允许的情况下，不得为任何单位和个人欠下的债务做担保；第五，国务院建立地方政府债务风险评估和预警机制，处理那些不具备稳定偿还能力，但又已经发债的地方政府，并且建立应急处置机制和责任追究制度。各位请注意，这"五板斧"一出，既让地方政府的资金缺口有了合理、合法，可以公开招募资金的渠道，又把地方债给管得死死的，让它不至于发展到如今不可收拾的境地。

以上，就是我从市场的角度，对新《预算法》做的另一番解读。中共十八届三中全会提出了全面深化改革的要求，而财政制度是国家治理的重要基石，预算又是财政的基础。新《预算法》的出台，可以说是对过去"政府钱袋子不受约束"的一次彻底改善，是一个国家实行法治化的进程中必不可少的一环。

第九章　四中全会：规范公权力，为市场保驾护航

2014 年 10 月底，中共十八届四中全会在北京如期召开。这一次的会议提出了依法治国的专题讨论。关于这次重要的会议，我看到了很多学者的讨论，但是其中依法治国对宏观经济和微观经济，以及作为经济活动一部分的普通老百姓的影响，却很少有人说得透彻。那么我在这里，就提出一个全新的理念，同时也是一个重中之重的课题：法治化建设对于普通老百姓、企业家的影响有哪些。

一、我在十年前提出的"新法治主义"能实现吗

各位还记不记得，我在 2004 年的时候曾经对当时的国企产权改革提出过反对意见。我不是反对产权改革，而是反对缺乏法治化的改革。在法治缺失的情况下，国企改革一定会造成大量的腐败。我当时的这则预言，在之后被证明是对的。那么什么是法治化的改革？那就是不管我们做任何形式的改革，都必须是在一个公平、公正、公开的规则下执行。在改革当中，包括政府在内的任何一方都应该接受规则的制约。

我的这些想法已经提出十年了，直到今天我认为都有和各位继续探讨的必要。2004 年，我在当时的《商务周刊》上面发表了一篇题目叫作"我始终在坚持自己的学术信仰"的文章。在这篇文章中，我总结了当时

国企改革的争论，也阐述了自己的观点："我理想中的中国是在法治化的规范下，建立一套规范的游戏规则，让每一个经济个体能在法治化游戏规则的规范下活动，而不会侵害他人利益。但是法治化的建设必须以百姓的利益为前提，否则必然失败。法治化的建设不能离开政府行为，世界上各国法治化的建设绝无可能脱离政府的行为。"

2006 年 1 月 16 日，在接受《人物周刊》采访时我重申："中国未来的主流思想必定是我所提出的'新法治主义'——所谓'新法治主义'，就是以政府的力量建立一套以民为本的法治化社会，而给社会每一个参与者（包括政府）一个法治化的规范。"我现在还清楚地记得，那天采访结束的时候，《人物周刊》的最后一个问题就是："郎教授，你的治国理念什么时候能够成为主流？"当时这篇文章的原文是这么写的："（沉默）我不知道（肆意大笑）。"

我很欣慰，也很激动，这一路走来，我们终于走上了"新法治主义"的道路。2014 年 3 月，李克强总理在 2014 年"两会"上的发言点出了法治化的基本精神："市场经济也是法治经济，我们要努力做到让市场主体'法无禁止即可为'，让政府部门'法无授权不可为'。"

什么是"市场经济也就是法治经济"？过去，包括我在内的很多学者都提出过类似的主张，我们要用法治来规范一个市场经济，这样才能得到好的结果，否则就是一个会造成大量腐败的坏市场。那么"法治经济"代表了什么意思？就是让政府部门"法无授权不可为"，让老百姓"法无禁止即可为"。最终的结论就是，我们要通过一个公平的规则，限制政府的行为，而在没有法律限制的范围内，让老百姓可以在其中自由地行走。这就是中共十八届四中全会提出的改革真谛。

二、黑格尔哲学的引申：规则带来自由

关于中共十八届四中全会的内容，很多人都已经作出了自己的解读。那么我在这里希望从哲学的角度，为各位提供一种全新的对法治化建设的

解读。李克强总理说，"规则是用来约束政府行为的"，规则里面没有授权给政府的，就什么都不能干。既然规则是用来约束政府的，那么老百姓在法无禁止的地方，在规则之外，是不是就什么都可以做？比如，自由散漫、随地吐痰、在公共场所随意喧哗，等等。这些看上去都很自由，也很让人享受。对老百姓而言，有了规则是不是就会丧失自由呢？错了，请记住我的一句话，只有在公正的规则之下，每一个老百姓才能获得最大的自由。

容许我谈一段哲学史。最原始的公平来自于巴比伦帝国的《汉谟拉比法典》，它是人类历史上第一部成文的法典。当时的巴比伦帝国有三类人，贵族、平民以及奴隶，贵族之间有一个公平的规则，平民之间也有一个公平的规则，但是奴隶之间没有。那么贵族和平民阶层的规则是非常原始、粗放的，那就是"以牙还牙、以眼还眼"。比如说，同属一个阶层的两个人，你打断了我的一条胳膊，按照法律，我可以卸你一条胳膊；你打瞎了我一只眼睛，我也可以把你的眼睛弄瞎。这个就是最原始的公平。

就是这种最原始的公平和自由让巴比伦王国统一了两河流域，而且创造了最早的史诗、神话、药典、农业、历书等。中国直到《汉谟拉比法典》问世1500年以后，才有了类似的法治化概念——秦律，秦国在这之后孕育出了强大的秦帝国。

然而随着历史的演变，最原始的规则已经无法维持公平和自由，直到黑格尔理论的出现，才为现代规则做了最深刻的诠释。我在曾出版的《资本主义精神和社会主义改革》中曾谈过："黑格尔认为整个人类的历史就是一个辩证的过程。比如，农奴社会中只有地主才是自由的，其他人都不自由。希腊等国比较先进，因为很多人是自由的，只有奴隶不是自由的。黑格尔的理想国就是每个人都是自由的，这是他历史辩证法的基本精神。那么如何达到全民的自由呢？那就得通过思想构建规则，规范每一个个体的行为，因此每个人在规则的规范之中就成为自由人，可以自由地做选择。"

按照黑格尔的讲法，规则才是自由的前提和必要条件。在建立规则之后，每一个人都是自由的。那么如果把黑格尔的思维引申开来，我们透过建立规则，约束容易侵犯个人利益的公权力，使得每一个个体都能在规则之内，享受不被侵犯的自由。各位有没有觉得很眼熟？这就是中共十八届四中全会提出的依法治国的主要思想。

三、只有政府"法无授权不可为"，全社会才能享受真正的自由

当今的中国，之所以来自各个阶层的人都对社会、经济等问题有抱怨，就是因为缺少规则，不自由。我给各位举几个企业家的例子。一般老百姓都认为企业家是一群有钱、有闲的幸福人，其实事实恰恰相反。为什么？新华网2013年2月26日的报道称，2013年中欧国际工商学院对1214位中外企业高管进行有关中国商务的问卷调查，最后得出"90%的受访高管认为与中国政府搞好关系对其企业重要或者非常重要"的结论；另有53%的外企宣称，在中国为了维持关系投入的资源比在本国市场还多。

再看看我们的企业家都是怎么说的。联想集团创始人柳传志说："我把70%的时间用在了企业的外部环境上，首先是要从思路上厘清政企关系。"

万通集团董事局主席冯仑说："2011年飞了180多次，我就看了一下我飞了哪些地方，有哪些地方可以不飞，但最后发现我飞的2/3的地方都与政府说话不算数有关。2012年我飞得更多，因为政府换届，以前签订的好多协议不算数，要重新来，造成公司人力的大量浪费。"他还特别强调，"所谓政商关系是我们和政府各部门之间的关系，而这些关系的核心问题是政府没有信用"。

最后，看看全国政协委员、中国民营经济研究会会长保育钧的说法："与政府打交道的时间占民营企业家时间的85%，民营企业对政府'离不开也很无奈'"；"一个企业再大，在科长面前也还是很小的"。

请问各位，你们现在还认为这些企业家是自由的吗？他们一点都不自由。根据以上论述，他们真正的自由时间只有20%左右，换句话讲，他们

只能花20%的时间做他们想从事的企管工作，剩下80%的时间都要花在和政府的沟通上面。为什么不自由？因为今天的中国缺乏一个公正的规则来约束政府，如果我们有一套完善的规则制度，每个企业家都按照这上面做就可以正常经营企业，而不用去逢迎地方官员，那么他们将成为真正的自由人，他们的企业将可能因为得到更多的关怀而发展壮大，这里面的员工将可能因为企业的发展而获得更高的经济、社会地位，再之后依靠消费提振我们的整体经济。这就是黑格尔所强调的规则与自由，也是李克强总理一再强调的"法无授权不可为"和"法无禁止即可为"。

坦白讲，我们的新一届政府推行政府"法无授权不可为"是非常艰难的。为什么？这相当于动了既得利益者的蛋糕，而在过去类似的经济改革过程中，既得利益者并没有因为规则的出台而放弃自己的既得利益。2005年，政府推出了"非公经济36条"，当时规定得非常清楚，允许民营企业进入垄断性行业，比如金融行业。2006年12月，我们的国资委却出台了一份可谓是"国进民退"的文件，名字叫《国务院办公厅转发国资委关于推进国有资本调整和国有企业重组指导意见的通知》。《通知》规定："推动国有资本向重要行业和关键领域集中，增强国有经济控制力，发挥主导作用。"什么是重要行业和关键领域？国资委专门开了一个发布会来说明，国有资产保持绝对控股的行业包括军工、电网、电力、石油、化工、电信、煤炭、民航、航宇，保持较强控制力的行业包括装备制造、汽车、电子信息、建筑、钢铁、有色金属、化工、勘察设计、科技等。

各位看看，中央在2005年2月刚刚颁布允许民资进入垄断性行业，国资委就在2006年12月昭告天下以上这些行业要加强国资控制力度。这是什么样的规则？

与之类似的是2010年国务院出台的"新36条"，也是在名义上规定很多领域都对民企开放，但其实都要经过政府的审批。2014年7月的媒体报道称，"目前，全社会80多个行业中，允许国有资本进入的行业有72个，而允许民营资本进入的行业仅有41个"。另外，全国工商联发布的《中国民营经济发展报告》也指出："民营投资比重较高（超过40%）的行业主要集中在传统领域，特别是小规模制造业和餐饮零售业，在资本密集型行业和垄断性行业中所占的比重非常小，不足两成。"这背后的原因就是，不公平规则限制了民营企业的发展。

那么在既得利益者如此公然挑战新规则的大背景下，中共十八届四中全会所倡导的政府"法无授权不可为"，能不能最终实现？我认为可以。在社会、经济矛盾越来越凸出的今天，我们越来越清楚地意识到，一个国家能不能富裕，关键看法治化建设做得好不好。

四、保护个人私有产权，仍然是中国的大问题

我相信我们的政府能够像其他大部分国家的政府那样，做到"法无授权不可为"。而在此之下，我相信我们的企业家能够花更多的时间去做企业，赚更多的钱，然后和自己的员工共同分享财富，我相信企业家都是愿意的。但新的问题是，企业家赚了这么多钱之后，万一政府又出台新的规定，把财产没收了怎么办？我相信这是每一个企业家、每一个老百姓都担心的。那么中共十八届四中全会为此还提出了一个前所未有的新思维，叫作保护私有产权。

坦白讲，我看到保护私有产权这一点时，感到很惊喜。但是我也必须提醒我们的政府和老百姓，在我们的现实情况中，当政府确实侵犯了老百姓的私有产权后，后者基本上是无处申冤。根据2014年9月26日北京媒体的报道，北京市人大内务司法委员会的调研显示，近三年来北京行政诉讼立案率连续下降，从2011年到2013年的立案率分别为37.9%、34.7%和23.7%。而在平均立案率仅30%左右的情况下，一审行政机关败诉的仅10%左右。什么意思？在民告官的案例中，如果有100起案件，并且这100起案件都到了无法调节，需要老百姓诉诸法律的程度，最终只有大约30起案件能进入司法程序立案；这30起案件中，只有3起案件老百姓会赢。而且，一审行政机关负责人应诉率仅2.2%。也就是说，你告官，官压根儿都不出庭；另外，即使老百姓胜诉了，也会常常遇到行政单位拒不执行的情况。

坦白讲，关于私有财产得不到保障的案例简直不胜枚举。我以"陕北油田案"这起典型案例为例，给各位详细讲解。对于这起恶名昭彰的事件，我的想法和一些媒体不谋而合："当地政府不是保护而是侵犯了民营企业和农民的合法权益，民营投资者参与油井开发是得到政府的审批和许可的，也就是说他们从事的开采活动是合法的，既是合法的就应当受到保护，不能不经过听证、协商仅凭一纸通知就收回油井。而在收回油井要求民营企业投资者进行结算的过程中，以及针对投资者上访时，政府都使用了强制手段。"

背景提示："陕北油田案"被定义为全国保护私有财产民告官第一案，涉案金额逾 50 亿元。

1994 年，国家为了进一步支持革命老区，由中国石油天然气总公司与陕西省政府签订了一份石油开采协议，允许延安和榆林所辖各县参与开发油井。由于资金不足，各县开始招商引资。由此，大批外省的私人资本和当地的农民开始投资油井。2003 年春，陕北地方政府采取"先收井，后清算"的办法，突然强行将原由民营资本经营的陕北几千口油井资产"收归国有"。

投资者们称，在清算过程中，都是以政府单方面定价为准，政府支付的回购款只是他们实际投资的 20%。此后，当地出现了长时间的大规模群众上访，一度与政府派来回收油井的人员发生暴力冲突。最终，私有财产受到侵犯的投资者决定寄望于法律，向陕西省高级人民法院提起行政诉讼。但结果是，陕北油田案的原告方主办律师朱久虎被靖边县警方以"聚众扰乱社会秩序"和"非法集会"的罪名刑事拘留；一些投资者戴着手铐、脚镣，在兑付油井款的公证书上按下了手印。

除此之外，还有最近几年发生的"吴英案"。坦白讲，保护私有产权绝非易事。怎么办？透过法律的手段，给老百姓保护自己合法产权的渠道。根据中共十八届四中全会的规定，"改革法院案件受理制度，变立案审查制为立案登记制，对人民法院依法应该受理的案件做到有案必立，有诉必理，保障当事人的权利"。另外，"最高人民法院设立巡回法庭，审理跨行政区域、重大行政和民商事案件"，目的就是"解决行政诉讼立案难、审理难、执行难等突出问题"。这些规则的执行力度还有待考察，但是我们的政府能做到一针见血地拿出改良措施，还是值得肯定的。我也希望我们这一届政府能够凭借强大的执行力，推动法治化建设。

五、全球国家治理经验：法治化程度和居民收入成正比

总结中共十八届四中全会的基本精神，那就是依法治国，建立一个公平的规则，以"法无授权不可为"限制政府行为，以"法无禁止即可为"规范老百姓的行为。在这种情况之下，每一个经济活动的参与者，每一个老百姓才能够获得最大的自由，而像冯仑这些企业家过去碰到的厄运——只能花20%的时间做企业，剩下的时间都要和政府沟通的现象希望是一去不再回。当这些企业家能够花100%的时间做企业，他们赚取最大收益的机会更高，企业家发财，他们的员工才会跟着发财，中国经济才能够依靠强劲的消费能力持续发展。

作为关键的经济环节，企业家目前最担忧的是私有产权得不到保护的问题，那么中共十八届四中全会明确提出来要依靠法治，保护私有产权。所以对法治化最通俗的解读是什么？让企业家获得最大的自由，赚最多的钱，同时保护他们的产权，而后老百姓的收入、国家的经济状况才会节节上升。

如果再简练地概括一下，就是法治化程度高的国家，经济状况也会非常好。我给各位看一组数据，非营利组织世界正义事业联盟（WJP）绘制了一个非常有意思的图表，叫作2014年"世界法治指数"（WJP Rule of Law Index），这个指数也被我们的《人民法院报》（2014年7月30日）称为"迄今为止最为权威的各国法治状况检测模式"。

我对原始数据进行了分析和分类，将全世界主要国家分成四大类。第

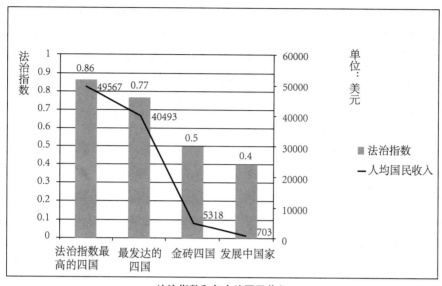

法治指数和年人均国民收入

＊根据非营利性组织世界正义事业联盟（WJP）发布的 2014 年"世界法治指数"（WJP Rule of Law Index）绘制。

一组，全球法治化指数最高的 4 个国家，包括丹麦、挪威、瑞典、芬兰，它们都是北欧国家，法治化指数非常高，达到 0.86。这四个国家的年人均国民收入也排第一，接近 5 万美元，遥遥领先于其他类别。第二组是全球最发达的四个国家，包括美国、日本、德国、英国，它们的法治化指数平均值是 0.77，稍逊于北欧国家，年人均国民收入也相对低一些，刚刚突破 4 万美元。第三组是世界上发展最快、被寄予厚望的金砖四国，包括中国、俄罗斯、巴西、印度，平均法治化指数是 0.5，大幅低于前面两组，年人均收入也降至 5318 美元。最后一组是法治指数平均只有 0.4 的四个欠发达国家，它们来自亚洲、非洲、拉丁美洲，年人均收入仅为 703 美元。

　　这一组数据形象地说明了，法治化建设是国家走向富强的不二之途。当然，我们也不能心存幻想地认为，中共十八届四中全会提出法治化建设之后，我们老百姓的收入就能立竿见影地陡然增加，那是不可能的。为什么？法治化建设只是铺了一条宽广的柏油马路，走在这条路上，我们的企业家是最自由的企业家，有足够的时间经营企业，私有财产也可以得到保护；企业家赚钱的同时，也会给员工增加薪水，有些企业家的赚钱目的甚至不是为了自己，而是为了员工。那么在这条路上，我们 5 年、10 年、15 年、20 年、30 年地走下去，自然就成为了上页图里所说的法治化程度高的国家，本国居民也可以享受到高收入。那么几十年后，我们一定也会成为富裕的中国，这个想法我在十年前就已经深藏于胸，希望在新一届政府的法治化进程中，能够梦想成真。

第三篇
有效市场：改革开启攻坚战

第十章　价格改革：政府彻底放弃定价权，不一定于民有利

一、合格的改革：厘清政府和市场的关系是手段，让老百姓获利是目的

当我们谈起价格改革，很多人就会认为，要全面市场化，让市场决定价格，政府应该完全退出。如果你是这么想的，那就大错特错了。

过去，我一直在提一个问题：政府的职能是什么？新一届政府继任之后，我在李克强总理的一段话里找到了最好的答案："市场经济下的政府职能转变，需要分清政府与市场的界限。"这才是市场化改革的真正含义。价格改革不是政府退出，由市场完全控制价格，而是要厘清政府做什么、市场做什么，双方把自己该做的做好，才能得到类似于帕累托最优的结果。我们做这一切的目的，都是为了以最小的代价，换取老百姓最大的实惠，这才是最成功的改革。

因此，厘清政府与市场的界限，才是每一项改革最核心的问题。各位不要觉得政府不该参与市场经济，或者政府现在管的都是错的。我给各位做一个案例分析。请问，城市里的菜市场该不该市场化？很多人会说，买菜是老百姓每天必做的事，如果菜市场全部市场化，竞争降低菜价，这种状况肯定是最好的。告诉各位，你的这种假设是无法实现的。为什么？竞争只会导致两个结果：第一，菜价很贵，因为城市里的菜市场通常在居民

区附近，租金和旁边的商场差不多，都很高，这直接影响最终菜价；第二，城市里的菜市场还涉及各种税费，这些也将推高菜价。那么在这个问题上，就要厘清政府和市场的界限。什么意思？政府应该介入，直接管理城市中的菜市场。

在内地，最先意识到菜市场问题的城市是北京。2011 年 4 月 28 日，北京市副市长吉林曾经提出，从公益性的角度出发，以政府收购和参资入股的方式，解决菜市场过度市场化的危机。北京市政府是怎么做的呢？它采用了香港的方法，由北京市政府收购或参股控股 90 家社区菜市场，即在六个城区里面，每区收购 5 家社区菜市场的产权，再参股控股 10 家左右的社区菜市场，共计投资 90 家菜市场。到了 2013 年，政府投资的菜市场发展到了 180 家。这么做的结果是什么？政府作为菜市场的主要投资人之后，它只向卖菜的商户收取基本的租金和水电费。那么最终的菜价是否有变化？我给各位提供一组数据，就拿北京市东城区政府参股的菜市场菜价和其附近的超市（摊位费、税费都是完全市场化的）菜价相比，前者的各种蔬菜价格几乎都是后者的一半。下图是我们在 2014 年 12 月 7 日当天调研

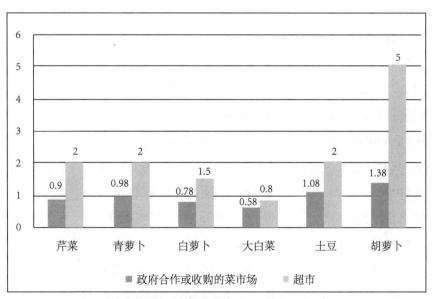

政府参股菜市场与超市菜价对比（单位：元/斤）

的菜价情况，可以清楚地看到，芹菜、青萝卜、土豆等的价格是超市价格的 1/2 左右，而胡萝卜的价格竟然接近超市价格的 1/4。

究竟什么是改革？这里面，能让买菜的小老百姓得到最低的菜价，就是合理的价格改革。在菜市场这个案例里面，如果政府不介入，高房租和高税费就会抬高菜价，老百姓就得付出比现在高至少一倍的价钱去买菜。

而更大范围的价格改革，则是在 2014 年年末全面开展的。2014 年 11 月 15 日，李克强总理在主持召开的国务院常务会议中，部署了加快推进价格改革的工作。这一次的价格改革涉及面非常广，包括油、电、气、医疗、水这五个领域。我为各位好好梳理一下，这五个领域中，哪些环节政府应该完全撤出，哪些不能完全撤出。

二、能源价格改革：石油行业全面开放，电力、天然气行业政府只负责管网

我们先谈油价改革。我认为政府应该完全退出石油领域。新华网在 2014 年 11 月 18 日的报道中称，成品油价格的改革成功地打破了过去僵化的价格机制。完全由市场定价后，油价出现了八连降。我同意新华网的说法，并在这里提出我个人的油价改革建议：石油行业的上中下游全部开放，实行市场化，政府不需要参与其中影响定价机制。这就是石油领域中政府与市场的边界，我给出的建议是政府完全退出。

先以石油行业的上游为例。2014 年 8 月 27 日，商务部批准了中国第一家拥有原油进口资质的民营企业——新疆广汇石油，但是一年的进口量只有 20 万吨。不过我们必须承认，这是一个好的试点，而且这个试点范围应该继续扩大，允许更多的民营企业拥有进口原油的资质。

再说中游的炼化。中国除"三桶油"以外的地方炼油厂，它们一年的加工能力是 1.5 亿吨，这里面山东省本土的炼油企业——山东地炼——的原油加工能力就达到 1.1 亿吨，相当于占地方炼油厂总产出的 70%。再告诉各位，山东地炼的能力远不止于此。但由于受原油进口权限制，它和其他地方炼油厂一样，只能从"三桶油"那里买进进口原油。而"三桶油"

都有自己的炼油厂，只有当它们觉得地方炼油厂不会威胁到自己中游炼油厂的利益的时候，才会慷慨地卖给它们原油。这使得山东地炼的设备有70%都是常年闲置的。据我所知，山东地炼一直在向商务部申请原油进口权和配额，但始终未有定论。从山东地炼的例子出发，我建议我们的政府放开原油进口资质，让地方炼油厂能够和"三桶油"的炼油厂一样，拿到足够的原油。

然后再看下游加油站业务。我们在路上看到的基本都是"三桶油"的加油站，我在这里呼吁我们的政府允许民营企业进入加油站领域，同时监督、确保它们的油品质量，让它们和"三桶油"的加油站在质量、价格等方面做公平竞争。

最后，我在这里重申我对中国石油行业价格改革的建议，那就是上中下游全部开放，政府完全退出，允许民营企业自由进口原油，自由冶炼，自由销售。这样我们的油价才能真正和国际市场接轨，这才是真正的市场化。

再说电和气的价格改革。我在本书的其他章节谈到了电力改革，在这里不再赘言，简单地重申一下我的观点。在电力的发电、输电、配电、售电环节中，我们的政府只需要管住输电环节的电网，然后发电、配电、售电环节完全放开，让民营企业进入该领域。特别说一下我们的电网，目前北方大部分地区都是国家电网公司的覆盖范围，南方的海南、广东、广西、云南、贵州五省区是南方电网的覆盖范围。我们的政府应该透过这两大电网公司控制电网，然后由政府根据国际惯例和会计准则计算出电力通过电网输送时的过路费，而不能由电网公司自己定价。具体情况请各位参考本书电力改革一章中提到的深圳试点方案，比如设备折旧等项目必须按照国际惯例来核算，不能由电网公司自己说了算。所以，我对电力改革的建议是，政府抓住电网一个环节，其他三个环节交给市场来做。

说说液化天然气。目前，我们的民营企业不能自由进口天然气。我建议我们的政府放开天然气进口环节，让民营企业进入。还有天然气的下游业务，我认为也应该开放，允许用户自由选择天然气供气公司。下游开放的步骤首先应该从大用户开始，比如燃气电厂、大型工业用户等。在这之后，逐步降低年消费量的规模要求，最终实现全部用户都可以自由选择供气公司。政府只需适度管理、促进竞争、反垄断、保护消费者权益就够了。

那么中游的管网就和电力行业的电网一样，按照国际惯例和会计准则，由政府来核定价格，不允许管网公司自由定价。告诉各位，美国作为一个市场化程度如此之高的国家，它的天然气管网也是被政府严格管控的。美国政府规定，天然气管道运营商的运输和销售职能必须分离，管网运营商只能专门从事天然气输送业务，禁止涉足销售业务；管网公司必须为用户提供无歧视的管输服务；管网公司有披露管输能力分配方面信息的义务；管网运输价格（包括储气服务价格）受到政府严格监管。

总而言之，我认为电力改革和天然气改革比较类似，都是政府控制住中游的电网、管网公司以及中游业务的定价权，而它们的上游、下游全部开放，允许民营公司进入。

三、医疗改革：药价要下来，服务要上去，医保要保住

接下来我们谈医疗改革，坦白讲，这是最难的改革。我过去也讲过医疗改革的话题，那么在这里引用李克强总理的话来再次重申自己的观点。2014 年 11 月 15 日，李克强总理在部署价格改革时特别提到了医疗价格，那就是"药价要下来，服务要上去，医保要保住"。怎么做到这三点呢？首先要厘清政府和市场的边界，分析清楚是不是政府完全退出是最好的改革方案。

先看"药价要下来"的问题。我认为应该在政府监督的前提下，让医院的药品采购过程阳光化。2010 年发布的《药品价格管理办法》（征求意见稿）中只对专利药和仿制药的价格做出了规定，但没有涉及一种目前三甲医院大量采用的药——原研药。什么是原研药？它是指过了专利期的外国药。这些过了专利期的国外药品和国内仿制药相比，药效差不多，但是

药价相差好几倍。另外一个很贵的药品就是专利药，它还在专利期受特殊保护，所以药价高情有可原。最后说说价格相对较低的国产仿制药，实际上很多原研药我们都可以用国产仿制药替代，价格要便宜90%，而且药效也可以达标。

根据我们的调查，目前外资主导的专利药和原研药，也就是药价相对较高的两种药，占到三甲医院药品份额的65%。至于我们的医院为什么会采用高价药，而不是药效相差不多的国产仿制药，这里面涉及的医院创收、医生收回扣等问题已有很多评述，我在这里不再细谈。

那么，目前这种高价药占大多数的情况要如何改善？广东省的高州市医院做了一个改革试点，我叫它"高州模式"。高州医院在采购药品时会临时成立一个"药事委员会"，随机抽调专家负责制定药品目录，但是委员会里绝对不许包括领导。专家一旦被抽中，其对外通信工具马上被医院收缴，从而割断了医院和药厂之间的"内幕交易"。另外，本次采购完毕后，这个采购小组立刻解散，下次再有采购事宜再重组一个新的"药事委员会"。

高州医院进行改革之后，目前它的药品里95.5%的药都是国产仿制药，只有4.5%是进口专利药。而医院在连续七年采取药品阳光化采购后，总共节省了1.3亿元。当然，在"高州模式"中还牵扯到了监管的问题。在高州医院，专家组会负责定期到医院去检查，看是否出现乱用药、乱收费的问题。

我的建议是，在"高州模式"的基础之上，建立一个更优化的专家组，对医院目前存在的乱收费、乱检查、乱用药等问题做出一个系统、严肃的监督。那么在必要的时候，还可透过互联网，请全民监督。这个好的模式一旦成型，我相信我们的大部分医院都会像高州医院那样，把药品价格降下来。在这个过程中，政府应该扮演的角色是制定详尽、严格的药品价格管理政策，而后由医院执行。

第二个问题，服务要上去。怎么做？很多人说，患者少了，医生多了，服务自然就上去了。这个说法没错，我对此有两个建议。第一，针对非医保的高收入人群，为他们在医院里建立一个特殊通道，为他们提供额外的、高收费的服务，这部分额外赚到的钱医院可以用来补贴大众医疗。第二，鼓励内地的医生向香港医生学习，香港的专科医生可以去私人医院兼职，也可以开设私人诊所。这样又可以把一部分不愿意排队，并愿意花钱享受更好的医疗服务的人从大医院分流出去。

透过这两种方式，可以把高收入人群从普通公立医院的就诊队伍里分流出去。而且医生拿出本职工作以外30%的精力继续提供医疗服务，医院也可以再聘用更多的医生弥补其他人赚外快时的空缺，这相当于无形中增加了全社会的医疗供给。那么在公立医院中，就会因为就诊人数下降、医生人数上升，出现服务质量上升的现象。

另外，提高医生的收入也有助于服务质量的上升。这一点"高州模式"做得也很好。高州医院拿出40%的利润分给医生，在杜绝了采购高价药的行为之后，高州医院的医生们因为这个分成的激励机制，自发地开始控制高州医院的运营成本。怎么做的？比如搞药品库存限额管理，高州医院的药品库存总额仅为购进总额的0.015%，简直比丰田的零库存管理还要厉害。

所以我建议政府采用以上两种方式对医院进行管理，在分流公立医院就诊人数，以及增加医生收入后，我相信我们的医疗服务水平肯定会得到整体的提升。

最后看医保要保住的问题。如果我们的医院能够按照我之前说的方法进行改革，那么会出现药价下降、医疗服务水平上升的情况。请各位注意，这个改良的代价是由高收入人群承担的，并没有动用医保基金的钱。所以，从常理来推断，在这种情况下医保是可以保住的。我给各位提供一组"高州模式"的数据：在进行改革之后，高州医院人均住院费用为5936.2元，不到广州的一半；高州医院的利润率达到6.1%，同一时期全国90%的医院都在亏损；医生的年收入普遍在10万元以上，有的甚至达到20万~30万元，和广州的医生比起来都毫不逊色。

我们提出的医疗改革建议，完全符合李克强总理提出的"药价要下来，服务要上去，医保要保住"，主要做的就是厘清政府和市场的关系。从我的讲解中各位可以看到，在医疗改革中政府的角色很重要，绝对不能缺位，它必须在药品采购流程、分流公立医院就诊人数的过程中起到关键的决策制定和监督作用；而在实际操作层面，政府则不应该再多管，而是直接交给医院来完成。

四、水价改革：政府应对水价制定、供水管网、水质监管全权负责

最后，我们看看水价改革。在该领域，我认为政府必须完全监管，不能采取开放政策，不能市场化。纵观全世界各国和地区的水务事业，几乎全部都是由国家控制的。那么政府主要监管哪些方面？水价、管网、水质。

首先说水价的问题。我在过去曾说过，我们很多城市的水务事业都被外资公司控制了。比如我们曾统计过全国人口最多的 10 个城市的水务情况，其中 5 个城市的水务公司都被法国威立雅公司入股，2 个被中法水务公司入股，水务事宜完全由我们自己说了算的只有 3 个城市。那么在法国水务公司控制的城市里，平均水价是 3.58 元/吨，由我们自己的水务公司运营的城市里，平均水价是 3.09 元/吨。为什么会有这么大的差距？因为在外资水务公司控制的城市里，它们的水价上涨公式、水价成本完全由外资公司说了算。

这种情况是绝对不能接受的。在美国、法国、日本，水务事业都是由政府主导的：美国的水价定价原则是制定利润上限，美国各地有不同的规矩，但都需要服从政府对水价的宏观调控；日本的供水公司无论国有还是私有，水价都要经过厚生省批准；法国巴黎的水价决策权在于市长，市长有权召开听证会，由市政部门、供水单位、用户代表三方参加价格听证会，但最后的水价由市长拍板决定。因此，我建议我们的政府要严格控制自来水公司的定价机制，按照国际惯例和会计准则，为全中国所有地区的水价重新定价。

再说管网问题。因为自来水供给依赖于管网，而管网建设投资耗费大，投资期长，且考虑到重复建设对地下空间和资金的浪费，基本上每个城市都只建一套供水管网，这就给供水管网赋予了天然的垄断性。各位都晓得，垄断会带来乱收费的恶果。我举一个例子，河北省邯郸市自来水公司垄断了城市二次供水市场，在没有任何收费依据的情况下，它巧立名目、违法收取多种费用，包括"二次供水远程监控平台建设费""管网建设费"等。在这种情况下，我建议我们的政府在供水管网的问题上借鉴深圳电改模式中的输电环节，按照国际惯例和会计准则，为全国的供水管网输送费用重新定价。

最后谈谈水质问题。我们国家从 2012 年 7 月开始，强制要求各地水厂做包含 106 项的水质标准检测。在这 106 项里面，有 42 项是常规项目，64 项是非常规项目。这个标准我们是从美国借鉴来的，但是执行情况很不乐观。根据住建部的统计，在 43 个城市供水水质监测站中，仅有 12 个具备水质标准要求的 106 项指标检测能力；在 190 个地方城市供水水质监测站中，约 94% 的监测站尚不完全具备 42 项常规指标的检测能力；更可恶的是，在全国 4500 多座水厂中，约 78% 的水厂不完全具备每日必检的 10 项指标检测能力，其中 2000 多座水厂无任何检测手段。各位看看，我们的这些水厂连最基本的检测能力都没有，我们怎么能够判断出它们提供的水的质量是否合格呢？

有人会说，透过市场化改革可以改善现状，请各位仔细想想看，做检测是一项非常大的开销，一个市场化的企业它会主动去做吗？所以我们的水质安全由谁来维护？还是需要我们的政府像美国、英国的政府一样，对水质进行全面监管，一旦发现有水质不合格的情况，马上严肃处理。

背景提示：全球其他国家对水质管理的经验。

美国于 1972 年颁布《清洁水法》，规定凡是向公众提供自来水的公司必须接受环境保护署的监管，每月至少对自来水检查一次 106 项全指标；每天都要检测十几项到二十几项不等的必检指标，平均每个月要检测 480

次以上，少于这个数字，就可能被视为违规。如果自来水公司故意伪造、谎报法律规定上报或保存的文件资料，美国政府可以对其处以高达 25 万美元的罚金，或 15 年以下的监禁，有时甚至可以二者并罚。

新加坡政府的公用事业局在供水管道内安装传感器，这些传感器可以计算水中的酸碱度，并间接反映水质导电指数。该传感器记录下各种数据后上传到控制中心，哪家自来水公司的供水不达标就要受到重罚。

英国政府的水务办公室在 2008 年 4 月份确认了对某水务公司 970 万英镑（相当于营业额的 7%）的罚款，仅仅是因为该公司误报了水质数据。

总结我们的水务改革，从水的定价、管网费用到水质监管，我认为都必须由政府全权监管。在这三项上面，政府和市场的界限非常清楚，那就是没有所谓的市场的位置，这三项应该完全由政府主导。

我在这里想就我们进行的一系列价格改革提出一个全新的概念：什么是市场化？不是指政府完全退出，这不是我们改革的目的，我们改革的目的是让老百姓拥有最低的生活成本。在这个过程中，厘清政府和市场的界限是改革的手段，老百姓获得由改革释放的最大红利是我们的目的。

第十一章 电力改革：拆分"电老虎"，
发输售电市场全部开放

一、电力改革遭遇利益集团的剧烈抵制

2014 年最受老百姓关注的除了"打老虎"，应该就是各种有关宏观经济、民生经济的重磅改革。其中，我个人比较关注的改革之一是电力改革。2014 年 6 月，习近平主席在中央财经领导小组会议上表示，要"抓紧制定电力体制改革总体方案"，明确要求发改委在 2014 年年底前拿出新电改方案；9 月 10 日，国家能源局南方监管局与广东省有关部门联合印发了《广东电力大用户与发电企业直接交易深化试点工作方案》，导致第二天的电力板块股价大涨 2.57%；11 月 4 日，发改委又下发了《关于深圳市开展输配电价改革试点通知》。此外，2014 年 10 月，政府还下发了《关于进一步深化电力体制改革的若干意见（征求意见稿）》，而这份在深圳试点基础上制定出的全国性改革，根据 2014 年年底媒体的报道，已经获得原则性通过。

如此看来，在广东进行的一系列电力改革试点，我认为就是中国电力改革重启的序幕。为什么说重启？实际上，早在 2002 年我们的政府就曾大刀阔斧地提出过类似的电力改革方案。2002 年，国务院下发了《关于印发电力体制改革方案的通知》，即启动电力体制第二轮改革，被电力行业内

部称为电改"5号文"。"5号文"的改革方针是：厂网分开、输配分开、主辅分开和竞价上网。

十二年过去了，我们四大任务只完成了两个——厂网分开、主辅分离，也就是电网和电厂分离，电力系统过去附带的学校、医院分离出去；但是，真正涉及垄断电网利益的后两项改革被既得利益者公开抵制，导致输、配、售电依然控制在电网手中，而发电企业也没有实行竞价上网。对于电力改革的艰难我是深有体会，过去几年我经常挑战电力集团的垄断利益，当然了统统都以失败告终，为什么？我个人是螳臂当车能力不足，但有屡败屡战的信念。这一次，我看到中央政府再一次下定决心进行新一轮电力改革，内心是相当佩服。

我们的电力改革到底有多么艰难？目前，中国北方以及中部省份，除内蒙古西部地区以外，大部分都属于国家电网公司管辖范围，南方的广东、云南、贵州、海南四省，以及广西壮族自治区都属于南方电网公司的管辖范围。各位看明白了吗？这相当于，国家电网控制着全国26个省（自治区、直辖市）的电网业务。那么在此背景下，我给各位举三个例子来说明电力改革的艰难：

第一个例子，2012年4月份国家电网公司总经理刘振亚写了一本书叫作《中国电力与能源》，在这本书中他提出"坚持输配电一体化和电网调度一体化"，还说"若输配分开，配电网交给地方，不利于地方电网建设、投资、运营和农网改造，有碍电网发展，所以我国现行的输配一体化和电网调度一体化符合国情"。这相当于国家电网公司主张输配电一体化，而这严重违背了电改"5号文"中输配分开的"输配体制综合改革"。

第二个例子，陕西地方电力公司是为数不多的几个在国家电网强势收购地方电力公司的浪潮中幸存下来的地方电力公司。它在2012年4月25日，与国家电网公司发生了上百人的冲突，起因是什么？陕西地电过去都是从国家电网公司那里买电，而后配售给辖区内的企业和家庭，后来因为用电量猛增，而在附近的内蒙古西部电网又能提供价廉的电力，所以陕西地电和蒙西电网约定，绕开国家电网公司，在两地之间建一条220千伏的高压电网，由蒙西电网直接给陕西地电输电，给老百姓带来实惠。可是，国家电网公司以没有通过审批、防止重复建设、维护陕西电网安全等名义，不让它们完成施工，所以就和陕西地电发生了上百人的武斗。

第三个例子，山东魏桥电厂因为电价非常低，自己所在集团的工厂用不完，所以就低价卖电给周围的老百姓。同样也受到了国家电网公司的阻挠，为此双方在2009年发生过1000多人的大规模武斗。最终，魏桥电厂还是失败了。具体的情况我在《郎咸平说：让人头疼的热点》一书中做了详尽解读，有兴趣的朋友可以去翻看，我在这里不再赘言。

这三个例子反映出了强势电力企业对电力改革的阻挠，同时也可以看到中央政府推进电力改革有多么的困难。关于电力改革，我曾在过去的作品中多次提及。很高兴的是，我的一些建议与最新出台的一系列电力改革不谋而合。那么这一次在广东试点的电力改革中，我确实看到了一丝曙光，我们电力改革重启之路终于迈出了第一步，坦白讲这一步走得是非常艰难，而我乐见其成。

二、畸形的中国电力格局：电网垄断输配售环节，发改委垄断定价权

因为这一系列的电力试点都选择了广东，所以我就以广东省的电力改革为例，和各位仔细分析一下新一届政府推行的电力改革。目前，广东省的火电上网电价是0.502元/千瓦时，电网通过输配一转手，竟然以0.944元/千瓦时的工业用电价格出售给企业，相当于加价46.8%。为什么加价这么多？因为我们目前的输、配、售电三个环节基本上还是捆绑在一起交给电网公司在做，这种垄断导致了巨额利润，使得我们的工业用电达到了将近1元/千瓦时，而里面其实有近一半都是交给电网公司的。

那么国外是什么情况？以美国为例，它的工业电价折合成人民币相当于0.435元/千瓦时。这里面，电网在中间的加价占总电价的28%，能源成本占总电价的49%，还有23%是税费，而这笔钱美国政府最终会将绝大部分透过社保等渠道，返还给老百姓。

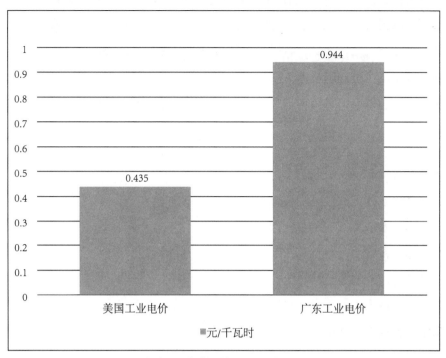

中美工业电价（单位：元／千瓦时）

　　美国电网拿走28%的工业电价，我们的电网则是拿走了46.8%。它们拿走这么高的利润做了什么事？我不晓得各位知不知道金融领域里的英大系，它包括英大国际信托、英大证券、英大期货、英大长安保险经纪、英大泰和人寿、英大泰和财产保险等，这个体系背后的大股东就是国家电网公司。那么国家电网公司花巨资打造"金融帝国"的钱从哪里来的？就是它从电力垄断中获得的暴利。也就是说，国家电网公司不但在本行业垄断，而且还染指金融行业，打造属于自己的"金融帝国"。我想请问中央政府，这是我们可以接受的吗？我们现在不但搞金融改革，还要搞电力改革，结果发现电网公司和金融集团正在结合成为一个产业综合体，这是非常可怕的。釜底抽薪的办法就是打破电网公司对输、配、售电的垄断，让我们的电网收益占电价46.8%的这个比例至少下降到和美国的28%一样，这样相当于我们工业用电的价格下降25%左右，于国于民都是好事。

　　第二步要打破发改委对上网电价、销售电价定价权的垄断。目前，我们的电厂在没有竞争的情况下，上网电价是 0.502 元/千瓦时，甚至超过了美国的零售电价。我们看起来有很多的电厂，比如说五大电力集团，包括华能、华电、中电投、国电、大唐。另外还有所谓的"四小豪门"，包括华润、国华、国投、中广核。另外还有很多的民营电厂。看起来很多，但是它们之间没有竞争。为什么？因为我们的上网电价和销售电价都要由发改委制定。我们知道，在自由竞争的市场里面，价格是供需双方确定的。那么我想请问我们的政府，发改委在电力交易中既不是供给方，也不是需求方，我请问它如何能够公正、正确地制定价格？可以说，发改委定价的机制也完全违背了竞价上网的电改原则。

三、深圳电改试点：部分实现了我理想的电改模式

如此看来，电力改革如果是以执政为民，以老百姓和用电企业的利益为前提的话，必须做到：第一，消除电网对输、配、售电三个环节的垄断，不要再出现电网利润占到电价近半的情况；第二，透过电厂竞争的方式实施竞价上网，避免出现上网电价比美国销售电价还高的情况。解决这两个问题，就能解决我们的高电价问题。但是我要告诉各位，这两个重中之重的改革，也是最难以推动的改革。

我们先谈电网改革。输、配、售三个环节一定要分开来，电网只能负责输电，配电、售电由谁做？我建议由民营企业来做。换句话讲，我认为的一个理想模式是，要从过去所谓的电厂加电网两部分控制电力系统的垄断模式中退出，将电力系统切分为四块，那就是发电、输电、配电、售电。发电要强化自由竞争，发改委不要定价，而是要电厂之间进行竞价上网；输电不能够由电网自己提供成本数据，而要根据国际惯例和国际指标，政府规定它到底能够收多少费用；配电、售电完全交由民营企业来做，这就是我认为理想的改革模式。

那么广东电改试点内容和我讲的理念相差多少呢？坦白讲，距离还是有的，但是已经朝着一个正确的方向在走。比如以输电为例，根据《深圳

市输配电价改革试点方案》的规定，"鼓励放开竞争性环节电力价格，把输配电价与发电、售电价格在形成机制上分开"。什么意思？深圳电改方案指出"参与市场交易的发电企业上网电价由用户或市场化售电主体与发电企业通过自愿协商、市场竞价等方式自主确定，电网企业按照政府核定的输配电价收取过网费"。也就是政府监管中间的输配环节，放开两端的发电和售电环节。那么，最终参与电力市场的用户购电价格就等于市场交易价格、输配电价（含损耗）和政府性基金之和。

在深圳电改方案中，非常亮眼的一点就是允许用电大户或者是市场化的售电企业绕过电网这一环，直接和电厂签约，并且自行商定售电价格。因此我相信这些用电大户的成本将会下降不少。那么我们可以进一步设想，如果将来很多的村、镇、县作为一个主体，都和电厂直接签约，可以使得本镇、本村或者是本县老百姓的电费降低很多。这是我由深圳电改方案中思考得出的想法，希望各位可以做一个认真的考虑。

深圳电改方案里面的输配电价还是由电网公司负责，但是输配电的价格和成本都改由政府核定，这里面还非常具体地规定了电网企业上报成本的问题。我们以前经常诟病电网企业乱花钱，折旧费过高，账目不清楚，那么深圳电改方案将每一项会计科目都制定得非常严格，严格到什么程度？以折旧为例，方案规定输电线路110千伏～800千伏的折旧年限为30年，配电线路和设备为15年，运输设备为11年，发电设备为16年等，防止企业通过折旧隐藏利润。另外，深圳电改方案在电网的成本核算方面还规定，修理费原则上据实核定，最高不超过当年固定资产原值的1.5%；职工福利费、住房公积金、职工教育经费、工会经费最高不得超过计入定价成本的工资总额的14%、12%、2.5%和2%；其他费用原则上在剔除不合理成本后据实核定，最高不超过当年固定资产原值的2.5%等。也就是说，电网成本完全由固定的定价措施决定，不允许电网自己报成本，这样一来目前电网过网费占电价总成本46.8%的情况，就能得到大幅改善，给老百姓最大的实惠。

我想特别提一下配电的问题，所谓配电就是分配电力，把特高压变成低压然后分配给用电居民或者用电企业。这个步骤相当于一个电力的批发零售商，并不影响电网安全，其实谁都可以做。比如，一个民营企业可以成立自己的配电公司，从电网买来电，建一个变电站，然后在小区铺设电网。如果同一个小区被多个民营配电公司的网络覆盖，那么它们之间就可以展开竞争，这样电价自然又会下降一些。

告诉各位，现在全世界都是这么做的。英国在 1990 年 3 月电力改革时就将 12 个地区的供电局改为地区配电公司，首先允许用电量在 1000 千瓦时以上的用户选择供电商，1998 年 7 月以后所有用户都可以自由选择供电商。澳大利亚、日本都有类似的改革，世界各国进行的改革模式和步骤不尽相同，但发展的总趋势却趋于一致，即打破配电、售电侧的垄断，引入竞争，增加用户选择权，价格就会下降。

目前，深圳电改方案中对输配电方面并未提出放开交给民营的理念，只放开了发电和售电一侧。但是在 2014 年 10 月公布出来，国家发改委牵头制定的《关于进一步深化电力体制改革的若干意见（征求意见稿）》中，非常明确地指出了未来全国的电改思路——以"放开两头、监管中间"为原则，围绕"四放开一独立"展开——输配以外的经营性电价放开、售电业务放开、增量配电业务放开、公益性和调节性以外的发供电计划放开，交易平台相对独立。根据媒体的报道，这项全国性电力改革的最终稿已获得原则性通过。虽然在我撰写本文的时候还未能看到新电改的内容，但我相信这项在深圳电改方案的基础上又提升了一步的改革，将会更加接近我所建议的电改思路。

四、建立电力交易所，为发电、售电方提供竞价交易平台

最后我再来谈谈发电的问题。我在前面讲过，发电厂看起来很多，但是它们的售电价格统统都是由发改委制定的，在深圳电改方案以及即将公布的新电改方案中，都涉及发电端上网电价放开这个利好消息。我们一旦采用竞价上网的方式，用电的老百姓肯定能从电厂的竞争中获得实惠。

我给各位举一个例子，2000 年美国加州发生了一次电力危机，加州是美国最早进行电力市场化改革的州，但也是第一个出问题的，而且最后导致了非常严重的后果。那么加州政府当时是怎么做的呢？它针对电力公司的投资，按照固定投资收益率的办法确定收益，将加州所有的终端销售电价格都稳定在 6 美分/千瓦时。也就是说，加州政府将所有的改革成本全部转嫁到了电力企业身上，不管电力市场的动态行情如何，它们的收益只能是固定的。

这种不尊重市场运行规律的做法，最终带来了危机。2000 年的时候，美国天然气价格涨到了 15 年来的最高点，实际上网电价远远高过加州政府规定的价格，最终导致加州电力公司亏损了 140 亿美元，最后宣告破产。其他的小型电厂也不想发电了，因为一发电就亏本，它们还不如把手里的天然气卖掉，还能够赚一把。所以到了 2000 年 6 月份，旧金山地区有 10 万用户爆发停电危机。2001 年 1 月下旬，加州竟然破天荒地采用分区停电的办法，这是第二次世界大战以来，加州首次分区轮流停电。

这么重大的危机爆发之后，加州政府又做了什么？它竟然走了电改回头路，花 500 亿美元收购发电厂和电网，然后成立了一个集发电、输电、配电、售电于一体的电力局，完全由政府控制全州电力的生产、输配和销售。这就是著名的加州电力危机，最后孵化出了一个所谓的国有企业。我现在再回顾这个事件还是觉得非常荒谬，非常不合理。这种计划经济模式，这个完全不可取的方案竟然最终成型了。

看过加州的这个反面案例，我们应该如何经营发电端？我们应该全面推广自由竞争的模式，我建议成立一个电力交易所，或者是电力期货交易所，让所有的发电厂有一个竞价上网的平台。就像股票交易所或者期货交易所一样，发电企业在里面挂牌，然后用电大户可以到交易所里面买电。比如我在前文提到的以村镇为单位，在交易所里批发买电，然后卖给当地的小区、学校、公司等。如果形成了长期合作，我们还可以有两种输配电的选择：第一，如果发电企业和用电大户签了长期合作合同，那么可以要发电企业直接拉一个电网到用电客户那里去，绕过现有电网；第二，如果发电企业是和普通用户签的合同，那就可以通过现有电网进行输配，然后再给电网一定的过路费。在我前面讲的深圳电改方案中，电网所有的收费标准都由政府做出了明确的规定。这么做的结果我相信就会形成一个完美的改革方案，也是一个市场化的改革方案。

另外，请各位注意，如果发电企业是在电力期货市场把电卖掉的，最终成交价格提前知道以后，那么它立刻就能计算出最高可承受的能源成本，也可以在能源期货市场上购买能源。我们以 6 个月的期货为例，发电企业已经知道了发电量和售价，那它立刻就可以到能源期货市场挑选 6 个月后的能源数量和价格，至少不会亏本。电力批发商呢？它们也预先知道了 6 个月之后买到手的电价，可以提前计算要向区域内的老百姓收多少电费，因此它们也不会亏本。所以电力交易所或者电力期货交易所本身是保障了发电者、售电者的利益，那么在此过程中收过路费的电网其实也是受益人之一。

这就是我提倡的理想的电力改革模式，原本由电网牢牢控制的输、配、售三个环节，把它们分成三个独立的环节，透过改革打破电网垄断，让电费降价。目前深圳地区的做法属于我这个设想的第一阶段。另外，为了给发电企业提供竞价上网的平台，成立电力交易所或者电力期货交易所，由用电者、售电者和发电者透过挂牌的模式自行交易，决定电价。之后如何交易？两种交易模式：第一个，用电大户直接和电厂签约，自行建电网，绕过现有的电网来买电；第二个，用电户如果不是大户的话，买到电之后可以给电网交过路费，然后透过它输电，收费标准可以参考深圳电改方案的规定。这是我理想中的电力改革模式，我也希望目前政府提出的改革方案能够顺利推动，因为我从目前透露出的信息中看到，这两者的总体思路是基本一致的。

第十二章　电信改革：通过完全竞争，降低通信费用

2014 年我讲的最多的就是改革，特别是关于国企、金融等行业的改革沉疴。让我特别欣喜的是，不断看到像电信这种国企盘踞的行业开始打破垄断格局。2014 年 8 月 15 日，国务院修改《中华人民共和国电信条例》，放开网间互联协议和电信资费定价的限制。各位不要小瞧这一次的改革，它具有两方面的重大意义：第一，中国的电信资费将真正实现市场化，不再是国家统一定价或者按照成本定价；第二，中国电信行业引入了虚拟运营商。

告诉各位，到我撰写本文的 2014 年 12 月为止，中国已经发放了 42 张虚拟运营商牌照，而且还在继续。比如阿里巴巴集团旗下的阿里通信就在 2014 年 6 月宣布，它拿到了 170 号段。那么阿里通信的这个虚拟运营商是一个什么样的经营策略呢？比如说无服务费、无月租费、无漫游费、无来电显示费，接听电话也免费；还有短信也好、通话也好都算上网流量。那么最后算下来，打一分钟电话只要 9 分钱而已。这种虚拟运营商的出现，为我们老百姓带来实惠，对这个转变我表示非常地支持。

如果我们从另一个角度看，就会思考另一个问题，为什么我们过去的通信费用那么高？告诉各位，就是因为垄断。电信垄断在全世界各个国家都有，垄断的结果是给老百姓造成巨大的伤害，所以越早开放，老百姓越能得到更多实惠。

一、中国电信业现状：国企高度垄断，老百姓通信费用全球最高

从目前全球的情况看，中国电信行业依然是高度垄断的，表现就是老百姓通信费用占个人可支配收入的比例非常高。我用数据说话，向各位清楚地展示中国通信费用之高。首先，因为各国都是把电话费和上网费放在一起结算，单独对比电话费或者上网费取样非常难，所以我做了一个有意思的尝试，就是假设你免费取得一部 iPhone5 之后，每个月交的月租费是多少钱，这个在全世界应该都是一个可以做横向对比的数据。

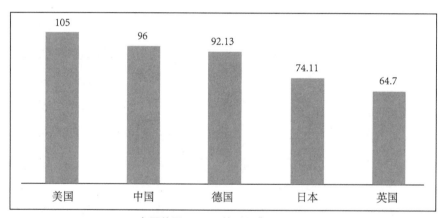

各国使用 iPhone5 的月租费（美元）

第一名是美国，月租费 105 美元，第二名是中国，月租费 96 美元，后面还有德国、日本和英国。如果再对这个结果进行分析，那么前两位的美国和中国的通信市场可以说都是处于垄断状态，所以费用才会这么高。目前，美国的通信市场和中国非常相似，由三大骨干网垄断，中国的通信市场则是由中国电信、中国联通和中国移动垄断。德国和日本的通信市场是处于半垄断半竞争状态，所以它们的费用也处于中间水平。最后看英国，它的通信市场完全实现了市场化的充分竞争，所以英国老百姓的通信费用是很低的，这一点我在下面会详细说明。还有一点我们必须明确，除了中国以外的其他国家都已经属于发达国家，老百姓的平均收入高，而且这些

通信费用占到他们可支配收入的比例是非常小的。

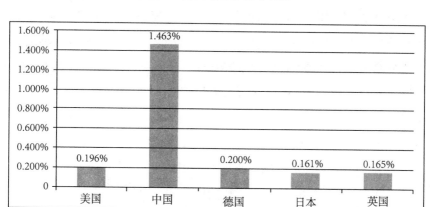

各国使用 iPhone 5 的月租费占人均年收入的比例

从上图可以看出，使用 iPhone5 的月租费占各国居民年可支配收入的比重，这么一比较结论就很明显了，中国是全世界最高的，达到 1.463%，美国 0.196%，德国 0.2%，日本 0.161%，英国 0.165%，其他国家里面就是美国和德国稍微高一点，日本和英国都很低。而最高的中国是其他国家的 7~10 倍，可见老百姓通信费用的负担有多重。

我们接下来再看看宽带上网费用的情况。我们引用 DCCI 互联网数据中心 2014 年发布的《中国宽带用户调查》，各国每兆固定宽带费用折合成人民币后，中国最高是 55.7 元，德国是 44.1 元，美国是 22.2 元，日本是17.5 元，英国是 12.7 元。

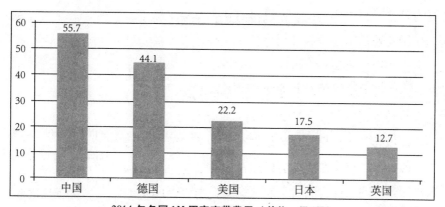

2014 年各国 1M 固定宽带费用（单位：元/月）

　　结果中国还是最高，英国还是最低，因为中国的宽带网也是被垄断的。比方说，北方以中国电信为主，南方以网通为主，它们两个基本上是区域性垄断，所以中国的上网费用也是最高的。那么费用最低的英国是因为进行私有化改革，使得主干网交给国家，其他全部都是由虚拟运营商运营，因此英国人上网的价格应该是最低的。

　　当然，我在前面已经说过了，由于中国和其他四个国家收入水平不一样，居民收入水平相对比较低，所以我们上网费用占人均可支配收入的比重肯定也是全世界最高的。以每月上网费用占月人均国民收入这个比例为例，中国的数据是 1.657%，德国是 0.187%，美国是 0.081%，日本是 0.074%，英国是 0.063%，其他四个国家的数据都只是我们的零头而已。

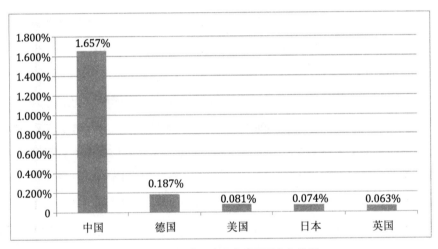

各国每月上网费用占月人均国民收入比例

二、各国电信改革经验：引入虚拟运营商＋网运分离

　　我在过去一直呼吁要打破电信垄断，但是这个任务是很艰难的，为什么？你要挑战中国电信行业的既得利益集团，怎么办？坦白讲，打破电信垄断，我们的政府已经做过多年努力，但直到2014年8月修改《中华人民共和国电信条例》，才终于有了真正的突破。那么关于这一次的改革，我

个人表示支持。但是坦白讲，在我看来只是电信改革的第一步。根据我们的分析，全世界关于电信改革的经验应该分成三个阶段。

第一个阶段，引入虚拟运营商，进入寡头们不愿意去的领域提供更多服务。最好的例子是美国，2009 年之前，美国的虚拟运营商总想和三大骨干网竞争，结果发现自己根本无法取胜，怎么办呢？它们把自己的市场定位重新设定为主导运营商尚未提供服务的各种细分市场，一定要占领属于自己的细分市场才有可能生存。比如美国最大的虚拟运营商 TracFone，它专门服务利润小的预付费市场、少数族裔市场、国际长途市场等。经过几轮激烈的竞争，2013 年全美虚拟运营商的用户数量达到 3350 万，美国的移动用户为 3.35 亿，虚拟运营商的用户数量占移动用户总数的 10%。

背景提示：我们一直强调中国的各项改革是"一抓就死，一放就乱"，总认为这是中国改革的专利，其实美国电信的改革也是这样。

美国电信改革总共分成四个阶段。

第一个阶段是 1876—1894 年，是专利垄断时期。当时贝尔发明了电话并取得专利，后来成立了 AT&T 公司，专门从事长途电话业务，今天依然占据美国电信业的半壁江山。由于垄断，美国老百姓在当时的电信资费是非常高的。

第二阶段是 1894—1934 年，当时的电信改革是"一放就乱"。贝尔的电话专利到期后 3 年内，美国涌现了 6000 家独立的电信公司。AT&T 公司凭借长途电话的垄断地位，拒绝这些独立的电信公司接入自己的长途网络，于是这些小公司只能服务当地市场。导致一个小区有好几个公司抢客户，而且各个公司都是独立系统的局面，造成了严重的资源浪费。

第三个阶段是 1934—1984 年，当时的美国电信业是"一抓就死"。1934 年，美国《通信法》通过，并且成立了专门的联邦通信规制机构——联邦通信委员会（FCC）。从此，美国的电信产业进入规制垄断时代。和今天中国的电信管理部门一样，FCC 具有规制通信产业的广泛权力，其中包括牌照准入、资费规制权、频率资源的分配、号码资源的管理、互联互通、企业财务、会计行为管制、应急管理、安全管理等。

政府管制影响市场信号的结果是，导致 AT&T 公司臃肿庞大，新技术得不到使用。在 1984 年 AT&T 解体以前，它总共有 100 万员工，企业效率低下，人浮于事。要知道，现在中国移动正式员工数量加上临时工数量也才 57 万人。而中国移动服务的对象是 13 亿人，AT&T 公司在当时只服务 3 亿人。美国司法部和经济学家在经过对 AT&T 公司的详细调查后，得出一致结论：无论从哪个角度出发，AT&T 公司都非拆分不可，于是就进入了美国电信改革的第四阶段。

第四阶段，也就是 1984 年至今，美国电信业再次启动市场化改革，形成今天的寡头格局。其中 AT&T 被拆分成 8 家公司。拆分后，AT&T 公司和 7 个地方的贝尔运营公司是美国政府管制机构的主要管制目标。联邦通信委员会禁止 AT&T 公司经营本地通话业务，禁止 7 个地方贝尔运营公司从事国内州际长途，以及国际长途通话业务。拆分 AT&T 公司之后，市场上再次出现数百家电信公司，这些公司主要靠租用 AT&T 公司或者其他公司的电话基础网络，来经营自己的业务。

1996 年，新《电信法》的颁布是美国电信业从局部竞争走向全局竞争的标志性事件，进入了规制下的竞争阶段。该法颁布之后，美国基本放松了对电信运营商一般资费的规制，美国联邦通信委员会宣布 AT&T 公司将不再被标以"具有支配地位的电信运营商"。但市场自发形成了并购风潮，经过一系列的并购重组，最后形成了 AT&T 公司、Verizon 以及 Sprint 三大移动运营商。在这之外，美国还有很多虚拟运营商。

坦白讲，中国目前正是处于中国电信、中国移动、中国联通三大骨干网垄断的局面，它们控制着骨干网，同时也和虚拟运营商同台竞争。如果一直保持现状不改革，我们一定会重蹈美国电信业发展的覆辙，虚拟运营商之间一定会透过大量的竞争，然后导致大批倒闭。

因此开放整个电信行业只是改革的第一步，且它对中国电信、中国移动和中国联通不会造成特别大的杀伤力。我们新批的 42 家虚拟运营商和以后获批的虚拟运营商之间势必会进行激烈竞争，我相信会有大量倒闭，而最后虚拟运营商所占据的市场份额，我很担忧会和美国的情况一样，搞不好只有10%而已。

第二个阶段，进一步扩大和稳定虚拟运营商。我们以中国香港为例，香港电信管理局做了一个非常有创造性的突破：规定3G网络运营商们必须出租30%的网络容量给虚拟运营商；作为交换，虚拟运营商不能自己建基础网络，防止浪费资源。这个策略非常成功，在过去13年中培养出了12家虚拟运营商。各位晓得吗？如果让这12家虚拟运营商和骨干网的巨头竞争，它们肯定没有出头之日，因为这些巨头不会主动把网络容量租给自己的竞争对手。

那么在30%的市场空间之下，虚拟运营商们也需要找到一个适合自己发展的细分市场。比如经常往来于香港和内地的人用的"飞线漫游"就是虚拟运营商提供的，漫游费便宜了一半。另外一家虚拟运营商i100专注于日本式的时尚、娱乐资讯路线，非常适合喜欢日本文化的香港年轻人。香港这12个虚拟运营商就是在细分市场这个夹缝里找到了自己的位置，然后慢慢发展起来。

第三个阶段，完全切割，实现网运分离。这是我最推崇的一个阶段，因为这才是电信行业真正市场化的节点。我们以英国为例来讲讲。2005年9月，类似于我们中国联通、中国移动、中国电信综合体的英国电信公司，迫于监管机构的压力，主动将自己的本地接入网络分离出去，成立Openreach公司。Openreach公司拥有自己独立的资本支出预算、办公室和品牌标志，在人员、系统、流程、计费等方面都完全独立于英国电信公司。这相当于Openreach公司和过去的英国电信公司完全分离，它只负责骨干网的建设。

那么Openreach公司怎么卖流量呢？根据拆分要求，Openreach公司以相同的产品、相同的价格和合同条款、相同的质量、相同的系统和程序提供接入服务，其行为受平等接入委员会（EAB）的监督。翻译一下，这句话的意思是，Openreach公司把流量卖给A也好，卖给B也好，相同的质量就必须是相同的价格，而且必须保证在自己不亏本的情况下，以最低的价格出售，为了最后图利英国的老百姓。

英国电信公司被拆分之后，也变成了一个虚拟运营商，和其他几十家虚拟运营商同台竞争。后来的结果非常有意思，同台竞争的结果是，英国电信公司不仅没有倒闭，而且因为竞争压力经营得越来越好。我给各位提供一组数据，2008 年至今，英国电信公司的运营成本和资本支出已经减少了 50 亿英镑。2013 财年的第四季度，其消费者业务部门取得了"十年来最好的季度业绩"，部门收入同比增长 9% 至 10.7 亿英镑。另外，英国电信公司 2013 财年税前利润同比增长 6%，运营成本下降 3%，每股收益增加 7%。根据 Ofcom 的调研，欧洲 25 个国家的宽带价格中，英国在纯宽带低价方面排在第七位，在宽带和语音捆绑低价方面排名第六。都是上层水平，而且还在进步中。这就是竞争的结果，不仅公司自身的运营水平得到了提升，而且给投资者带来了实惠。英国电信资费和我们以及美国、日本等国家的电信资费相比，应该是最低的。

三、我的中国电信业改革路线图

根据以上分析，我对于中国大陆电信业开放是给予厚望的，而且这一届政府也确实在大力推动改革。但目前提出的引入虚拟运营商还是改革的第一阶段，我们目前的情况和美国非常相似，如果改革只停留在这一阶段，那么我认为这 42 家虚拟运营商会和美国的一样，最多只能占到 10% 的市场份额。所以，我们必须进入电信改革的第二阶段，学习香港，要求骨干网至少租出 30% ～ 50% 的流量给虚拟运营商，让它们的市场份额加大。但是不管怎么讲，第一阶段也好，第二阶段也好，这些虚拟运营商都很难和传统的中国电信、中国移动和中国联通竞争，在前阶段这些虚拟运营商只能够在细分市场求生存，根本不可能打败这三家巨头。

为改变前两阶段的不足，我建议电信改革必须实施第三阶段，也就是英国电信业所做的，将骨干网的建设部分完全丢给国家，单独成立一个公司做骨干网建设，然后将相同质量、相同成本、相同最低价格的流量卖给每一个虚拟运营商，让它们相互竞争，这就是我期望的。因此，我希望中国的电信改革不要只停留在第一阶段，我们要勇敢地进入第二阶段，甚至进入完全竞争的第三阶段，只有这么做老百姓才能够得到最大的实惠，我们的通信成本才能够降到最低，而企业的效率也才能够提升到最高。

我对电信改革中各个对象的期许是：

第一，对中国消费者而言，改革进行到第一阶段、第二阶段时，我认为消费者的通信费用应该可以至少降低30%，固定上网费用至少可以降低70%，且网速要提高3倍。

第二，对于虚拟运营商而言，如果改革只处于第一阶段的话，我相信经过激烈竞争会出现大量倒闭的现象，而且即使剩下的是最强的虚拟运营商，它们的市场份额很可能像美国一样，只能到达10%的水平。美国的虚拟运营商在竞争的过程中一共倒闭了25%，中国会倒闭多少家不知道，我觉得很有可能超过25%，这是目前获批的42家虚拟运营商所要密切注意的，它们如何求生存才是目前应该注意的头等大事。

第三，对于中国电信、中国移动、中国联通这些巨头而言，如果中国电信改革进入第三阶段，那么它们将从骨干网的建设中脱离出来，像英国电信公司一样，统统成为虚拟运营商，和其他的虚拟运营商同台竞争，而且从骨干网上拿到流量的成本是一样的。有一点我必须特别说明，我们的电信三大巨头和英国电信公司一样，它们具备了非常好的经验和设备以及人才，所以一旦参与市场竞争，我相信不仅不会被淘汰，整个企业还会因为充分竞争焕发出生机和活力，成为真正的好国企。

最后，如果我们真的效法英国，也成立一家由政府直属的专门建设、管理骨干网的企业，以同样质量、同样成本，以及最低价格卖流量给所有的虚拟运营商，那么我们可以对现在三大巨头手中的骨干网进行联合、关闭，也许会减少至少十万个以上的基站，由此可以省下2000亿元的重复投资费用，还可以归还数万亩的土地。

就我个人而言，在仔细分析当前的数据和政策之后，我认为我们的电信改革一定要向着第三个阶段努力，这对于消费者、三大传统运营商、新晋虚拟运营商，乃至对整个社会而言，都是一个完全的利好，而这才是我们政府所追求的执政为民、以民为本、藏富于民的执政理念。

第十三章　金融改革：需要更有为的政府监管，更有效的市场机制

一、中国老百姓投资困局：回报率低+流动性差

我想和各位谈谈理财和投资，这个题目为什么特别重要？比如大家投资黄金，每盎司价格从 1900 美元跌到了 1200 美元（自 2011 年 9 月至 2014 年 12 月底），而且目前一直在低位徘徊。在黄金价格下跌的过程中，还出现了非常戏剧性的一幕——中国大妈"抢金潮"。当然，中国大妈在投资理财意识和手段上没法和高盛这些世界投行比，本以为是抄底，结果她们买完黄金后金价越来越低，反而把自己套牢了。

炒黄金不行，那我们炒股行不行？炒股也不行。2007 年，全球股市曾经达到过最高点，但在 2008 年全球金融海啸中都出现了暴跌，中国当然也不例外。那么到了 2014 年年中，我们发现除了中国以外，其他国家的股市基本上都恢复甚至超过了 2007 年的水平。我给各位举个例子，德国 2014 年股市市值超过 2007 年的 29%，美国 2014 年的股市市值超过 2007 年的 23%。

那么各位猜猜看中国股市的情形是什么样的？截止到 2014 年 6 月，中国股市市值足足比 2007 年的最高水平低了 60%。而且更可怕的是什么？中国股市是全世界唯一连续七年下跌的。下跌纪录排在我们后面的是谁？

泰国，连续四年下跌。但是泰国股市连续四年下跌是可以理解的，为什么？因为 1997 年的亚洲金融危机就爆发在泰国，这个国家的经济曾经受到过重创，因此它的股市在接连遭遇两轮经济危机时，出现连续四年下跌是可以理解的。

反观我们的股市，各位都注意到我们的统计部门公布的 GDP 增速数据，过去几年虽然在减速，但也都在 7.5% 以上。那我想请问我们的政府和股民，既然中国经济还是处在高速发展的时期，为什么我们的股市却表现得这么差呢？"股市是经济的晴雨表"，在 GDP 增速领先全球的情况下，我们的股市却落后于全球，正常情况下的一种可能是股市说的是实话，股市差就是反映了中国宏观经济差这个现实情况。关于中国股市如何走出熊市的问题，我在本章后面会详细解读。

如此看来，老百姓炒股不行，炒黄金也不行，这两样的投资回报率都太低了。那么我们炒楼呢？告诉各位，只要你在 2013 年之前买了房子，那么确实就会产生资产增值，也就是说你赚到钱了。

我记得有一个讲房价的段子特别有意思。2004 年，北京有一位老兄非常讨厌北京的环境，认为食品卫生、教育等都有问题。当时就以很便宜的、几十万的价格把北京的房子给卖了，然后毅然地走上移民美国之路。到了美国之后，他身无一技之长，为了养家糊口只有在餐厅里面送外卖，或者做一些零工。送外卖在美国是很辛苦的，风吹雨打、日晒雨淋，而且这位仁兄还被抢劫过两三次。他这么辛苦照顾家庭、维持生计，十年之后也储蓄了不少钱，大概有 100 万美元。但是他这个时候又觉得在美国实在过不下去了，因此想回到中国。结果一到北京，他发现当初自己挂牌几十万卖掉的房子，现在的售价差不多相当于 100 多万美元。换句话讲，这位仁兄在美国辛苦打拼十年赚的钱，和他原来房子现价是一样的。假使他过去十年什么都不做，就凭这个房子也赚了 100 多万美元。这个段子就是一个讽刺，讽刺什么？在中国只有买房子，你才能够赚一笔钱。

但是现在问题出来了，2014 年中国楼市疲软，关于楼市的话题我已在本书的其他章节为各位具体解读。在楼市疲软的情况之下，货币流动性就会减少。那我请问你，企业、银行需要钱怎么办？从这个问题出发，我发现中国最近几年所谓楼市的问题，反而给了我们老百姓一个全新的理财观念——我们如何解决由房地产一支独大带来的流动性问题。这个问题坦白讲，还是要靠金融改革来解决。

二、"新国九条"："政策市"已经不买政策的账了

2014 年 5 月 8 日，国务院发布了《国务院关于进一步促进资本市场健康发展的若干意见》，被称为"新国九条"。这个事件公布之后，坦白讲股市也不是特别激动。媒体评论也不是一边倒，有的说是重大利好，有的说可能不会让股市有什么重大波动。实际结果是什么？"新国九条"推出后，股指还是在 2000 点左右，并没有大幅上升。

没有刺激股市的原因之一，可能是里面有太多老生常谈。比如"要发展多层次股票市场，规范发展债券市场，推进期货市场建设，防范和化解金融风险，营造资本市场良好发展环境"等。除此之外，我还在里面找到了一些新意，更准确地说是两个前所未有的新政策：全面肯定私募；全面开放外资进入中国。因为篇幅有限，我就谈第二个，那么"新国九条"对应的细则就是：引进"境外长期资金"，"扩大合格境外机构投资者的范围，提高投资额度与上限"。

"新国九条"中提到的"引进境外投资者"，能不能拉抬股市？我们的政府为什么要有这么大的动作呢？我在前面已经提到了中国股市一蹶不振的情况，那么在其他经济体的股市纷纷走出熊市阴霾之后，我们的政府想透过哪些措施来提振股市呢？我们的政府做出了一个大胆的实验，下了一剂猛药，就是引进境外投资者来拉抬股市。这一招有没有用，能不能救股市？关于这个问题，我无法做出判断，仅在这里引用其他国家和地区的类似做法，让我们的股民和政府引以为鉴。

先看中国台湾的股市，2001—2014 年，外资持股比例从 12% 攀升到了 33%。那么是不断增加的境外投资者在拉抬台湾股市吗？逻辑完全错了。

在这十几年间，台湾股市本来就在开放中不断发展。从下图中我们可以看出，外资持股比例的发展线条和台湾股市的发展线条几乎是平行的。换句话讲，因为股市发展得好，才会吸引那么多外资去台湾投资。各位不要把因果关系搞反了。

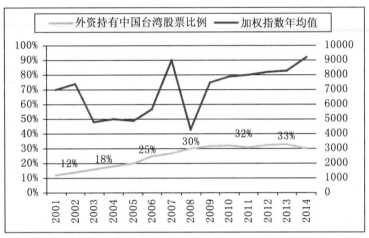

2001—2014 年中国台湾股市中，外资持股比例走势图

其实，引进境外投资者的情况是非常复杂的。我们再看泰国的情况。1988—1997 年，泰国股市疯涨。与此同时，境外投资者纷纷进入泰国股市，打算分一杯羹。根据媒体的报道，1989 年外国私人资本面向泰国的流出与流入分别在 1000 亿泰铢左右，1994 年分别达到 15000 亿泰铢左右，相当于五年间增加了 15 倍。并且，在这些资本中，短期资本所占比较大、增长较快。具体情况是，在这段时间，境外投资者在泰国股市的持股比例从 15% 上涨到 40%，甚至涨到了 60%。

透过分析泰国和中国台湾股市的例子，我发现境外投资者持股 30% 左右这个数字很神奇。如果境外投资者持股比例超过 40%，就很容易给自己带来危机。比如亚洲金融危机期间，在泰国投资的境外投资者遭到了巨大的冲击。

我们再来看看另外一个我比较关切的国家——韩国。韩国在 1998 年开放股市，吸引境外投资者。韩国遭遇的情景，和中国台湾、泰国是非常相

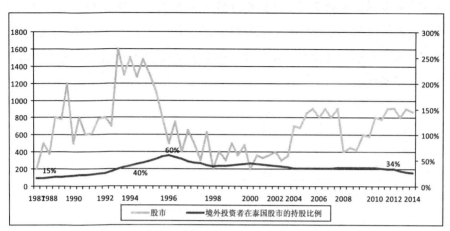

泰国开放金融市场，外资迅速进入

像的。韩国股市在当时涨势非常好，外资持股比例从18%涨到30%，而后涨到40%。但在2004年以后，外资的持股比例又下降到了32%。

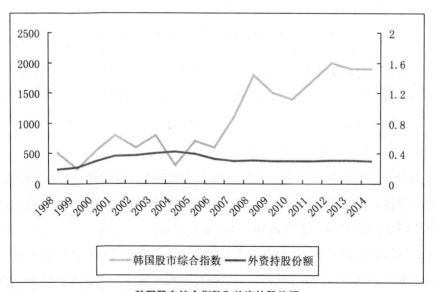

韩国股市综合指数和外资持股份额

从中国台湾、泰国、韩国的股市案例，我们可以总结出两个非常重要的教训。第一，外资进来炒股，不是为了拉抬你的股市，而是你的股市本身就很好，他们进来是为了分一杯羹。第二，发展中国家和地区股市的外资持股比例，从长期来看，应该不会超过35%。

这些教训如果用在中国大陆的股市，结果会是什么样？首先，中国大陆的股市一直是熊市，和中国台湾、泰国、韩国当年吸引外资时的牛市没法比，你们认为聪明的境外投资者会来炒股，帮咱们抬高股市吗？即使进来，他们会立即投入大量资金吗？我们的股市应该给他们更多的信心和保障，让境外投资者觉得在这里有钱可赚，他们才会来炒股。

这就要绕回到老问题了。我们进行了多年股改，几个重大问题都改好了吗？比如说，集体诉讼问题，以及许多诈欺的上市公司为什么不把它们退市了？我们的政府如果无法保护本国投资人，那么你也同样无法保护境外投资者。没有一个健全的制度来保护投资者，我们的政府怎么能够期望外资来到中国股市呢？各位要晓得，这些投资者都是逐利的，把钱投下来，就是要获得收益的。

我给政府的建议是，第一，最好把自己的基本工作先做好，而不是把提振股市的希望寄托在这些境外投资者身上。第二，把我们的中小股民先保护好，让他们先挣到钱，让境外投资者看到中国股市是赚钱的，他们才会考虑进来炒股，进而拉抬股市。

三、市场化改革才是拉抬中国股市的关键力量

除了股市，"新国九条"里面还允许外资来华炒期货，特别是金融期货。我有一个很有趣的数据给各位看，中国台湾、中国香港、韩国和日本中，台湾地区花了13年的时间来准备开放期货市场。为什么？要有足够的时间和外国期货商进行深层的互动，了解游戏规则之后，订立一套有效的监管办法。中国香港为了了解外国期货商的游戏规则，也准备了10年的时间制定各种法规。韩国是1995年12月着手制定期货交易法（FTA）的，1999年正式成立，并在同时对境外投资者开放。日本期货交易是一宣布开始初步试验，马上就对外国投资者开放了。

下页图中我们发现，期货市场的波动幅度和准备时间的长度刚好成反

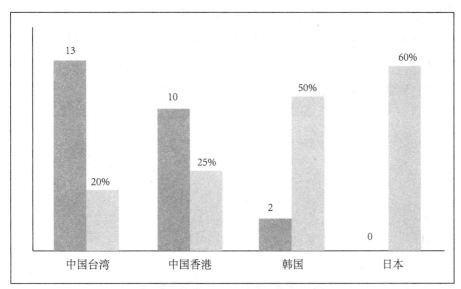

各国或地区期货市场开放准备时间和波动幅度

比。政府的准备时间越长，期货市场的波动幅度越小。中国台湾、中国香港、韩国、日本的准备时间是逐个递减的，而它们期货市场的波动幅度是逐个递增的。因为在没有健全法令的监督下，包括期货市场在内的所有金融市场肯定都会出问题，产生巨大的波动。

　　实际上，日本金融市场的发展采取的都是开放的方式，而不是监管稳妥后再施行，这导致日本股市成为最容易出现股灾的股市之一，而它的期货市场也同样很不稳定。日本从20世纪80年代初期开始发展股指期货，同一时期已经实行了对外开放证券市场，允许境外投资者投资日本股市。再告诉各位一个非常有意思的事情，因为当时日本政府对期货市场制定的规则不健全，导致它的股指期货最先是在新加坡，而不是在本国推出的。

　　日本期货市场在这样杂乱无章的发展过程中，遭遇了1990年1月的股灾，这一场股市崩盘彻底揭开了日本经济泡沫的真相，牵连日经指数从1990年1月的38915最高点，暴跌至1992年8月的14822点，几乎跌掉了2/3。日本人把1990年股灾称作"金融战败"，因为损失掉的财富等损失可以和第二次世界大战战败相比。这场股灾是怎么来的？就是在日本金融市场过分开放，毫无保护意识和能力的情况下，华尔街的高盛透过日经指数期货和日本对赌，它在日本经济蒸蒸日上的时候赌日经指数暴跌。告诉各位，这绝对是一场惊心动魄的金融阴谋，具体情况我在《郎咸平说：新帝国主义在中国2》一书中，做了细致解读，在此不再赘述。

我在这里想要提醒我们的政府，对境外投资者开放金融市场的目的是什么？如果是想维持一个稳定的市场，需要非常长的时间做好各种监管法令的准备工作，比如像中国台湾和中国香港那样，做好充分准备再打开市场。但如果想像韩国和日本那样让市场的波动幅度加大，那么可能会重蹈它们的覆辙。对于这种结果我无法做出准确的预测，但是我必须提醒我们的政府和投资者，如果金融市场暴跌，你们是否承受得起这种打击。

四、没有相关保护政策，草率开放资本市场会引发巨大危机

那么到底什么才是拉动中国股指上涨的因素？在这个问题上，我和其他专家持有不同的意见，我认为是民营化改革。很多人对此做出回应说，股市是非常复杂的，单一因素不可能拉动股市。那么我就以中国股市2014年7月开始出现的一股上升趋势为例，和各位仔细分析一下。

各位请看下页的图，这张图记录了2014年7月至12月中国的股指走势，它是呈现稳步上升态势的。如果仔细分析，你就会发现每一个上升的节点都对应着一项市场化、民营化改革的宣布。2014年7月11日，中国移动、中国电信、中国联通三大运营商联合宣布合资成立"铁塔公司"，后者专注于电信行业内铁塔以及相关基础设施的建设，那么这项举措被电信行业内部人士解读为"网业分离"的第一步，很可能成为电信新一轮改革的起始点；2014年7月25日，银监会主席尚福林在银监会2014年上半年全国银行业监督管理工作会议上披露，三家民营银行已批准筹建；2014年8月27日，民营企业广汇能源发布公告称，它已经获得第一张民营原油进口牌照；2014年9月10日，国家能源局南方监管局与广东省有关部门联合印发了《广东电力大用户与发电企业直接交易深化试点工作方案》，

正式启动广东省电力直接交易深度试点工作；2014 年 9 月 11 日，空管局发文称开放低空领空；2014 年 9 月 29 日，银监会又批准了两家新的民营银行；2014 年 11 月 4 日，国家发改委下发《关于深圳市开展输配电价改革试点的通知》，正式拉开了深圳电力改革的序幕，我在本书的其他章节详尽地解读了 2014 年的电改问题，在这里不再赘言；2014 年 11 月 10 日，中国证监会与香港证监会发布联合公告，宣布正式开启沪港通；2014 年 11 月 15 日，李克强总理在主持召开的国务院常务会议中，部署了加快推进价格改革的工作；2014 年 11 月 21 日下午，央行意外宣布降息，将一年期存款基准利率下调 0.25 个百分点至 2.75%，这是一条货币政策，并不算市场化改革，但是它可以推动改革；2014 年 11 月 27 日，央行召开全国存款保险制度工作电视电话会议，各省级分行领导到京参会，研究部署 2015 年 1 月推出存款保险制度。

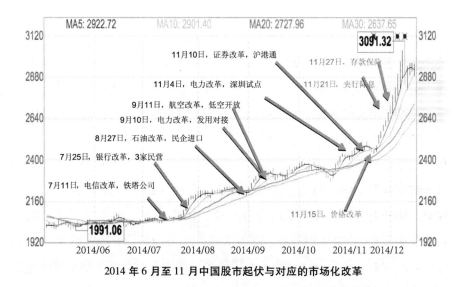

2014 年 6 月至 11 月中国股市起伏与对应的市场化改革

透过我罗列的这些市场化改革，各位再结合我们的股市走势图，是不是可以看出每一个重大市场化改革一经发布，立刻为股市提供一波上涨行情。特别是 2014 年 11 月底连续释放的价格改革、央行降息、存款保险利好，它们对股市的拉抬作用非常强，让我们的股指在 2014 年 12 月 1 日至 5

日的五个交易日中，暴涨了9.14%。经过我们的分析，存款保险这项改革释放的利好消息对股市的影响最大。为什么？存款保险是推动银行民营化的重要指标之一，是我们银行业改革的重要一环。

很多人都喜欢问我有关中国股市何时重出牛市的问题。其实，我们的股市是否能继续上涨，就要看这些市场化、民营化改革是否都落在实处。如果这些改革都能稳步推进，那么我们的股市还将继续上涨，否则很可能又会落入浮动区间。另外，我也必须提醒我们的股民，中国大陆的股市面临着中国经济下行风险大的问题，中国宏观经济基本面并不良好。而且坦白讲，如果这些市场化改革是在2008年推出，那么它们对中国经济、中国股市的影响将会更加巨大。

五、存款保险制度：一项考验政府监管能力的市场化改革

我接下来想为各位仔细分析一下存款保险制度。首先讲讲它的出现为什么能够让沪指突破3000点大关。2014年11月30日，央行正式公布《存款保险制度征求意见稿》，规定存款保险最高偿付限额为人民币50万元，存款保险费率根据经营状况和风险状况决定。什么意思？如果银行倒闭，只要在该银行的存款在50万元以下，统统可以得到偿还，这个政策可以覆盖99.63%的存款人。

我请各位认真思考，这个存款保险制度的意义仅限于保护50万元以下的存款吗？我看到有关的报道，还有人在讨论应该在实施存款保险后，对民营银行和国有银行区别对待，因为前者的风险高、后者的风险低。这样的认知我不能说完全不对，但它不符合存款保险的原始意义。告诉各位，一般情况下存款保费只是受保存款的1.15%～1.5%，也就是说保险公司最多只收银行存款的1.5%作为保费，一旦银行破产，保险公司其实很难完全偿付。万一出现美国2007年爆发的金融危机，那么如此大的偿付金额根本就是不可能兑现的。我在这里非常郑重地告诉各位，存款保险制度出现的原始意义不是为了赔偿储户这么简单，这只是目的之一，它更重要的

意义在于考验监管者的监管水平。

我们的《存款保险制度征求意见稿》基本上是学习了美国的存款保险制度，我就为各位分析一下美国的存款保险制度。目前，美国存款保险制度采取的是"风险最小模式"，对风险形成过程进行监管，主要作用是防患于未然。那么它是如何形成的呢？20世纪20年代，美国每年平均倒闭银行500家左右，"大萧条"使得这个数字在20世纪30年代初上升到了2000家。那么在1933年，美国银行倒闭数达到了3000家左右。罗斯福总统上台后，首先通过了《格拉斯–斯蒂格尔法》，明确规定要建立联邦存款保险机构。1934年，罗斯福政府成立联邦存款保险公司（Federal Deposit Insurance Corporation，简称FDIC），提高了公众对银行存款的信心，降低了银行的倒闭数量。那么在FDIC成立的最初十年，也就是1934—1944年，美国每年倒闭的银行大约有50家；之后的1945—1980年，美国平均每年只有5家左右的银行倒闭。从美国的这组数据看，存款保险制度存在的本身能够对银行危机起到一定的遏制作用。

那么新的问题出来了，FDIC到底是如何处理银行危机的呢？我给各位提供一组数据，自FDIC成立的1934年到20世纪90年代初，美国有将近2000家商业银行倒闭。而其中只有约30.96%的银行存款被清算，储户得到了直接赔偿，剩下差不多70%的破产银行被其他银行兼并，或以某种方式得到援助。如此看来，美国的存款保险制度根本不是主要靠赔钱来保护储户利益的，而是透过保护银行的方式，进而保护储户的存款安全，与此同时也能保证保险公司不会出现无法偿还的问题。我再给各位看一组数据，1969—1981年，美国有108家银行破产，其中1/3采用了直接理赔，但这些银行的平均总资产只有1040万美元，再加上它们还有其他资产可变现，所以存款保险最后赔付的总金额不足3亿美元，美国的保险公司应付这种程度的赔付额度还是绰绰有余的。

背景提示：美国联邦存款保险公司（简称FDIC）根据银行风险资本比例（risk-based capital ratio）将投保银行分成五个等级。

- 资本状况良好：比例为 10% 及以上
- 资本充足：8%～10%
- 资本不足：6%～8%
- 资本严重不足（Significantly undercapitalized）：2%～6%
- 资本极端不足（Critically undercapitalized）：小于 2%

当一家银行资本不足时，FDIC 会向这家银行发出警告；当资本严重不足时，FDIC 会介入到这家银行的管理，一般这个时候就会开始给它找买家，选择另一家经营稳健的银行承担倒闭银行的全部债务并购买其部分或全部资产，存款人和其他债权人能得到全额保护，也不会导致银行服务的中断，而且保险公司的损失较小。

我们再来看看 2007 年美国金融海啸。在这一次的危机中，美国的金融业可以说是岌岌可危，包括花旗银行在内的金融机构统统出现了重大危机。各位晓得吗？如果花旗银行倒闭，那么产生的影响可能是难以估算的赔偿金额，因为花旗银行太大了，一旦破产 10 个保险公司可能都无法承担赔付金额；另外，它还会对美国人的心理造成沉重的打击，让他们对自己国家的金融行业产生不信任感。这个时候，考验的不单单是 FDIC 的赔偿能力，更是美国存款保险制度的监管水平。

那么在面对如此重大的危机时，FDIC 是怎么做的？我想在这里引用一段李克强总理说过的话，他在 2014 年 3 月 13 日表示，"我们必须加强监测，及时处置，确保不发生区域性、系统性金融风险"。这句话就是存款保险的真正使命所在，不要发生区域性和系统性的风险。什么是系统性风险，就是所有银行同时爆发危机，比如 2007 年爆发的美国金融海啸。那么我们的金融体系目前存不存在系统性风险？当然有，就是我们常说的地方债务危机。我们当然希望危机不要爆发，但是就目前的情况看，我们必须严格地做好保险工作，做好预防工作，而不是想着等危机爆发后再由政府出面赔偿。

我们回过头来看看 FDIC 是如何应付 2007 年金融危机的。首先，早在危机发生之前，它就灵敏地意识到危机的前兆，并迅速增加人员、严格监管。在 2008 年 6 月 30 日之前的 18 个月内，FDIC 增加了 235 名新的检查人员以弥补人手的不足。2006 年 12 月—2007 年 4 月，FDIC 先后发布多份独立或联合报告，明确指出复杂的衍生性金融产品，以及高度集中于房地产市场的银行业务隐含巨大风险。随着抵押贷款违约率不断上升，FDIC 在 2007 年年初就曾提醒金融机构审慎发放抵押贷款，防范"抵押诈骗"。能够在金融海啸爆发之前的几年就敏锐地嗅到危机，并且在危机彻底爆发之前着手准备应急工作，这样的危机处理能力绝对不是简单地拿钱还债能比的，这是一种高超的监管水平。

当美国的金融危机在 2008 年全面爆发之后，FDIC 在 2009 年 1 月竟然开始修订规则，发布了《处理倒闭银行存款账户的最终规定》，主要是简化抵押贷款账户保险规则，修订竞拍人资质评估体系，使得更多感兴趣但是没有银行执照的集团可以参与到破产存款机构的拍卖中，最终目的是为了快速地让出问题的银行被其他金融机构收购，保护储户的利益。在此之前，美国政府规定，必须要有银行执照的金融机构才能收购破产银行，但是在当时那么危急的情况下，就必须果断地采取特殊措施，放宽收购人的资质限制。在当时，美国共有 500 家银行倒闭，FDIC 的主要任务就是安排不同的机构收购破产银行，而它自己最终只出现了 209 亿美元的赤字。

告诉各位一件有意思的事情，美国国会当初以为 FDIC 一定有大量资金需求，于是紧急授权 FDIC 可以向财政部融资 5000 亿美元来应付危机。但最终的现实情况是 FDIC 没用政府一分钱，而是透过一流的监管水平自己处理了银行危机。2009 年 9 月，FDIC 要求受保机构提前支付它们 2009 年第四季度、2010 年、2011 年和 2012 年的保费，总计大约 450 亿美元，同时公告 2011 年起保费统一上升 3 个基点，远远大于 209 亿美元的赤字。

从 FDIC 的例子里面，我们非常清楚地看到了在危机爆发前的预知、预防，以及爆发后的处理能力是多么重要。而这种能力不是所有金融机构都具备的，我再给各位举一个美国的例子。美国最早期的存款保险机构不止 FDIC 一家，还有一个叫作"联邦储蓄信贷保险公司（FSLIS）"的机构。

FSLIS 是美国联邦政府下面的部门，专门用于收取"储蓄与信贷协会"的保费，为它提供储蓄保险。什么是"储蓄与信贷协会"？它是一家营利性金融机构，负责个人住房抵押贷款，是当时美国住房融资系统的重要组成部分。"储蓄与信贷协会"的赚钱形式是向公众借钱然后拿出去投资赚钱，有点类似于银行。

"储蓄与信贷协会"贷出去的抵押贷款是实行固定利率的长期贷款，吸收的存款却是短期存款。20 世纪 70 年代末，美国的利率大幅上涨，加上货币市场共同基金（MMMFS）的产生，所以很多储户就把存在"储蓄与信贷协会"的钱拿走做投资，导致"储蓄与信贷协会"的资本金、净值额急剧减少，亏损严重。如果是 FDIC 的话，它会马上处置这个问题，但是 FSLIS 完全不知道存款保险的基本精神是事先防止，赶紧处置有问题的资产。

事实是 FSLIS 和 FDIC 想出的办法截然不同，它竟然给"储蓄与信贷协会"继续扩大贷款权限，降低资本充足率要求，甚至变更会计标准，变相允许"储蓄与信贷协会"去放高利贷，或者买高风险债权，总之就是放纵"储蓄与信贷协会"，让它只要能赚到钱暂时不破产就行。那么到 1989 年，"储蓄与信贷协会"购买的大量商业地产债券成为垃圾级。当时美国一共有 4700 家"储蓄与信贷协会"成员，先后有 1142 家宣布倒闭，占总数的 24%，而亏损的就更多了。

这个时候，作为"储蓄与信贷协会"的存款保险公司，FSLIS 只能硬着头皮做事后赔款，到最后也资不抵债宣布倒闭。这个烂摊子最后是美国政府接手的，花了 1200 多亿美元为这一次的危机埋单。对比 FSLIS 和 FDIC，我们可以看到，作为存款保险机构，如果像 FSLIS 那样，不能做到及时预防以及果断地处理危机，那么它根本无法避免系统性风险。

说回我们建立存款保险制度的问题，我很高兴看到这项改革的出台，它将有助于民营银行的发展。目前，我们只批准了为数不多的几家民营银行，但是我相信在存款保险制度出台之后，将会有更多的民营银行加入这个系统。那么在这种大趋势下，我呼吁我们的政府一定不能把存款保险公司当作最后的一根救命稻草，只具有简单的最终承兑人身份。存款保险机构最重要的使命是预防危机，以及果断地利用各种方法处理危机。另外一点，我希望我们的政府不要在民营银行和国有银行之间收取有差异的保险费，因为一旦系统性风险爆发，任何保险机构都是赔不起的。

因此，我们即将要成立的存款保险公司最应该做的就是，第一，公平地对待民营银行和国有银行，不要给民营银行增加过多的负担，否则它们在和国有银行竞争时会处于更加不利的地位。第二，存款保险公司的最终目的不是赔偿，而是像 FDIC 那样，事先预料银行可能爆发的危机，把自己的管理水平提高上去，在危机爆发之前就妥善处理好。

六、余额宝火爆原因：与消费挂钩，而非高回报率

我们现有的金融领域——银行、股市、期货、债券市场都存在开放和改革的重大问题。那么我们要透过什么方法把中国金融市场盘活起来？我认为要靠一个有新意且有趣的领域，叫作互联网金融。从 2013 年下半年开始，我发现兴盛的互联网金融因为更加贴近老百姓的生活模式，而受到了热烈的追捧。它们除了给你比银行活期存款更高、更多样化的收益和回报外，还可以兼顾流动性。所以我认为，以余额宝为代表的互联网金融绝对是方兴未艾的朝阳产业。

但是各位肯定要问我，余额宝的回报率为什么在 2014 年突然下降了？它是不是失去了高回报率的优势？这又要如何解释呢？要回答这个问题，我们得弄清楚余额宝的资金流向。余额宝的本名叫天弘增利宝基金，是一只"T+0"货币基金，90% 的资金都投在银行间拆借市场，也就是把从支付宝里募集的钱借给银行获取高利息。我们从图中可以看出，2014 年余额宝的收益率之所以下降，是因为这段时间银行间借贷资金比较宽松，导致银行间拆放利息低。

关于互联网金融，我发现很多专家、学者对它存在极大的误解。为什么？他们基本上认为互联网金融是"双响炮"。第一，以余额宝为首，冲击了商业银行的活期存款市场；第二，以目前 P2P 的网络信贷为例，它们

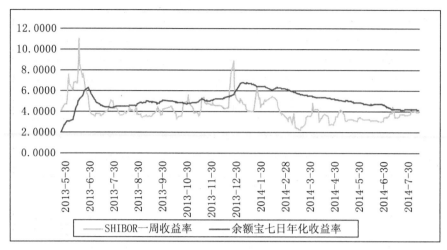

余额宝收益和银行间拆借利率

冲击了商业银行中的定期存款。因为这两个说法，互联网金融的发展被商业银行视为眼中钉，并且受到了遏制。我在这里想对这个所谓的"双响炮"提出个人的看法。

我们以工商银行为例，来分析一下互联网金融产品是否真的挑战了传统商业银行的存款。工行其实有一款类似于余额宝的货币市场基金——工银货币。我们来看看它和余额宝的收益率对比，两个的走势基本一样，工银货币甚至有时比余额宝的收益率还要高一点，也比工行活期存款利率要高。在这种情况下，截止到2014年第二季度末，工银货币的规模只有870亿，只相当于工行活期存款的1%。什么意思？即使给工行储户5%的年化收益率，他们中的大多数人依然会选择活期存款。

工行内部的这个数据其实说明了一个很重要的问题，那就是为什么老百姓在工行决定如何处置闲散资金时，放弃高回报的工银货币，而选择活期存款？因为中国大部分老百姓对手里闲钱的看法是用来花的，而不是用来投资赚钱的。各位想想看，你手里预留的钱是不是用来买日常消费品等，或者用来满足一般消费的？

我们再回头看余额宝。2014年7月，余额宝的用户超过1亿人，规模超过5700亿。为什么远超工银货币的870亿规模呢？因为余额宝和阿里巴

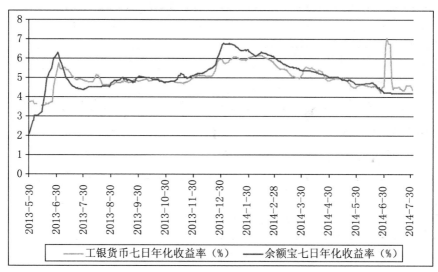

工行货币和余额宝的七日年化收益率对比图

巴的支付宝是直接挂钩关系，余额宝里的钱可以直接用于在淘宝、天猫网购，还可以买火车票、付水电费，满足各种消费需求。因此，是消费造成了余额宝金额的暴增。

总结而言，五大国有商业银行发行的货币基金，比如工银货币，再加上余额宝，它们都是给我们的投资人增加一个新的投资渠道，拿到4%～7%的年化收益率。这个趋势是好的，但由于一般老百姓还没有特别强烈的闲置资金投资意识，大家还是把闲钱当作"零花钱"，所以这些互联网金融产品谁离消费近，谁就受欢迎，而它们原本的投资产品身份反而成了排在第二位的考虑因素。这么看来，互联网产品作为投资理财产品，对银行活期存款的冲击是不存在的。

七、打造金融新常态：不要将互联网金融"妖魔化"

我们再来看另外一个关于互联网金融的质疑，就是P2P这类互联网金融产品会冲击银行的定期存款，也可以说是对存款利率的冲击。这还是错误的。各位是否听很多学者说过，我们有4000万的小微企业得不到银行贷款。为什么？这些学者说："是因为中国没有实行利率市场化，所以这些企业拿不到贷款。"

这完全是不了解中国国情的说法。这4000万家小微企业的厂房和设备大多是租来的，员工流动性大，订单也不稳定。这种资质的企业难贷到款，在市场经济中是必然的，因为它们的偿付能力太低了。而且我要告诉各位，就算我们实行了利率市场化，这些小微企业要想拿到贷款必须付出一年200%的利率。它们能负担得起吗？肯定不能。所以利率市场化不可能解决小微企业贷款难的问题。

在专业金融领域，这些小微企业信贷叫"垃圾信贷"，但是在P2P市场里面，它们又变成了可投资的资产。什么意思？就是个人可以透过抵押房产、厂房，甚至货物等方式，绕过银行这些金融机构，直接向其他个体借贷，形成个人对个人的借贷模式。另外，目前的个人借贷还加入了O2O模式，也就是Online和Offline，线上线下互动。

比如一家公司急需1000万元，第一步就是在线下找到P2P中介公司，把自己价值高于1000万元的房产抵押给它，并且承诺24%的利息。第二步，中介公司就在它的网络平台上将这1000万元的借款切割成1万份，相当于1000元一份。第三步，中介公司在网络平台上把这1万份拿出去，给有闲置资金想要投资的人认购，并且承诺给他们18%的利息，相当于P2P中介公司挣了6%。那如果借款公司还不了钱，中介公司就在线下没收抵押房产，然后进行拍卖，不管卖多卖少，都要把钱和利息还给投钱的个人。

背景提示：P2P，即Peer to Peer，它的雏形是一种将非常小额度的资金聚集起来，借贷给有资金需求人群的一种商业模型。它的社会价值主要体现在满足个人资金需求、发展个人信用体系和提高社会闲散资金利用率三个方面，由2006年"诺贝尔和平奖"得主穆罕默德·尤努斯教授首创。

随着互联网技术的快速发展和普及，P2P小额借贷逐渐由单一的线下模式，转变为线下线上并行，即O2O模式，随之产生的就是P2P网络借贷平台，是一种借贷与网络相结合的金融服务网站。P2P 网络借贷平台中，由具有资质的网站（第三方公司）作为中介平台，借款人在平台发放借款标，投资者进行竞标并向借款人放贷。网络借贷的过程中，资料与资金、合同、手续等全部通过网络实现，这是随着互联网的发展和民间借贷的兴起而发展起来的一种新的金融模式。

从我说的这个例子中可以看出，透过使用 P2P 网络借款平台，小微企业不需要承担 200% 的利息就可以得到贷款，我们的个人投资者也可以利用手里的闲散资金获得 18% 的利息。另外，从宏观经济的角度来看，"垃圾信贷"也变成了可投资信贷，而且交易中涉及的房产等抵押物摆脱了本身流动性差的缺陷。因此，在 P2P 的借贷交易中，借款人、贷款人和中介机构，乃至整个宏观经济环境其实都是受益者。

另外，为了避免投资人利益受损，我们的政府提出了对 P2P 网络借贷实施第三方监管等政策。如果这些规定完全是以保护投资者利益为出发点，不含有传统商业银行借用公权抑制竞争对手发展的"小动作"，那么我同意这些做法。

我讲到这里，要得出一个结论，那些所谓的"双响炮"威胁是不成立的，我们把错误观点纠正之后发现，第一，以余额宝为首的互联网货币基金可以为投资者提供 4%～5% 的回报，当然，它最大的优势是接近消费；第二，P2P 网络借贷平台可以为投资者提供 10% 以上的回报率，因为这个原因，2009—2014 年的 P2P 市场规模暴涨了 1300 倍，从 1.5 亿元扩张到将近 2000 亿元。

所以我看到的是，由这个"双响炮"组成的投资渠道，可以为我们提供回报率 4%～20% 的投资组合。那如果我们在美国投资呢？美股的年均回报率也只是 12% 而已。对比看出，互联网金融解决了过去中国大陆投资的两大弊病——回报率低和流动性不足。我希望在这种认知之下，我们不要将互联网金融妖魔化。

最后，我恳请有关部门和社会能够正视以余额宝为首的互联网货币基

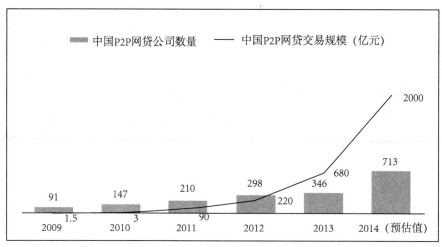

P2P 网贷数量及规模

金，以及 P2P 产业。它们不仅不会成为一些人口中所谓的扰乱经济秩序的"金融寄生虫"，相反，它们的存在在许多细微处照顾到了最底层老百姓的理财愿望，以及小微企业的融资难问题。而这些看似细微但聚集起来足以关乎经济稳定、社会稳定的大问题，实际上，在中国目前的金融体系中，是很难被照顾到的。

另外，我还希望我们的政府能够为更多的金融创新留出供其孵化的、良好的商业环境。不要像余额宝刚刚诞生时那样，在短时间的石破天惊之后，遭到金融既得利益者铺天盖地的指责，甚至威胁要取缔余额宝。其实，我们现在所用的手机在发明之初也被大家嘲笑、低估过，但是现在它成了生活的必需品。那么，我们能不能以至少是平常的心态迎接金融创新的出现，能不能把这种良性的生态环境发展成为一种互联网创新、金融创新的新常态？如果我们真的做到这一点，我相信，中国经济必定会因为互联网金融等新鲜产业的出现，焕发出更多的成长点。

第十四章　国企改革：未来十年，国企全面改革将成中国经济新常态

一、中石化混合所有制改革：民企权贵和国企权贵的新盛宴

2014 年 2 月 20 日，对于中国 A 股来说可能是一个比较有意义的日子，大盘股中石化在 2009 年经济危机后，终于出现了第一个涨停板。股价从 2 月 19 日的 4.7 元/股，一下子涨到了 2 月 20 日的 5.17 元/股，引起一片哗然。

大家为什么突然都去买中石化的股票？2 月 19 日（下页图 A 点），中石化发布重磅消息称，通过了《启动中国石化销售业务重组、引入社会和民营资本实现混合所有制经营的议案》。中国石化负责人说，"率先启动混合所有制改革，是贯彻落实中共十八届三中全会关于积极发展混合所有制经济有关精神的重大举措"。

2014 年 2 月，中石化发布改革方案之后，我们的媒体给予了一片赞扬之声。比如，"垄断国企改革破冰""国企改革步入攻坚战"等。中石化的这项改革真的有这么重要吗？

我们从年报入手分析一下中石化的这次改革。根据中石化披露的 2012 年年报，它最挣钱的部门是勘探和开采，毛利率可以达到 39.7%；毛利率第二高的是营销和分销部门，可以达到 6%，2012 财政年度实现营业收入

中石化 2014 年 1 月 3 日至 2 月 24 日股价波动情况

14719 亿元，营业利润 420 亿元。中石化此次宣布的混合所有制改革就是针对油品销售业务板块的，也就是营销和分销部门。数据显示，截至 2012 年底，中石化拥有自营加油站 30823 座，这里面的业务包括汽柴油批发、零售和配送，以及煤油和燃料油销售。

不过请各位注意，中石化的改革方案还特别提及：社会和民营资本持股比例将根据市场情况厘定，但持股比例不能超过 30%。什么意思？这相当于，中石化最多将拿出 4415 亿元营业收入和 126 亿元利润与全社会分享。如此看来，中石化混合所有制改革是一个三七开的方案。就是这个方案在 2014 年 2 月 20 日让中石化股票出现了 5 年来的第一个涨停板，同时收获了媒体的一片叫好之声。

但是，当很多人像我一样，开始理性思考中石化的改革方案后，会发现这其中其实存在很多蹊跷，所以股价在 2 月 24 日又跌回了 4.7 元/股的水平。也就是说，中石化的股价在涨停之后，又被打回了原形。那么这项改革的蹊跷之处在哪里？中石化下游加油站的估算市值是 4000 亿元，根据中石化混合所有制改革的思路，最多将拿出里面 30% 的资产与全社会分享，也就是 1200 亿元的体量。请各位想想看，能参与这场盛宴的人，能出得起这笔钱的人会是普通人吗？我认为只有民营企业权贵才有资本参与其中，阿里巴巴、复星集团等都被传出与中石化牵手的"绯闻"。

另外，2014年年中，中石化进一步披露了下游销售板块的引资目标：推动销售公司从油品供应商向综合服务商转型。计划"未来将提供全方位的综合性服务，在发展优势油品业务的同时，将发挥平台优势，拓展便利店、汽车服务、O2O、车联网、金融服务、广告等非油业务"。

这个改革思路和英美加油站的服务方式非常相像，美国的大部分加油站都设有便利店，英国加油站的便利店经营范围从日用品、食品到报纸、汽车用品等，一应俱全。那么在这两个国家，石油公司从便利店这种配套设施中可以拿到非常丰厚的利润回报。其中，英国便利店业务的毛利率达到50%左右。各位想想看，中石化加油站目前的毛利率只有6%，如果它真的启动上述改革，那么利润肯定翻番。但请各位记住，能够分享这份巨额回报的是民营权贵和国企权贵，这里面民营权贵拿走30%的利润，国企权贵拿走70%的利润。

这种把戏可以在短时间内麻痹投资者的判断力，但是大家都会在几天后醒悟过来，所以中石化的股价被明眼的投资者打回了原形。那么关于国企混合所有制改革，我们究竟应该怎么改呢？我认为不应该采取中石化的方式，而是要采取一个绝对的自由竞争的方式。什么意思？我在下面以格力电器的改革方案为例，和各位详细说明。

二、格力电器混合所有制改革，为什么不被市场接受

其实在2014年2月19日，中石化宣布改革的这一天，上市公司格力电器也同时发布了公告：公司于2014年2月18日接到控股股东珠海格力集团有限公司（下称"格力集团"）通知，公司实际控制人珠海市国资委拟通过无偿划转方式将格力集团持有的格力地产51.94%的股权，以及格力集团对格力地产的债权等资产，注入珠海市国资委新设立的全资公司；珠海市国资委拟将不超过格力集团49%的股权通过公开挂牌转让的方式引进战略投

资者。

在格力电器公布消息的第二天，它的股价从最高点 33.3 元/股跌到 30.95 元/股，跌幅达到 7.1%；第三天又下跌了 3.2%。那么在 2014 年 2 月 20 日至 24 日这 5 天里，格力电器的股价共下跌了 14.8%（从 33.3 元/股下跌到 28.37 元/股）。

2014 年 2 月 19 日宣布改革后格力电器股价持续下滑

为什么格力电器公布格力集团混合所有制改革之后，它的股价会一路下挫？其中很大一部分原因是，在一个本身就是竞争性的行业里，国企改革如果采用的是混合所有制的形式，是不被市场接受的。那么为什么中石化在宣布混合所有制改革后，股价是上涨后又打回原形的结果呢？因为中石化所在的是国资垄断产业，它的改革是拿出手里的一部分红利和民资分享，且改革后的营销和分销部门中 70% 的利润依然归中石化所有，中石化本身强大的垄断实力并未受到多大影响，这个所谓的改革其力度远远达不到破除垄断、实施市场化的目标。

三、英国国企改革："三部曲"扭转国企顽疾

那么国企到底还要不要改革呢？当然需要，而且最终应该做到我常说

的"政府的归政府，市场的归市场"。国企脱掉"黄马褂"之后，以生产、管理等优势在市场中与其他企业充分竞争。我很欣慰的是，我们的新一届政府在设定国企改革思路时，将国企的市场化改革放在了非常重要的位置。根据中共十八届三中全会的精神，国企改革在未来的五到十年内，都会成为中国经济的新常态之一。既然改革是不可避免的，我们应该采取什么方法呢？我在这里想提出一个建设性的想法，希望能够给我们正在改革中的国企提供一个全新的思维。

我以英国的国企改革为例给各位分析。英国过去和我们很像，也是一个以国有企业为主的经济体。第二次世界大战期间，英法很多企业都被国有化。英国将约 1500 个煤矿煤气厂、70 多家钢铁厂，以及供电和铁路等公司归于国有；当时，4 大飞机公司也被收购统筹为英国宇航公司；造船厂联合成英国造船公司。截至 1982 年，英国 2000 人以上规模的工业企业全部是国有，比如邮政、电信、铁路、烟草、煤气等行业的企业 100% 国有；钢铁企业 80% 国有；航空运输企业 87% 国有。

那么作为像中国一样，以国有企业为主的经济体，30 多年前的英国是如何进行改革的？第一阶段改革发生在 1979—1986 年，叫作彻底出售竞争性行业。其实，英国国企该阶段的改革和格力电器的改革可以做一个很好的对照。这一阶段选择进行改革的国企大多是还有盈利能力的，所以英国的国企改革从最容易的开刀。

具体怎么做的？业绩很好的企业就让它们公开上市；业绩一般，不适合上市的就整体出售给私人企业，或者是职工内部持股。在这一阶段被私有化的英国国企包括英国航空、英国铁路酒店、英国联合港口、国际计算机有限公司等。在英国政府 1979 年到 1986 年进行第一阶段国企改革的过程中，衡量当时伦敦股指的富时指数从 465 点上涨到 1300 点，总体涨幅达到 179.6%，年均涨幅也有 16%。这证明，英国国企改革的第一步是成功的。

按照英国第一阶段国企改革的评判标准，像格力电器这样的企业，我们的珠海市国资委完全可以把它彻底抛向市场，它不需要国有化，更不需要混合所有制，只有在竞争的市场上竞争，才是最符合市场规律和企业发展规律的。对于格力电器的改革，我给出的建议是，我们的地方政府在做决定时，用换位思考的方式想一想，投资者凭什么拿那么多钱去换你49%的股份，然后还当一个小股东？且不说改革后的格力集团挣不挣钱，单是依旧延续的国有控股这个僵化的体制，就很难取得投资者的认可。事实上，像格力集团这种情况，是不是应该考虑以一个所谓的透明、公开、公正的价格进行全面私有化。像董明珠这么有能力的企业家，通过企业私有化之后，是不是能够拿到更多的薪水，是不是有更大的成就感呢？我认为这个才是英国国企私有化改革第一阶段给我们的重大启示，竞争性行业就应该以市场化的方式出售全部股权。

接着说第二阶段的改革，出售公用事业和自然垄断行业，发生在1987—1993年。在这个阶段，英国政府在走混合所有制这条路的时候，犯了一个错误。我以英国电信公司的改革为例，给各位分析一下。当时在英国装一部固定电话要半年的时间，因为电信是政府垄断性产业，英国电信公司在政府手中可以说是效率极差，而且连年亏损。在进行第二阶段国企改革时，英国政府选择英国电信公司进行改革，1984年先卖掉了50.2%，1991年卖掉了25.8%，1993年把最后的24%卖掉，彻底完成私有化。也就是说，在1993年之前，英国电信都是所谓的混合所有制。这和2014年中石化、格力集团的改革非常相似。

可是启动改革之后，英国电信公司借助其行业垄断地位反而提升销售价格，这让老百姓很不爽，但是又没有其他选择。所以英国政府在当时为了对抗混合所有制企业的垄断性，弥补改革的失误，支持了一批地区性、专业性通信公司参与市场竞争、打破垄断，让服务质量和市场价格都得以改善。所以，在转型中的国企没有竞争对手的时候，英国政府就主动给它们培养了一批对手。

我们看英国电信公司在1984—2000年的股票曲线图，自1984年卖掉50.2%的股份开始，一直到1991年卖掉25.8%，再到1993年卖掉24%，在整个混合所有制改革期间，英国电信公司的股价基本上是微幅地上涨，

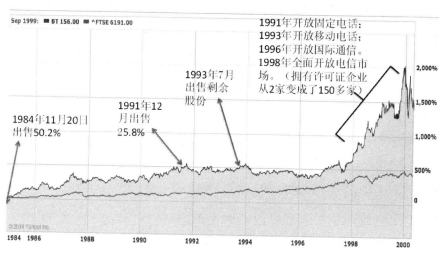

1984—2000 年英国电信股价以及富时指数

几乎没什么太大的变动，为什么？市场对英国电信公司的改革并不激动，并不认可。直到 1993 年之后，尤其是 1996 年、1998 年彻底私有化之后，英国电信公司的股票才开始大幅上涨。为什么？因为英国电信公司彻底私有化后，又遭遇了激烈竞争，它在这个过程中不断地提升自己的经济绩效。比如 1993 年开放了移动业务增强竞争，1996 年开放国际通信竞争，1998 年全面开放电信行业。在这个过程之中，英国电信的利润率也实现了飞速增长，具体情况请参考下表。

1984—1998 年，英国电信公司私有化改革进程 & 对应净利润率

英国电信私有化进程	净利润
1984 年 私有化之前	没有确凿数字，预计 3%～5%
1993 年 彻底私有化	9.2%
1993 年 移动、固话竞争愈演愈烈	12.9%
1996 年 开放国际通信	13.7%
1998 年 全面开放电信业	17.6%

在 1987—1993 年的第二阶段英国国企改革中，英国电信公司是一个比

较典型的例子，英国很多其他国企都经历了和它类似的改革过程。大规模的国企成功改革，首先改善了英国政府的财政状况。在开启国企改革之前，英国政府每年要给国企提供 28 亿英镑的补贴，改革之后透过出售这些资产让英国政府总共收入了 660 亿英镑，而这些国企改革后每年缴的税竟然比过去的补贴还多 33 亿英镑。其次，国企改革还使英国股市的整体规模得到了提升。1987 年到 1993 年，伦敦富时 30 指数从 1300 点上涨到 2280点，涨幅 75%，年均涨幅 10%。之后几年该指数继续上涨，2000 年突破了 4000 点；1979—1993 年的国企改革期间，英国股市的年化收益率达到了 14.65%。

我认为英国电信公司的改革路径非常具有示范意义，特别是在观测老百姓对国企改革的反应方面。把英国电信公司混合所有制改革和中石化的改革对比起来看，老百姓对部分国资、部分民资的混合所有制并不买账。那么放大到整个英国国企改革来看，我总结出两个原则：第一个原则，竞争性领域全部开放、全部出售，自由竞争才是一切的基础，国企改革不需要经历混合所有制阶段，直接民营化；第二个原则，以垄断性国企为主的改革，在开放市场后，政府还要为其在民营企业中挑选、培养几个竞争对手，在完全开放的市场中，让民营企业和国有企业同台竞争，只有通过竞争才能使国有企业的经营效率大幅度上涨，从而使整个国家的改革获得真正的实惠，这些就是英国改革的要点。

四、开放、竞争是中国国企改革的新常态

我在这里给各地国资委提一个建议，希望它们能够向英国政府学习，特别要好好反思一下英国电信公司的改革经验。具体到中石化的改革，我认为第一步应该是开放民营企业自由进口原油；第二步，允许民营企业自由建立炼化厂，它们可以自己炼化，也可以委托中石油、中石化、中海油炼化；第三步，允许民营企业自己开加油站。我们不需要对中石化进行所谓的"三七开"的混合所有制改革，而是要像英国政府那样，全面开放市

场，而且给中石油、中石化培养几个有力的竞争对手，通过竞争逼迫中石化改善经营效率。

当然，我相信政府还是会担忧像石油、天然气、稀土等国家战略性资源和国计民生重大相关资源，它们过去是政府垄断性行业，一旦开放市场、民营化，政府对它们失去控制怎么办？告诉各位，这个问题在英国国企改革中已经被考虑到，并且得到了解决。英国政府在当时以保留"黄金股"（Golden Share）的形式保障了自己在国企里的话语权。什么意思？英国政府可能在改革后的国企里占有的股份有限，但是在关键性领域内的企业，任何超过15%的股权变更都需要通过政府批准。也就是说，政府在改革后的国企中，仍然掌握一票否决权。比如，如果英国政府觉得某国企要出售15%以上的股份给某一个人或机构，将有害于整个国家和老百姓的利益，就可以用"黄金股"一票否决。各位请注意，英国政府是通过"黄金股"来保护国家和人民的利益，而不是通过混合所有制来保护政府的股权。目前，"黄金股"的做法被很多欧洲国家借鉴，比如法国电信公司、荷兰电信邮政集团、葡萄牙电信公司、葡萄牙石油公司、意大利国家电力公司、意大利电信公司、比利时天然气公司、西班牙电信集团等都有政府的"黄金股"。

最后，我想再提醒各位注意一个关键问题：即便国企进行私有化，买到它的民营企业会不会利用国企过去的垄断地位，继续卖高价，而不是提高效率、降低收费，也就是买到国企的民营企业反过来利用垄断的地位，掠夺老百姓？这是英国国企改革第二部分出现过的问题，在当时引发了英国老百姓非常强烈的不满。那怎么样才能够避免这种情况的发生呢？进行充分的自由竞争，政府出手为国企培养竞争对手，通过竞争不但提高民企的经营效率，更重要的是可以拉抬我们中石化、中石油的经营效率，这才是一个改革的正途。在竞争的过程中，如果政府担心无法对国计民生产业进行全面控制，那么就使用"黄金股"制度。所以我也建议政府走类似于英国一样的三部曲：第一步开放竞争性行业；第二步开放垄断性行业；第三步建立"黄金股"制度。

　　最后我想谈谈中共第十八届三中全会，它提出"凡是能由市场形成价格的都交给市场，政府不进行不当干预，推动水、石油、天然气、电力、交通、电信等领域的价格改革，开放竞争性环节价格"。这其实是要开放市场，以市场竞争确定最终价格。但是目前，我们的有关部门把它理解为所谓的混合所有制改革。我承认改革需要循序渐进，做不到一步到位，但是在所谓的混合所有制改革之后，我个人建议政府采行英国三部曲的改革，因为我们现在做的就是英国当年尝试的第一步——开放竞争性行业，那么现在要做的就是开放垄断性行业，以及政府通过"黄金股"制度控制改革后的企业。

　　在未来，我希望我们的政府能够制定更公平的法律，政府把营商环境治理好，在一个公正、透明、公开的法律架构之下，我们的国有企业、民营企业同台竞争，让民营企业进入垄断性行业，通过竞争提升整个社会的效率。只有整个社会的效率增加，才有改革的红利出来，这才是改革的基本精神。

第四篇
制造业才是国之本：中国产业新常态

第十五章　通信行业不能再让华为、中兴孤军奋战

不可否认的是，不管你我喜不喜欢，属于 4G 的时代已经到来了。

4G 是什么？它和 2G、3G 有什么区别？最直观的差别就是速度。我用最简单的办法告诉大家什么是 2G、3G、4G。国际电信联盟坐一起商量，达到一定速度就叫 3G，达到另一个更快的速度就叫 4G。

如下图所示，中国从 2G 时代到 3G 时代，再到 4G 时代，无线下载速度呈现了逐步递增的趋势。在 2G 时代，移动的 GSM 和联通的 CDMA 系统的下载速度只有 0.23Mbps 和 0.15Mbps；升级到 3G 时代之后，这两个系统分别变化成 TDSCDMA 和 WCDMA，速度快了 10～100 倍；然后继续升级到 4G，中国移动和中国联通又变回两个系统 TD-LTE 和 FDD-LTE，速度比 3G 时代又快了 10～40 倍，下载速度加快了很多。所以 4G 的到来给我们的生活带来了更多的方便。

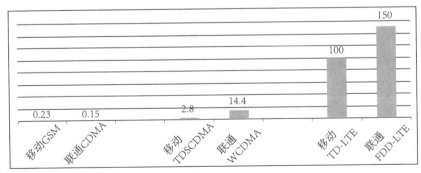

无线下载速度（Mbps）

背景提示：目前，全球 4G 网络的标准模式分为 TD-LTE、FDD-LTE。FDD-LTE 是全世界 4G 市场的主流，已经占了全球市场 90% 的份额；而 TD-LTE 系统是由中国移动投资 2000 亿元左右开发的。中国自主研发的 TD-LTE 和欧美的 FDD-LTE 在技术上有 90% 是相同的，它们都属于 LTE 系统，都用同样的接入方案，共用一套信道宽带，网络建设中核心网、传输网也都没有差别。两者只是在基站射频部分有差别，FDD 使用对称频谱资源，TDD 使用非对称频谱资源。

一、中国高科技产业只有电子业在孤军奋战

我们的电信业能够有如此大的发展，各位是不是感到很高兴？但我要做"坏人"提醒各位，电信业作为高科技的代表，在未来将面临非常重大的挑战。为什么这么说？美国经济从最近一两年起，开始领先全球回暖，新的经济增长点就是制造业。各位不要觉得美国的制造业结构和我们的一样，就是造一些袜子、鞋子等等。美国的制造业基本上都属于高科技范畴，经济附加值特别高，这才是拉动美国经济的主要力量。比如 iPhone，它在美国的科研价值远远高于中国富士康的组装价值。但中国在高端制造方面可以说做得非常不足，我们所谓的产业升级转型基本上是停滞不前。

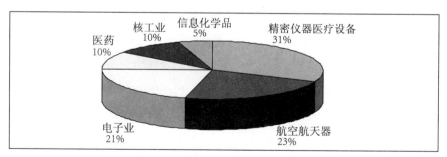

2012 年全球高科技产业总产值（9.7 万亿美元）

如上图所示，第一板块精密仪器医疗设备；第二板块航空航天器制造；第三板块电子业，包括电子及通信设备制造业和电子计算机及办公设

备制造业；第四板块医药制造；第五板块核工业；第六板块信息化学品制造包括电影、照相、医学的感光材料、光纤通信辅助材料等。2012 年的时候，这些高科技产业共创造了 9.7 万亿美元的产值，占全球 GDP 的 14%。产值最大的是精密仪器以及医疗器械行业，总产值约 3 万亿美元；然后是航空航天，总产值 2.2 万亿美元；第三是电子行业，总产值约 2 万亿美元。各位晓得吗？中国只有在电子行业方面，才有一些发言权。在中国高科技产业的出口产品中，90% 都来自电子业。

我们接着研究一下全球电子业的情况。目前，全球电子业有 25% 的份额是被软件占据的，那么剩下 75% 就是硬件。硬件又可以分成芯片制造、通信设备制造、终端制造。中国在软件领域是名不见经传的，那么在硬件制造领域呢？我们在芯片制造方面是不行的，只在设备制造和终端制造上有发言权，中国每年这两部分的产值大约有 7.48 万亿元人民币。这里面，中国的终端制造是很强大的，目前全球 50% 的手机、80% 的笔记本电脑都是在中国完成的终端制造，创造年产值 2.2 万亿元人民币。但是各位晓得什么是终端制造吗？就是组装零配件而已，虽然也算在高端制造里面，但其实是技术含量最低的工序。

那么占中国电子产业年产值 5.28 万亿元人民币的是什么？就是以华为和中兴为首的中国通信设备制造业。华为 2013 年的年营业收入大约是 400 亿美元，相当于 2400 亿元人民币；中兴比华为要少，两个企业加起来的营业收入在 3100 亿元。看上去好像和 5.28 万亿元人民币的行业总产值比完全是九牛一毛，但请各位注意，华为和中兴带动了中国整条电信产业链的发展，如果这两家倒下了，整条产业链就失去了活力。

不夸张地说，华为和中兴的研发水平代表着中国高科技行业的最前沿，而且养活了无数的企业。我举一个具体的例子，比如光通信这方面是华为的强项，它的老对手思科在这方面也不是华为的对手。华为仅凭光通信这一项，产值就有 1800 亿元人民币。中国台湾的企业常常讲这样一句话，"做元器件的厂商看到华为，都非常地恭敬"。为什么？因为是华为养活了中国台湾光通信的所有元器件公司。

我不晓得各位看到这里有没有感觉到一丝危机感？我们的高科技产业只有电子产业能拿得出手，这里面又主要是以通信设备展现科技实力。如果美国打算打击中国的高科技产业，只要打击通信设备就可以了，而这里面只要瞄准了华为和中兴这两家企业，就相当于抓住了中国高科技的"七寸"。而美国也确实没闲着，它千方百计阻挠华为和中兴进入美国市场。华为的主要竞争对手思科公司甚至还成立了"打击华为"工作小组。

二、华为"美国成长血泪史"

作为中国通信设备制造业，甚至整个高端制造业的翘楚之一，华为是如何在全球范围内成长的呢？可以说是筚路蓝缕，我就以它在2G、3G、4G的发展过程中所经历的曲折故事为例，给各位仔细分析一下中国顶尖高科技产业的发展史。

在2G时代，华为是以低价杀入市场的。1999年，华为第一次在中国推出了自己的数据产品——接入服务器。一年之内，华为就抢到了中国新增接入服务器市场70%的份额，随后又将触角延伸到路由器、以太网等主流数据产品。2002年，华为在中国的路由器、交换机市场的占有率直逼思科，成为思科最大的竞争对手。为应付来自华为的挑战，2001年思科的产品在中国的整体价格平均降低了15%。

到了2002年秋天，华为的数据产品在巴西举行的招标中脱颖而出，拿到了400万美元的订单，导致思科负责这次招标的经理第二天就被公司开除了。那一年，思科在全球网络设备市场的霸主地位仍未动摇，但其销售额和市场占有率却首次出现了下滑。对此，思科CEO钱伯斯甚至专门成立了一个"打击华为"工作小组。2004年，华为继续以低价拓展海外市场，也使其利润率从20%降至7%左右。和当时的竞争对手爱立信、阿尔卡特-朗讯这样的企业比，华为提供的价格要比它们低40%左右。那么最终的结果是，非洲最大的国家尼日利亚一半以上的市场被中兴和华为联合占据了。各位晓得吗？在华为和中兴到达之前，非洲是欧洲电讯商的天下。

在南美洲和非洲市场上取得胜绩的同时，2002 年，华为的美国分公司 FutureWei 开始在思科的大本营美国，和思科在企业商用市场的老对手 3Com 接触商谈成立合资公司。2002 年 6 月，华为首次正式亮相在美国亚特兰大举行的电信设备展，它展示的数据产品性能与思科产品相当，但价格却比对手低了 20%～50%，甚至还在美国主流财经和专业媒体上刊登极具挑战性的广告："它们唯一的不同就是价格。"广告的背景图案就是旧金山的金门大桥，和思科公司的标志一样。华为的激将法我们中国人能理解，但是它忽略了赤裸裸挑战美国主流企业思科的后果。

2003 年，思科在美国状告华为侵犯它的知识产权。这个事件经过媒体的过度渲染之后，让美国人到今天都认为华为之所以能够做得这么大，基本上都是因为剽窃了思科的知识产权。华为在当时的过激行动在 2G 时代的结尾，给一路高歌猛进的自己上了重要的一课，而且它留在美国老百姓心里的坏印象到现在都还没有消除。

华为在透过低价迅速占领全球 2G 市场之后，在 3G 时代开始主打技术牌。2005 年 11 月 21 日，全球最大的移动运营商沃达丰与华为公司签署全球采购框架协议，选择华为作为其全球 WCDMA 优选供应商，为沃达丰在其运营的 21 个国家的市场上提供定制的 WCDMA 手机。华为靠什么拿到了订单？靠的是技术。

我不是专业的技术人员，只在这里讲两个重要的技术要点：

第一，华为解决高速信号问题赢得市场。沃达丰在欧洲的 WCDMA 网络覆盖了一条主要的高速铁路，但在高速运动的情况下，语音呼叫成功率不到 56%，为此沃达丰不得不关闭覆盖高速铁路的基站。华为为这条线路铺上了自己的设备，经测试在速度为每小时 250 公里的情况下，语音、可视电话、高速上网等业务都能顺利进行，其中语音呼叫成功率高达 99.7%。沃达丰这才决定让华为运营 21 个国家的 WCDMA 市场。

第二，分布式基站让华为在全世界开疆拓土。因为人力成本非常高，欧洲建设基站的安装费、租赁费、运输费都非常高。华为提供的分布式基站解决方案颠覆了传统基站的基本形态，大大降低了 3G 网络的建设难度。

华为把基站分成可以独立安装、扩容和演进的两个模块：射频模块可以靠近天线安装，具备体积小、重量轻、功率大的优点；基带模块只有 DVD 盒子大小，可以内置到设备的机柜里面。运输、工程安装费用大幅下降，截至 2008 年年底，华为已在全球累计获得 128 个 WCDMA/HSPA+商用合同，建设全球近 50% 的 WCDMA/HSPA+商用网络。

各位想想看，华为在 2G 时代靠低价进入了南美洲、非洲等市场，在 3G 时代又以技术征服了欧洲市场，思科这些美国企业看到当时的华为，它更想封杀华为了。思科是怎么做的？靠游说美国政府。2007 年、2008 年，华为两次试图收购美国网络设备制造商 3Com 公司，就因美国政府的所谓"国家安全"的担忧而放弃；2010 年，华为竞购 2Wire 公司、摩托罗拉移动网络部门，也未能获得美方批准；2010 年，因担心"中兴和华为与中国军方关系密切"损害美国国家安全，两家公司最终无缘竞标美国电信运营商 Sprint 公司的一份价值数十亿美元的合同；2011 年，华为收购美国通信技术公司 3Leaf，最终也因类似的缘由而功亏一篑。

在对 Sprint 公司的竞标中，一位专家后来透露，华为的报价本可以让运营商在第一年的运营中就节省 8 亿美元。但亚利桑那州的共和党议员 Jon Kyl 写了一份暗示不让华为中标的信；随后，时任美国商务部长的骆家辉（Gary Locke）也向 Sprint 公司表达了该交易对于国家安全的关切。最终，这项高达 50 亿美元的投标被爱立信、阿尔卡特-朗讯和三星收入囊中。

到了 2012 年 10 月，美国众议院常设特别情报委员会更是直接发布了一份长达 50 多页的调查报告，其中有 23 页针对华为，9 页针对中兴，在对两家公司进行封杀的同时，也对中国电信行业进行全面打击。报告提出：中国的华为、中兴可能被用来针对美国民众进行间谍活动，威胁美国国家通信安全。建议由美国外国投资委员会（CFIUS）阻止美国企业未来与华为或中兴建立任何商业联系，并呼吁对中国政府向国内电信设备制造商提供的支持发起调查。

坦白讲，我看过这份历时 11 个月完成的报告，里面没有太多数据，也缺乏可信服的推论，但是这些都不重要，关键问题是美国政府一定要封杀华为和中兴的决心。美国政府不希望华为和中兴进入美国当时的3G市场。

各位朋友你知道美国政府的这个决定有多重要吗？首先，它在当时直接打击了华为和中兴在美国的营业额。华为当年在美国的销售金额仅占其全球总额的4%，而为其在美国市场赢得营业额的不是通信设备，却是手机。其次，美国政府更大的图谋是，让华为和中兴在美国没有任何的3G运营经验。如果它们没有这个经验，一旦进入4G时代，华为在美国市场会因为没有之前的实际操作经验和技术展示，而丢掉以后的4G大单。面对美国赤裸裸的封杀，华为确实没有什么特别好的办法，但好在它占领了除美国市场之外的欧洲、非洲等市场。

三、华为、中兴一旦倒下，中国高科技产业将群龙无首，任人宰割

进入4G时代之后，美国政府继续谨防华为和中兴，甚至力度还有加强的趋势。为什么？目前，全球4G网络的标准模式分为TD-LTE、FDD-LTE，其中TD-LTE是中国政府鼓励中国移动自主研发出来的，而FDD-LTE是欧美传统标准升级而来，占到全球90%的市场份额，也是美国市场的主流模式。FDD-LTE其实是欧洲、日本以及美国本土的AT&T公司，以苹果手机为媒介推广WCDMA后，WCDMA的升级版本。美国非常恐慌华为以同样的路径，靠拉拢美国的小型运营商把中国推崇的TD-LTE标准模式带到美国市场来。

背景提示：中国工信部有意扶持中国移动主导的4G标准，优先发了中国移动主导的TD-LTE牌照。这样中国移动可以在原来的基础上升级设备，达到高速网络。同时，中国移动的巨大订单带动设备制造商生产中国标准指定的通信设备，更有利于将来中国在全球推广TD-LTE标准的4G。中国联通原本只需要把原来的基站升级，就可以升级到FDD-LTE技术，但是因为牌照原因，迟迟不能在中国落地。

但即便美国如此严防死守，全球 244 个已商用的 LTE 网络中，华为参与了其中 110 个的部署，排在其后的爱立信、诺基亚等参与的 LTE 商用网络数量分别为 100 个、56 个。

更厉害的是什么？TD-LTE 和 FDD-LTE 虽然是不同的系统，但是华为可以通过技术手段把它们整合到一起。最开始全世界只有 6 个这样的融合商用系统，华为拿到了 5 个订单，这 5 个订单当然不是来自美国的，因为美国的国家战略不允许，它们来自日本软银、波兰 Aero2、沙特电信、丹麦·3、阿曼电信。

除此之外，我们查阅资料发现，华为的 4G 技术既可以作用于 TD-LTE，也可以用在 FDD-LTE 上。而且华为的专利高达 870 项，占全球 4G 专利的 15%。中兴占有 7% 的专利。加在一起相当于 20% 的专利。有些人可能会说 20% 并不多，但请注意，全球电信市场的竞争是非常激烈的，有这 20% 就可以和竞争对手互换专利，讨价还价。

总结起来，中国和全世界其他国家相比，在高科技领域只占到了很小的一席之地，就是电子行业中的核心领域通信行业，而我们在这个领域的制高点又集中在华为和中兴这两家公司身上。这导致如果美国想消灭中国的高科技，一下子就掌握了掣肘我们的"七寸"：要消灭中国高端制造业，必先消灭中国的电子行业；要消灭电子行业，必先消灭中国的通信设备制造行业；要消灭通信设备制造行业，必先消灭华为和中兴。这就是为什么美国要封杀华为和中兴进入美国的 3G 市场，并在同时封杀掉它们进入美国 4G 市场的路径。

当然，美国毕竟是一个市场经济国家，它的政府不可能完全听任思科的游说，也不可能完全不给华为和中兴进入美国市场的机会。另外，思科、高通等美国企业因为技术交叉、互换等关系，在市场上还是会和华为、中兴打交道，在互惠互利的前提下，它们也会和华为、中兴合作赚钱。在此情况下，我们看到华为拿到了全球 4G 市场 40% 的份额。

在这里，我想特别提醒华为、中兴和我们的行政部门注意美国政府一再强调的所谓"国家安全"的问题。华为一再强调自己是跨国公司，和我们的政府不存在关联性。我认为华为的这种做法是非常对的，否则在进入美国市场的时候，会被反复冠以威胁"美国通信安全"的罪名。但同时，我也非常遗憾地看到，这意味着我们的企业在"走出去"的过程中，无法得到政府的支持，

如此看来，华为和中兴未来的前进道路还是"筚路蓝缕"。它们虽然在美国以外的市场取得了辉煌成绩，但在没有本国政府支持的情况下继续"走出去"是非常不容易的。而更值得关注的是，即使如此艰难，华为和中兴也必须走下去，因为它们一旦轰然倒下，中国的通信设备行业就会倒下，然后中国的高科技产业将被世人完全忘记。你能不能想象一个国家如果没有高科技产业将是什么样子？特别是中国，我们在"6+1产业链"——制造、商品研发、原料采购、商品运输、订单处理、批发和零售中，目前只在附加价值最低的加工贸易上还有一点优势，而占产业利润90%的部分还都在欧美企业手中。手里只拿着产业利润10%的中国，更需要华为、中兴的崛起。

对于一般老百姓而言，不管华为、中兴存在与否，我们都将在不可阻挡的4G时代中，享受更快的上网速度。但请各位在享受之余，认真地思考一下华为、中兴的艰难跋涉，以及它们对于中国高科技产业的带领作用。因为一个高科技产业强盛的国家，比如美国，它的GDP总量、国民人均收入等在全球都是名列前茅的。所以，关心我们的高科技产业，其实就是在关心我们每个人的自身利益。

第十六章　高铁 VS 汽车：市场如何才能换来技术

一、"三国演义，各个击破"：汽车工业的败局开始就已注定

各位对"市场换技术"这五个字都不陌生吧？这五个字隐藏着我们这个民族太多的失败和耻辱在里面。以汽车为例，市场丢了技术也没有换来。因此，"市场换技术"本身是不是一个错误的抉择，这一点值得我们商榷。

为了把这个问题好好分析清楚，我特别找了汽车工业和高铁行业来做一个对比。首先看我们的汽车工业，我以官方媒体新华网的话来总结其当前的处境。2012 年 9 月 27 日，新华网发表了标题为"该是彻底抛弃'市场换技术'的时候了"的文章。这篇文章最后的结论是：至今依然沉浸在"市场换技术"的白日梦中不能释怀，将成为历史的罪人。

我同意新华网的看法，因为外国车企自从 20 世纪 80 年代进入中国市场后，就完全是用"三国演义，各个击破"的方法占领了我们大部分的汽车市场，却没有给我们的车企带来技术。什么意思？当一家外国车企进入中国市场以后，要直面两种利益群体：一种是以国内生产总值（GDP）为纲，追求 GDP 和税收的各个地方政府；一种是一大群追求企业效益、企业利润的国有车厂。再加上想进入中国市场，又想保护自己的知识产权不被

拿走的外国车企，形成一种类似于"三国演义，相互制衡"的局面。

作为这场大戏的主角，外国车企在手握核心技术的情况下，是怎么做的呢？它将两个对手各个击破。当外国车企面对各个地方政府的时候，它提出可以在某地建厂增加当地的 GDP，但是不会交出自己的技术。哪个地方政府能够满足这些要求，它就在谁那里建厂。也就是要各个地方政府之间进行竞争。

当外国车企面对国有汽车企业的时候，因为根据 2011 年修订之前的《外商投资产业指导目录》的规定，鼓励外商进入汽车整车制造领域，但外资比例不能高于 50%，必须和国有车企按照五五分的方式搞合资。各位不要忘了，我们的国企领导升迁特别看重就任期间企业的效益，因此很容易在任期内砍掉对研发的投入来增加效益。因为研发资金投入特别多，而且费时费力。对于外国车企而言，中国车企越不做研发，越只搞装配，其就越愿意和之合作。所以外国车企就利用中国地方政府追求短期 GDP、国有汽车企业追求短期效益的心态，把它们各个击破。

我就以中国第一家"拿市场换技术"的北汽为例，看看它做了什么。1984 年，北汽与美国汽车公司（AMC）合资成立了我国汽车行业第一家中外合资企业——北京吉普汽车有限公司（BJC），主要从事中高端轻型越野车开发和生产。但办合资企业的结果是，它没有按照计划开发出自主车型，甚至技术中心在合资 10 年后才建立。

北汽的问题可以说是很多合资汽车企业的通病。为什么不注重研发？我们搞合资厂的目的不就是向外方拿技术的吗？告诉各位，因为研发的投入经费大，而且回报率是不稳定的。那么最"保险"的办法是什么？最好什么研发都不要做，把研发中心撤掉，买一套生产线，生产出汽车就先卖着，做到最大利润和外方各分一半。生产线过时了怎么办？那就再买一套新的生产设备，然后生产出汽车接着卖，赚了更多利润和外方继续平分。

所以对一个追求效益、追求利润、追求规模的国有企业而言，它非常容易被外资车企击破。而对于外资车企而言，如果一家有意合资的国企向它要技术，它肯定不愿意给，怎么办？你想要技术转让，我就不和你合作了，我找别家国有汽车工厂合作。只要能够有最好的效益，让产业规模不断涨上去，国企领导可以升官，谁还在乎所谓的技术转让呢？

同样的，地方政府只在乎税收和 GDP，外资车企利用这一条将所有的地方政府各个击破。最后是什么结果呢？地方政府拿到 GDP、拿到税收，国有企业拿到效益、拿到规模，但是技术没人在乎，这就是为什么新华网会有这么耸动的结论出来——"历史的罪人"。

所以我想告诉各位，中国汽车工业中的地方政府、国企车厂这些所谓的"历史的罪人"，它们有没有反思过，国家民族利益和个人利益到底孰轻孰重？在中国改革开放过程中，以自我为中心的小集团，就比如说国有汽车工厂、地方政府等，给我们的民族带来了太大的伤害。单以汽车行业而论，就连一汽、上汽这些大型国企，在搞了 30 年合资企业之后，依然不具备研发自主车型的能力。所以我说，我们的汽车工业几十年"市场换技术"是彻底地失败了。

二、"两强相争，水来土掩"："市场换技术" 关键在于策略得当

再看我们的高铁产业，虽然也是"以市场换技术"，但是手段比汽车行业要高超一些，而且从目前的结果来看，也比汽车行业要好一些。我也给它的发展总结出八个字，叫作"两强相争，水来土掩"。什么意思？把前面我提到的许多地方政府换成一个中央政府，许多国有汽车企业换成一个前铁道部。中央政府和前铁道部加在一起，又形成一个垄断实体，我们是由这个垄断实体对外进行高铁核心技术招投标的。

2004 年 8 月，前铁道部正式对京哈、京沪等干线提速车辆招标。德国西门子、法国阿尔斯通、日本川崎重工和加拿大庞巴迪 4 家世界高铁技术巨头都来参与竞标。第一轮竞标，西门子对所谓的原型车要价 3.5 亿元人民币，技术转让费 3.9 亿欧元。结果呢？中国政府直接让它第一轮出局。第二天西门子股价暴跌，谈判队伍被集体解雇。剩下的阿尔斯通、川崎和庞巴迪等企业中标。其中，川崎向中国南车提供了"疾风"号新干线技

术。第二年前铁道部再次招标，西门子这一次老老实实地以原型车 2.5 亿人民币，技术转让费 8000 万欧元的报价中标。

我在这里想特别提一个我们中国自主研发的高铁列车，就是"中华之星"。其实，早在国际招标发生的十几年前，我们就开始了高铁列车的自主研发。2002 年 11 月 27 日，"中华之星"高速列车在测试时，最高时速其实已经达到了 321.5 公里，这个速度直到 2008 年才被突破。那么我们为什么没有选择"中华之星"，而是选择用资金买技术呢？官方的说法是，"中华之星"有解决不了的安全隐患，这个技术瓶颈无法攻克，所以最后放弃了这个自主研发的高速列车。

背景提示：早在 1992 年，前铁道部科技司根据高速列车的相关重要部件列出研究课题，而后还得到过世界银行的支持。1997 年前后，前铁道部成立了京沪高速铁路办公室，同时成立了京沪铁路技术研究总体组，研究各种高速铁路的技术问题。2000 年，经过反复验证研讨，研制"中华之星"高速列车正式在当时的国家计委立项，成为国家项目。2000 年下半年，国家计委以 2458 号文件正式批准立项，并命名为"中华之星"。

2001 年 8 月，"中华之星"进入试制阶段；2002 年 9 月，"中华之星"动车组开始进行列车编组调试；2002 年 11 月 27 日，"中华之星"在秦沈客运专线的冲刺试验达到 321.5 公里的最高时速，创造了"中国铁路第一速"。但第二天，在时任铁道部部长傅志寰参观检查时，进口轴承发生意外故障。之后两年时间内，"中华之星"进行试验运行的里程超过 53 万公里。这一试验运行创造了中国当时车辆试验运行考核里程最长、运行考核速度最高的纪录，远远超出普通列车的 10 万公里要求。

2003 年 3 月，刘志军继任当时的铁道部部长之职。根据媒体报道，刘志军"否定了很多前任的做法"。2004 年 8 月，前铁道部正式对京哈、京沪等干线提速车辆招标。时任铁道部部长的刘志军要求，进行高铁招标时，国内企业必须和国外企业合资办厂才有资格。德国西门子、法国阿尔斯通、日本川崎重工和加拿大庞巴迪 4 家世界高铁技术的巨头都来参与竞标，所有国产高速列车全部出局。

2006 年 8 月 2 日，"中华之星"在运行了 80 万公里后，被封存在沈阳机务段，彻底从中国高铁系统中消失。

说回川崎这些所谓的外国高铁企业，它们只是把技术卖给我们，给我们一堆图纸，根本不教你怎么设计。为什么？川崎完全忽视了中方因研发"中华之星"而积累的技术，他们以为只告诉我们如何读图、如何操作，不告诉我们如何设计，那么以中国高铁的水平至少要到 16 年之后，才有可能完全消化它们的技术；要到 16 年之后，才有所谓的自主创新。事实是，中方的设计人员之前只是无法掌握几个关键技术，他们拿到图纸一看，立刻就明白了。

需要说明的是，我们的成绩和底气来自"中华之星"的积淀。目前代表中国高铁最高技术的两款车 CRH380A 和 CRH380B，它们的总设计师分别是梁建英和赵明花，这两位都是中国自主设计高铁时期的骨干，赵明花曾经直接主持了"春城号"和"长白山号"两个动车型号的设计开发。当北车在"消化、吸收"从阿尔斯通引进的"5 型车"（即 CRH5）时遇到严重困难，出了许多问题。2007 年，赵明花走马上任，成为技术负责人。此后，中国北车的"5 型车"顺利出厂，她后来也成为开发 CRH380B 的项目负责人。这两位女工程师都不是"技术引进"的"产物"，但都是对引进技术进行"消化、吸收、再创新"的主力军，她们体现了中国铁路装备工业的产品开发能力。

那么我们与川崎合作之后，中国南车得到了技术以及刘志军"快速发展高铁"的指令，在短时间内就研制出了 CRH 系列高速列车，并且开始抢占全球高铁市场。2010 年 12 月，美国通用电气（GE）公司宣布要和中国南车股份有限公司签订一个合作框架协议，双方计划在美国建立合资公司"来共同促进高速铁路及其他轨道交通技术在美国市场的推广发展"。2011 年 6 月，日本媒体报道，中国南车计划在美国为其研制的"创造世界高铁最高速度""世界最先进高速列车"的 CRH380A 申请高铁专利，为南车竞标美国高铁项目做准备。

那么专利申请的结果如何呢？美国律师事务所和美国知识产权局，对中国南车提供的技术条件和设计方案进行审查。在花了3个多月时间，对900多项专利进行检索后，得出了最终结论，那就是"中国南车研制的CRH380A型高速动车组拥有完全知识产权"。

我在这里需要特别说明一下，完全知识产权是不是指中国南车掌握了所有技术呢？告诉各位，不是100%国产才叫国产化，只要超过70%的部件在中国生产就算国产化，剩下的20%~30%可以采购国际先进的部件。

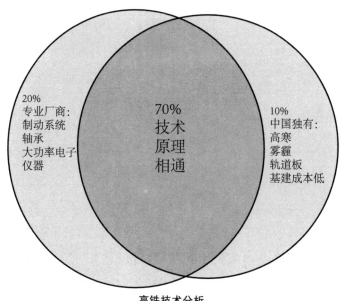

20%
专业厂商：
制动系统
轴承
大功率电子
仪器

70%
技术
原理
相通

10%
中国独有：
高寒
雾霾
轨道板
基建成本低

高铁技术分析

我在这里要讲一个全新的观念。就全球高铁技术而言，70%是中国高铁和其他国家高铁都拥有，大家都会的；10%是中国独有的，欧美国家、日本都是没有的；还有20%的技术，是欧美国家、日本独有的，我们没有的。

我们自有的10%高铁技术都涉及哪些方面呢？特别有意思，这些技术是用来攻克高寒、我们独有的雾霾天气等问题的。雾霾是一个重金属离子和粉尘结合起来的天气情况，我们的高铁车头在运行中一旦遭遇雾霾，运行一阵就会断电、停电。那么经过自主研发，我们研制出能够解决雾霾天气的自有技术。还有高寒情况，我们的很多普通列车都有在高寒地带运行的经验，比如在西藏、东北等地区。西门子的列车就没有遇到过我们这种极端的高寒天气。我们把从普通列车上总结出的对付高寒天气的经验，用到了高铁上，形成了自有技术。

那么什么是欧美国家的自有技术呢？比如高铁的制动系统，我们制造高铁列车的时候，制动系统全部用的是德国克诺尔一家公司生产的。还有轴承，中国制造商生产的轴承只能扛起 180 公里时速以下时车轴的重量，所以必须要向外国企业购买。还有大功率电子仪器，我们要向瑞士购买。其实在整个高铁的成本里面，电器设备就占了 30%，而关键零配件，也就是我们需要购买的占这 30% 里面的一半。所以我们高铁列车技术的构成就是 70% 全球共有的技术，20% 采购外国公司的产品，剩下 10% 的技术是我们自有的，这些组合在一起就是 100% 的自主知识产权。

三、中国高铁"走出去"：背负地缘政治、去过剩产能的重要任务

当我们的高铁产业透过"市场换技术"取得成功后，除了立即研发自主知识产权，我们还将高铁的专利技术迅速商用，形成了世界领先的高铁产业。而且根据 2014 年 10 月底的媒体报道，中国南车和北车将合并为一家高铁制造企业，以防止两个企业之间因为打价格战产生不必要的"内耗"，而合并后的企业将在国际高铁市场上和德国西门子、法国阿尔斯通等全球顶尖高铁制造商一决高下。

在产业越做越强的同时，最近几年我们国家的领导人在对外访问的时候，除了以前常提到的"熊猫外交""乒乓外交"等，现在又多了"高铁外交"这个显示我们国家高端制造业水平的重要"名片"。到目前为止，李克强总理在造访东南亚国家、中东欧国家、非洲国家，以及英国等国时，都提出了深化高铁合作的建议，一些国家甚至已经和我们签订了意向书。

我看到很多媒体把李克强总理报道成"高铁推销员"，这是非常狭隘的一种观察。首先请各位仔细分析总理提出邀约的这些国家的地缘位置，美国正在针对中国的大国崛起采取各种阻挠，比如启动"重返亚洲计划"，建立把中国剔除在外的 TPP 组织，而我们的政府目前正在努力做的就是和东南亚、欧洲、非洲国家建立起更加紧密的区域合作关系。所以我们一旦与李克强总理访问的国家建立起"高铁外交"，那么两国之间的高铁线路对于两国交往、人员往来、货物运输都是重大的利好消息。其次，从经济结构上分析，东南亚、非洲国家是我们非常重要的原材料供应地，而中东欧以及英国、德国等国家则是我们未来贸易中主要的出口对象，如果开通高铁，运输成本与时间的性价比将有比较明显的提升。再次，我们的经济经过"四万亿投资计划"的洗礼，在基础建设方面出现了严重的产能过剩，如果我们能够实行"高铁外交"，在建设高铁的过程中，我们过剩的钢铁、水泥，以及基建能力都将有用武之地。

这么看来，"高铁外交"或者叫"高铁走出去"和我们目前正在热议的"一带一路"战略，以及国内经济去过剩产能都是息息相关的。作为我们政府势在必行的"走出去"产业，中国高铁到底有哪些"走出去"的优势呢？

首先，请各位记住，建高铁是一个系统性工程，不是搞定一个列车就能行的。建高铁涉及土建、土地、轨道、车站、电力系统、电力设备等问题。另外，建设当地的天气条件、隧道长度、桥梁建设等也都是需要考虑到的。总之，高铁项目是一个非常复杂的系统工程。

认识到这些之后，我再告诉各位，我们在国内的高铁工程因为土地、劳动力成本低廉的优势，可以节省很多成本。高铁建设里会大量涉及隧道建设成本，中国的这个成本大概是每公里 1000 万～1500 万美元，新西兰高铁项目的这个数据是 4300 万美元，美国是 5000 万美元，澳大利亚是 6000 万美元。为什么成本差这么多？告诉各位，建设隧道的成本受地质情况还有劳动力成本的影响很大，所以中国所谓的廉价劳动力降低了高铁的建设成本。

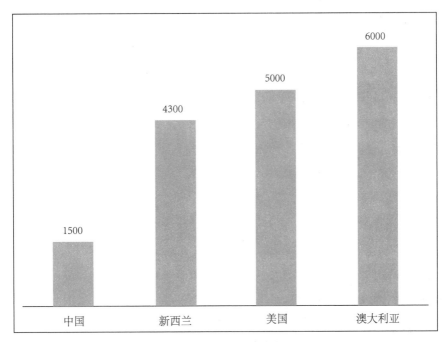

各国每公里高铁隧道施工最高成本（万美元）

另外，中国大量建设高铁的经验，也能帮助我们降低成本。给各位提供一组数据，全球高铁运行里程中，中国占了 11028 公里，而世界其他国家和地区一共运行了 11605 公里，只比我们多一点；在建高铁呢，中国是 12000 公里，其他国家和地区加起来只有 4883 公里。这组数据充分说明，中国绝对是全世界建高铁经验最丰富的国家之一，这些经验可以帮助工程降低成本。

有土地、劳动力低廉，建设经验丰富这些优势，我们的高铁建设成本到底能降到什么程度呢？根据世界银行 2014 年 7 月发布的《中国高速铁路：建设成本分析》报告，截至 2013 年年末，中国已建成一个总里程超过 1 万公里的高速铁路网，远远超过世界上任何其他国家，也超过了整个欧盟地区的高铁网。而中国的高铁建设成本至多只有其他国家的 2/3。我再给各位补充一组数据，中国高铁的设计时速是 350 公里，每公里成本一般是 1 亿～1.25 亿元人民币；而设计时速只有 300 公里的欧洲高铁建设成

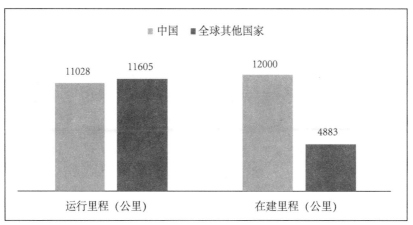

全球高铁运行和在建里程

本，每公里高达 1.5 亿 ~ 2.4 亿元人民币；美国加州高铁建设成本更是高达每公里 5200 万美元，相当于 3.2 亿元人民币。

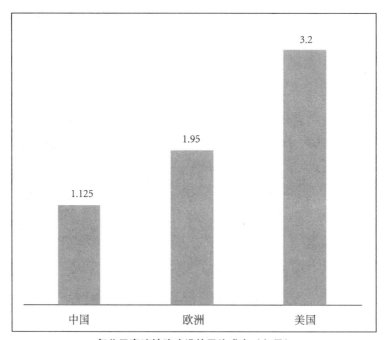

每公里高速铁路建设的平均成本（亿元）

四、中国高铁产业的隐患是什么

当然，我们的高铁产业也有不足之处。

第一，材料困境。高铁运行所需的关键零部件，如车轮、车轴、轴承等，目前还主要从国外进口。国内轴承公司出产的高速轴承，大多还只能满足 150～180 公里的列车所需。车轮也主要生产速度 120～160km/h 的普通客车车轮。这也不是短时间内能够改变的，实现国产替代势必经历一个漫长的过程。

第二，高铁几项核心技术仍然被外国企业垄断。今天世界上轨道交通制动系统制造商只有德国克诺尔集团一家，所有厂商都要去采购它的；大功率电子器件，国际上只有瑞士、日本等国的公司能够生产。高铁车上的电器部分，像是受电弓、变流器、制动设备等也主要依托进口，或者是用外方的中心零部件在合资公司拼装，国内出产的产品在可靠性上还有距离。而电器部分占据高铁报价的 30%，这其中要害元器件又占到电器报价的 50%。

第三，国际项目管理经验缺乏，导致亏损。例如，2010 年中铁建沙特轻轨项目，当地劳动力成本高且不说，还不能使用国内为赶工期"白加黑""五加二"等"行规"，而且当地穆斯林每天要做 5 次礼拜，每次至少需要 40 分钟，沙特政府还规定夏季每天 12 时到 15 时禁止户外工作，这些人力成本都和国内有很大不同。另外，由于当地原材料价格远高于国内，大部分的路段都是从国内直接浇筑好用货轮运到沙特，然后再拼起来。最后导致短短一段 18.25 公里的普速轻轨项目亏损 40 亿人民币。

以上我总结出的中国高铁制造和"走出去"中出现的问题，在目前都还在制约着中国高铁的发展。我在这里必须提醒各位，不要被中国高铁现时的成绩冲昏头脑，这些掣肘中国高铁建设的因素在微观面上将影响企业国际竞争水平，在宏观面上则是衡量一国经济整体水平的特殊标志。

最后，我们再总结一下，今天的高铁为什么能突破"以市场换技术"

的瓶颈，甚至达到出口的水平。首先，我们必须承认中国能够如此之快地占领全球高铁列车生产的大部分份额，自主研发"中华之星"积累技术的过程是功不可没的。当然，之后透过国际招投标，用资金和市场换来的技术加快了中国高铁列车技术的成熟速度。这两个技术发展过程加在一起，给了中国高铁技术、市场双重成长的可能。另外，我们中国独有的土地、劳动力成本低廉，以及高铁项目在政府主导下能够快速上马积累起的丰富经验，造就了中国高铁低成本的优势。

当然，我们的高铁也存在核心零部件、核心技术仍需向外国公司购买的情况，而且"走出去"项目的管理也存在问题。但是作为国家领导人出外访问时新的"外交名片"，我相信我们的高铁产业在帮助中国经济去过剩产能，缔结区域经济合作方面将做出非常大的贡献。

第十七章　联想收购案例反思：
不要指望靠收购不劳而获高科技

一、企业海外收购：盲目做大做强，只会自食恶果

2014 年对于中国的联想和美国的摩托罗拉都是非常特殊的一年。2014 年 1 月 30 日，联想集团以 29 亿美元的价格从谷歌手中收购了摩托罗拉移动；2014 年 10 月 30 日，联想在北京宣布正式完成对摩托罗拉移动的收购事宜。

我们都晓得，联想曾经在 10 年之前收购了 IBM 的个人电脑业务，这在当时的全球商业界都是惊天的消息。那么 10 年后的 2014 年 1 月，联想除了宣布收购摩托罗拉移动，还宣布要以 23 亿美元收购 IBMX86 服务器业务。这一系列收购动作让全世界都眼前一亮，特别是中国人，觉得我们的联想正在一步步进军国际。

各位是否认真考虑过，联想为什么要进行一系列收购，特别是收购对象是摩托罗拉手机这种连续出现亏损的资产？我就用联想董事长兼 CEO 杨元庆的一句话来做解读："如果顺利完成这起并购，联想将获得进军国际手机市场的入场券。摩托罗拉移动依然是美国第三大 Android 智能手机厂商和拉丁美洲第三大智能手机厂商，并与全球 50 多家运营商都有合作关系。通过收购摩托罗拉移动，联想手机业务将可迅速进入北美和拉美市

场，并为进入欧洲市场奠定基础。手机销量要在 2015 年达到 1 亿部。"因此，联想收购摩托罗拉的举动就是标准的要将联想的业务做大做强。

那么收购 IBMX86 服务器业务是为什么呢？收购之后，联想将占有全世界 14% 以上的服务器市场，仅次于惠普和戴尔，成为全世界第三大服务器供应商。另外，这笔交易还将在短时间内为联想带来利润。数据显示，全球低端服务器市场的毛利率还维持在 20%。以利润率 5% ~ 10% 计算，该业务每年可以给联想用带来 3 亿~5 亿美元的利润；理想状态下，联想 5 年时间就能收回成本。所以这单交易，联想是在获得巨额利润的前提下，做到了做大做强。

面对联想又是进军国际市场，又是做大做强的雄心壮志，我们的股票市场是如何反应的呢？2014 年 1 月底至 2 月初，但凡联想宣布收购计划，都会出现股价下跌。

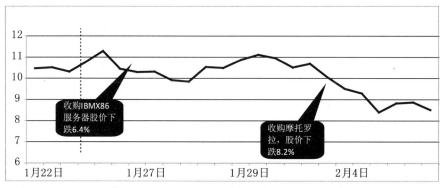

2014 年 1 月 24 日至 2 月 5 日联想股价下跌 23.6% 示意图

从上图我们可以看出，联想的股价从 2014 年 1 月 24 日，也就是宣布收购 IBMX86 的第二天，开始下跌；到 2014 年 2 月 5 日，宣布收购摩托罗拉手机业务一周后，它的股价还在下跌。在短短十余天的时间里，这两次收购使得联想的股价暴跌了 23.6%。这意味着，两次收购不但没有给联想的股东带来利好消息，反而让联想的市值缩水了将近 1/4。联想股价缩水说明了什么？我认为这是必须认真反思的问题，它直观地说明了我们的企业家不能再一味地强调做大做强，这是一种病态心理，不是一个企业发展战略。

　　除此之外，我还要说的是，我们国家的很多企业甚至还有不靠自己研发、销售、设计突破市场，只依靠合并一些企业就打算争当全球 500 强的病态心理。比如说，中石油、中石化，再比如说工行等。我请问，我们有没有哪一家制造业企业可以像三星、苹果一样有自主研发的能力？

二、联想惊天并购案：这些资产真的值那么多钱吗

　　我为什么批评做大做强、做世界 500 强是病态心理？下面用联想的例子给各位好好分析一下。首先，我们从联想收购 IBMX86 服务器业务说起。我们在看问题的时候，一定要用一个长远的眼光。IBMX86 虽然现在是世界第三大服务器生产商，但是整个服务器行业都已经步入夕阳产业了。2013 年 8 月，美国市场研究公司 IDC 发布的研究报告称，2013 年第二季度全球服务器市场规模收入同比减少 6.2%，降至 119 亿美元。

　　再告诉各位，在未来，云计算将成为新的潮流，服务器的生意将越来越难做。2008 年的时候，戴尔就开始在美国申请"云计算"（Cloud Computer）商标，旨在加强对云计算术语的控制权；同年，IBM 公司宣布将投资约 4 亿美元改造其设在美国北卡罗来纳州，以及日本东京的云计算数据中心；还是 2008 年，惠普、英特尔和雅虎宣布，三家公司将共同创立一系列新的数据中心以推广云计算技术。IDC 预测，2014 年全球企业在云计算方面的支出或达到 1000 亿美元，较 2013 年提升 25%。

　　我觉得马云在这方面讲了一句非常深刻的话，他说："在未来的电子商务中，云计算将成为一种随时随地的服务，就像供水、供电一样成为公共基础服务。"这个话讲得太经典了，因为未来的云计算将成为每一个公司，甚至每一个家庭必备的基础设施。而联想现在却花大价钱进入低端服务器这个夕阳产业，我请问它的股价怎么可能不下跌呢？我认为，这个决策本身就是错误的。

背景提示：全球商业界对云计算的评价：

微软首席执行官史蒂夫·鲍尔默（Steve Ballmer）：云计算是未来的大趋势，云计算和游戏将会成为微软重要的利润来源。

惠普公司首席执行官梅格·惠特曼（Meg Whitman）：云计算、安全性、大数据和移动性，这些变革改变着人们的沟通方式。其中，云计算正变得日益重要和具有挑战性。

阿里巴巴集团董事会主席马云：在未来的电子商务中，云计算将成为一种随时随地的服务，就像供水、供电一样，成为公共基础服务。

创新工场 CEO 李开复：云计算将成为一种新的主流计算模型，更多的科研机构、IT 企业将会拥抱云计算，推动云计算，利用云计算完成技术创新和产业模式升级，并最终为云计算构建出完整的产业发展链条。

再说 2014 年 1 月 30 日，联想宣布收购谷歌旗下的摩托罗拉移动业务，为什么股价暴跌得更凶呢？根据我的分析，这主要是由于摩托罗拉移动的优质资产早就在谷歌手里被盘剥殆尽，联想不过是买下了一盘残羹冷炙而已。2012 年 5 月份，谷歌以 125 亿美元收购了摩托罗拉。这么看的话，好像谷歌以 29 亿美元把其中的移动部分卖给联想，还是亏了。告诉各位，你如果这么想就完全错了。根据我的调查，在被收购的时候，摩托罗拉还有 30 亿美元的现元储备，另外还有 10 亿美元的免税额，所以谷歌真正的投入成本应该是 85 亿美元左右。

除此之外，谷歌在把摩托罗拉收入囊中之后，还对其中它自己用不到的资产进行了剥离。从 2012 年 12 月开始，谷歌对摩托罗拉的业务先后做出了三次剥离：第一次，2012 年 12 月 10 日，谷歌以 7500 万美元的售价将摩托罗拉在中国和巴西的工厂，转手卖给全球第二大 OEM 厂商伟创力；第二次，2012 年 12 月 20 日，以 24 亿美元的售价出售摩托罗拉机顶盒业务；第三次，2014 年 1 月 30 日，以 29 亿美元的价格把摩托罗拉移动业务以及 2000 个专利技术卖给了联想。而谷歌自己呢，它只保留了摩托罗拉原有的 17000 个移动核心技术里面的 15000 个，也就是它自己真正需要的技术。那么综合这三次出售行为，谷歌对摩托罗拉实际只支付了 31.25 亿美元，就获得了 15000 个移动核心专利，相当于平均每个专利的售价是 20.8 万美元。

这笔账算到最后，我们发现，联想花了 29 亿美元买到的是什么？第一，一个江河日下的摩托罗拉手机品牌和业务部门；第二，获得 2000 项被谷歌挑剩下的专利资产；第三，摩托罗拉分布于全球 33 个国家和地区的 3500 名员工，这相当于人力成本，而摩托罗拉在生产环节的固定资产，也就是工厂这些资产呢，早就被谷歌卖给 OEM 工厂了，不在 29 亿美元的销售项目里面。我还想特别讲一讲摩托罗拉移动业务的亏损情况。2012 年，摩托罗拉手机业务亏损 6.16 亿美元；2013 年，亏损 9.28 亿美元。

各位想想看，一个没落的品牌，一个连年巨额亏损的业务部门，2000 个别人不要的专利技术，还有一群需要不断花钱供养的高成本劳动力，这些值 29 亿美元吗？所以，联想收购摩托罗拉移动的消息一经曝光，联想的股价立刻跌了 8.21%，而谷歌的股价上涨了 2%。

三、中国企业海外并购，尚没有一个成功的案例

我在总结中国企业海外并购案例的时候，习惯将联想收购 IBM 个人电脑、摩托罗拉移动，TCL 收购汤姆逊，明基收购西门子手机业务，以及奇瑞收购沃尔沃，这四个案例归纳为一种类型——盲目做大做强，且没有一个真正做成功的。正是做大做强的病态心理作祟，让这些所谓的"四大天王"都因此惹出了大笑话。

首先谈谈 2005 年联想收购 IBM 的个人电脑部门。2004 年，联想集团总裁兼 CEO 杨元庆就这起收购事件表示："收购 IBM 的个人电脑业务，将帮助我们提前 10～20 年完成向海外扩张的计划。"最后的真实结果是什么呢？2005 年，联想和 IBM 个人电脑业务加在一起，占美国个人电脑市场 9.2% 的份额；而 2012 年底的这个数字是 8.9%，有 0.3% 的倒退。2005 年 5 月，联想和 IBM 的个人电脑品牌 ThinkPad 在内地个人电脑市场的占有率

是 32%；2013 年，联想在中国个人电脑市场的占有率是 31.7%，份额并没有增长。从这组数据来看，联想收购 IBM 的个人电脑业务似乎并没有什么收获，国内市场份额没有增加，美国市场的份额还微跌。所以联想当年信誓旦旦的发展目标，实际上并没有实现。

告诉各位，联想收购 IBM 个人电脑业务的案例算是这四大案例里结局最好的，其他三个简直惨不忍睹。2003 年 11 月，TCL 集团公司董事长兼 CEO 李东生和法国汤姆逊公司行政总裁达哈利正式签订协议，重组双方的彩电和 DVD 业务，组建当时全球最大的彩电供应企业——TCL 汤姆逊电子公司，即 TTE。在进行并购之前，TCL 表示要用 18 个月扭亏，新成立的合资公司还要超越三星，成为年彩电销售量达 1800 万台的全球最大彩电企业。这又是一副做大做强的病态心理。

那么现实是什么？2004 年 7 月，重组完成，新公司 TCL 汤姆逊正式成立。2006 年 9 月的消息称，TCL 多媒体业务在欧洲的业务已经累计亏损 20 亿人民币。2007 年 4 月，TCL 在欧洲的公司申请破产清算。在这起并购案彻底失败之后，李东生也承认："对并购的困难和挑战估计不足，资源准备也不足，而且过度自信，差点给打趴下去了。"

我们再说明基收购西门子的案例。2005 年，明基收购西门子手机业务时，它的董事长李焜耀说："其实西门子手机和明基的品牌形象存在很大的冲突，同时又有相当高的互补性，两者结合一定有它的发展空间。我们希望在这个平台上，迅速推出世界级的新产品。"又是想做大做强成为世界级产品的病态心理。

结果是仅仅一年之后的 2006 年，明基因为收购西门子手机业务不成功，预先准备的 8 亿欧元预备资金亏损殆尽，如果继续整合下去，第二年还需要 8 亿欧元；明基的市值因为不成功的收购，蒸发掉了 40%。

到了 2006 年 11 月 8 日，明基掌门人李焜耀公开向媒体承认明基收购西门子失败。李焜耀说："我们错误地估计了明基对西门子手机业务亏损的承受能力，从这个角度上看，明基并购西门子的手机业务失败了。我们知道这两家公司一定有差别，只是没有想到差别竟是如此之大，有些天天发生的事情如果不是置身其中，你就没有办法体会这么深。"我们到现在都可以从这段话的字里行间感受到，李焜耀当时无比懊恼的心情。为什么会出现这种悲剧？就是做大做强的心态使然。

最后一个案例，奇瑞收购沃尔沃。2010 年的时候，奇瑞对收购沃尔沃信心满满："我们有信心在两年内让沃尔沃扭亏为盈，2020 年达到 80 万辆的年销售目标。"但结果是什么？两年之后的 2012 年，沃尔沃全年亏损4.8 亿瑞典克朗，在当时约折合 4.46 亿元人民币；2012 年，沃尔沃在中国仅售出 4.3 万辆汽车，比 2011 年下降了 10.9%，市场占有率仅为 0.26%。这份成绩单如此之差，我相信超出了很多人的预期。

讲完这四个遗憾的案例，我在内心深处更加希望我们的中国企业能够做得更好，不要盲目扩张，更不要盲目地进行海外收购。如果你的目的是简单的做大做强，那么这四个例子应该可以给你一个很好的警告。

中国企业"走出去"，也就是所谓的国际化，是企业未来发展的新常态，也是必然的趋势。为什么这么说？中国有 4 万亿美元左右的外汇储备，对于国家而言，这笔钱不花出去很可能变成负债。因为在外汇管理局里有一个"外汇占用款"的概念，也就是政府每收取由国外汇入中国的 1 美元，就必须对国内市场放出相当于 1 美元的人民币额度，我们通常把这个现象叫作"货币双发"，它是造成国内通货膨胀的重要原因之一。

这就是为什么我们的政府鼓励企业，包括民营企业"走出去"的原因之一。我们的企业去外面花美元，相当于国内市场的人民币回笼央行，这有助于预防通货膨胀。

当年的日本也经历过我们现在这个阶段，造就了日本企业如今的国际化水平。当然了，日本企业在"走出去"的最初几年也吃过很多亏，付出了必要的代价，就像我在前面所讲的四个经典案例那样。那么透过认真分析这四个案例，我想要明确地说一点，收购确实是中国企业"走出去"的捷径，我们在这个过程里必须克服做大做强的"非理性病态心理"，坚决不能靠所谓的情怀或理想主义做决策，企业家不能以文艺青年的心态做决策。

　　谷歌收购摩托罗拉的案例告诉我们什么？谷歌非常清楚自己需要的是什么，它要的是 15000 个高端专利，它一开始的目标非常明确。而我们呢？就是为了表面风光，而不是以做精做强为目的。这方面，我建议各位企业家学学大连万达，它在收购电影院线上的思维是非常理智、清晰的。

第十八章　阿里巴巴上市：中国产业转型新思维

一、不管你承不承认，属于网购的时代已经汹涌而来

2014 年 9 月最轰动的新闻莫过于阿里巴巴在美国上市。IPO 当天，阿里巴巴的市值就已经涨到了 2314 亿美元。其实在美国本土也有类似的网络购物公司，一个是 eBay（易贝），一个是 Amazon（亚马逊），但它们在阿里巴巴 IPO 当天的市值加在一起，也没有超过阿里巴巴的市值。所以说，阿里巴巴在美上市真的是轰动了美国，甚至轰动了全世界。

毋庸置疑的是，这给我们中国人长了不少脸。但是除此之外，我们应该思考一个更加深入的问题：在中国经济增速放缓的大背景下，为什么中国的网购市场能够以一枝独秀的姿态领跑中国经济？

首先，我先给各位提供一组数据，大家从具体数值来直观地了解一下我们的宏观经济状况。2014 年 8 月，作为衡量宏观经济走势的"克强指数"显示，我们的全社会用电量出现了当年第一次负增长，而且负增长率达到了 2.2%；还有我们的火车运输增长率在 2014 年上半年也同比下降了 2.5%。这些数据都充分地证明了中国经济目前的困难处境。

那么在这种情况下，成就阿里巴巴的是什么？不是它最初搞的 B2B 平台，而是它的 B2C 购物平台——淘宝和天猫。各位想想看，传统实体店是

一直存在的，而网店在 2006 年之前几乎是没有的，甚至是直到 2009 年之后才算是真正发展起来。

到 2013 年时，中国的网购市场规模已经呈现出了惊人的结果。什么意思？2013 年中国 GDP 总量占全世界的 12.3%，而中国的网购规模已经达到了 1.85 万亿元，超过美国，现在是全球第一（见下图）。这就是阿里巴巴在美国上市能够创下历史纪录，市值高达 2314 亿美元，超过亚马逊和 eBay 市值总和的原因。那么如此震撼人心的发展历史，是如何写就的？

我们还是要先来分析一下中国网购市场在全世界整体的发展情况。2006—2013 年，欧洲人的网购规模差不多占全世界网购规模的 35% ~ 40%，基本都在 40% 以下；同一时间段，美国人 2006 年的网购规模占全世界的 42%，但到 2013 年这个数字跌到了 21%；而中国人的网购规模从 2006 年的占全球网购规模 1.2% 增长到 2013 年的 24%。

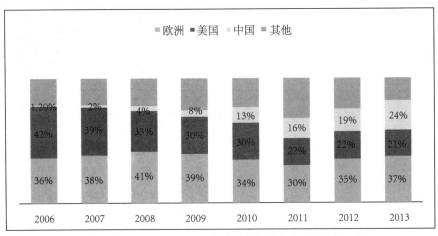

2006—2013 年中美欧网购占全球网购规模比重以及各自份额

从目前的节点看，中国的 GDP 占全世界的 12%，而网购规模却占到了全世界的 24%。中国人在网购上持续多年的爆发力，造就了阿里巴巴此次上市创造的诸多奇迹。但在网购的中国人中，我发现了一个很有意思的现象——中国网购的人数只占总人口的 30%，而欧美国家的这一数字高达 80%，如此小比例的人群怎么会创造出那么大的成绩？这与中美欧网购消费者的购买习惯有关。在美国，网购的人大部分是买电子书、软件之类的，而在中国，网购人群只要是涉及衣食住行的，几乎什么都买。

我们和美国人的消费习惯为什么有这么大的差异？第一个原因，因为我们的传统实体店销售要经过五层代理：厂商、大区代理、省代理、市县代理、零售商，最后把商品卖到消费者手里。每一层代理都要赚取利润，所以商品每经过一级代理就会涨一次价。第二个原因，中国大陆实体店的税负过重。告诉各位，商品流通经过的每一级代理都要交税，而且中国大陆有吓死人的 15 种税费。在中国香港，商品只用交一种税，就是税率是17% 的利润税。总结起来，大陆实体店因为流通环节过多、税负过重，导致其同种商品的价格远远超过网店的价格。这就解答了中国大陆消费者什么都要网购的消费习惯。

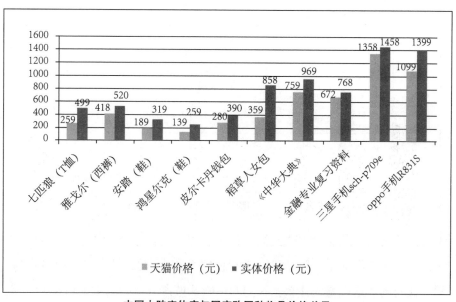

中国大陆实体店与网店购同种物品价格差异

另外一个疑问，中国大陆的网购市场为什么在最近几年发展得异常迅猛？我给各位看一组数据，如果把中国 GDP 占全球 GDP 的比重和网购规模占全球网购市场的比重放在一起看，我们会发现，2009 年的时候，我们的 GDP 占全世界的 8.47%，网购规模和它很接近是 7.63%。在此之前，中国 GDP 占全球 GDP 的比例这一数字，一直遥遥领先中国网购规模占全球网购市场比例的数字。随着 GDP 占全球 GDP 比重的增长，网购规模占比也相应上升，这是正常的。

不正常的事情发生在 2009 年之后，中国 GDP 增速在 2009 年后逐渐放缓，但网购规模增速却在不断攀升，直到 2013 年，出现了 GDP 占全球 12%、网购规模占全球 24% 的情形。为什么 2009 年成了中国网购规模增速"逆袭"的转折点？李克强总理在 2014 年达沃斯论坛上的话可以回答这个问题，"中国经济下行压力加大"。

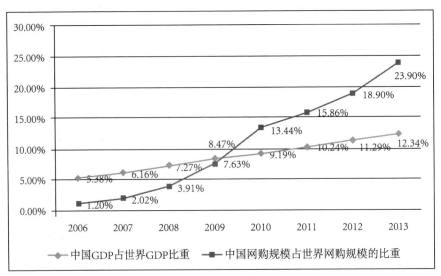

中国 GDP 与网购规模占世界的比重变化图

具体到老百姓身上，我们都有什么压力呢？在经济不景气的时候，肯定是要压缩生活成本，但是我们又不想牺牲品质，怎么办呢？只有到网店里买便宜的。这就是为什么，我们的网购规模占全球的比重能够成功"逆袭"GDP 占全球的比重。

二、阿里巴巴的互联网帝国：中国产业转型新思维

我要告诉各位的是，中国网购市场迅猛发展的意义绝对不止于此。我

想提出一个新观点——以阿里巴巴为代表的中国电子商务平台为中国产业转型提供了新思维。我在过去反复强调，中国制造业以及服务业都到了必须转型的关键时刻。什么是真正的转型？绝对不仅仅是转变销售方式这些陈旧的转型思维，因为这些都只是表层问题，我们需要的是思维转型，即所谓的互联网思维。我接下来就用阿里巴巴集团的例子，为各位解析如何做到产业转型。至于产业升级，那是另外一个话题，我将在后续的作品中为各位详细解读。

各位想想看，在阿里巴巴集团出现之前，我们的小企业也好，消费者也好是不是都会遇到一些阻碍中国制造业、服务业转型发展的问题，比如缺少资金、没有销售平台，以及买卖双方缺少互信等。告诉各位，阿里巴巴集团运用互联网思维模式，以及技术创新，解决了这些桎梏中国制造业、服务业发展的难题。

首先，请各位想想看，草根创业者最担忧的是什么？第一，资金不够；第二，没有平台；第三，消费者对你是不信任的。而这三大忧虑在阿里巴巴系统上统统可以解决。

第一个问题，资金。我们发现，2010—2013年阿里巴巴的小微金融服务为64.2万户的商家提供了资金援助，总贷款金额是1722亿元人民币，但年利息只要6.7%，仅仅相当于银行的基准利率。在商业银行重视大客户的那几年，阿里巴巴为草根创业者提供了多么巨大的实惠。

第二个问题，销售平台。阿里巴巴本身就是一个销售平台，小商户可以在上面低价开店。与此同时，阿里巴巴还为网络小商户解决了物流的问题。告诉各位，现在中国54%的快递都和阿里巴巴有关。在阿里巴巴的带动下，中国最近5年的快递业务年增速达到了43.5%，这个增速是全世界最高的。另外，中国快递行业因为多家竞争，以及大量经验积累的原因，现在可以实现从广东到北京只需要2~3天的运输速度。而在美国，从东海岸到西海岸用比较便宜的快递，一周都不一定能送到。也就是说，在阿里巴巴的帮助下，我们的草根创业者不仅可以享受到便捷的网上销售平台，还可以使用到非常高效的物流系统。

第三个问题，消费者信任度。各位都晓得，阿里巴巴旗下的支付宝就是专门用来解决金融和信任问题的。我们的买家在购买商品后，把钱打到支付宝而不是厂商那里，如果拿到货品后发现不满意，可以选择退货，把钱拿回来。而且我们在阿里巴巴的招股说明书里发现，2014 财年（截至 2014 年 3 月 31 日），支付宝的总支付金额已经到了 3.87 万亿元，相当于每天都有 106 亿元的支付量，占到了中国零售额的 1/6。

各位看看，在网购市场营商环境如此完善的情况下，人人都可以开商店，而且老百姓能够非常放心地和不知道信用状况的陌生人进行交易。说实话，不懂消费者的心，你是无法转型的。

三、中国互联网产业的外沿：全球领先的物流体系

在说完互联网转型新思维之后，我也有必要再说一说互联网产业的线下配套设施。我在这一部分以京东为案例，来说明物流等配套设施对互联网转型思维的助力作用。

京东 2014 年 5 月也在美国上市了，上市后的市值接近 300 亿美元。虽然没有阿里巴巴的市值那么高，但在 2014 年 5 月上市时，它还是创下了当时中国企业在美的最大 IPO。我认为京东在电商大战中的优势不是 B2C 平台，而它又不具备 C2C 平台，我认为京东发展出来的全世界最高效率的物流系统是它最大的优势。京东的物流系统服务于它的 B2C 平台，这就和一般的服务于 C2C 交易的物流体系不同。我举一个例子，什么是服务于 C2C 的物流？比如说顺丰速运，它是直接服务于网络的快递公司，而主要做 B2C 生意的京东，它的物流体系是轮轴型的、发散型的，就是由仓库向各方向发送。

什么意思？我们打一个电话给顺丰速运的客服说："我在这里，你过来收件吧。"顺丰速运的工作人员跑过去拿货，然后送到目的地，这就是所谓的网络型的、格子型的快递模式。但是每一个快递员根本不知道什么时候接到电话，也不知道下一单货是在什么地方，更不知道重量是多少，

当然也不知道里面是什么东西。所以每一个快递员需要腾出 30% 以上的货运空间，来准备迎接这些不可知的包裹，因此服务 C2C 的快递公司的成本是非常高的。

如果京东也使用这种服务于 C2C 购物模式的物流体系，也就是类似于顺丰速运这样的网络式的、格子式的快递服务的话，它要多负担 30% 的空间费用。京东没有使用这种物流体系，而是选择了车轮状的，就是从仓库直接发送到每一个人的物流体系，这为它节省下了 30% 的成本。我认为这是京东和阿里巴巴最大的不同，而且京东的这个物流系统远远超过亚马逊，可以说是全世界最高效的物流系统。

我之所以如此评价京东，因为它的物流体系除了我刚刚提到的节省空间、节省成本的优势，它还有非常成体系的"三板斧"战略。

首先，创造属于京东的全新的物流系统。以京东自营的"211 限时达"为例，如果你每天上午 11 点之前订货，当天下午就可以送到；每天晚上 11 点之前订货，第二天上午就可以送到。目前，京东在全国 300 个城市推广"211 限时达"，实际正在使用的是 31 个，配送的准确率达到了 98%。据我所知，美国的亚马逊正在向京东学习"211 限时达"的物流系统。目前，亚马逊只在中国的几个城市开展了类似"211 限时达"的服务，而且配送的准确率不是很高。

其次，京东有非常准确的货品调配率。根据京东的估算，一个人如果点击进入一个产品网页，他大概需要 2.7 天来考虑是否购买，而最终购买的人数大概占到总点击人数的 10%。根据这个大数据得来的经验，京东在统计完页面点击人数和他们的所在位置后，开始往点击人数比较集中的地区调货。目前，京东遍布全国的一级、二级、三级仓库分别有 6 个、18 个和 600 个。京东根据网页点击率在这三级仓库之间调拨货品，准确率高达 92%。这样做的结果就是，京东的库存周转率是 22 天，并且最大限度地支持了"211 限时达"。那么亚马逊的库存周转率是多少天呢？44 天。

再次，精细化管理。比如在设计运输和包装流程的时候，京东的精细化体现在缠包裹的胶带需要绑几圈，都要经过精密的计算，因为这样可以节约成本。在精细化管理下，过去 3 年京东的物流成本下降了 60%。再看亚马逊，它的物流成本在过去 5 年下降了 50%。

关于非阿里系的京东、苏宁，以及在中国网购市场虎视眈眈的亚马逊，我在《郎咸平说：让人头疼的热点》一书中做了比较全面的比较和分析，有兴趣的朋友可以做一下延伸阅读。

根据我以上的分析，中国网购市场的蓬勃发展既有中国实体店营商环境恶劣抬高最终产品价格的原因，又有其自身突破传统经营思维，以互联网思维模式创造中国制造业、服务业转型契机的原因。我希望，我们的企业家们能够在我的分析下，深刻地体会这种创新的转型思维；更希望我们的政府能够吸取实体店营商环境恶劣的教训，给我们的互联网产业留出一片开阔的发展空间，只要做好必要的监管就可以了。

第五篇
攘外是为了安内：国际经济新布局

第十九章 "一带一路"是中国版"马歇尔计划"吗

我在前面主要讲了中国经济目前的困境——经济结构转型升级受阻、严重的产能过剩、能源对外依存度高、外储过多等。当然，我们的新一届政府也意识到了这些问题，正在进行一系列的市场化改革，比如价格改革、电力改革、电信改革、金融改革、国企改革等，让更多的民间资本进入过去被利益集团霸占的领域，进而让全社会都能够分享到中国改革开放30多年来积攒的红利。国民收入的整体水平提升之后，我们的经济也能由过去的投资、出口拉动型，慢慢转化为和发达国家一样的消费拉动型。

这个转变的思路是对的，但是坦白讲，国内正在发生的这些转变需要一段时间才能完成。而在这段时间里，我们的经济正在遭遇 GDP 增速逐步放缓的新常态。如何能够实现平稳过渡？我认为我们还需要一个全新的经济助推器。我在前面已经说了，在绕过"中等收入陷阱"，国民收入水平全面提高之前，中国经济是无法完全依靠国内消费来拉动的。那么我的问题就是，难道我们还要依靠投资和出口吗？答案是肯定的。但绝对不能再出现另一个"四万亿投资计划"，而就目前的情况分析，我认为新一届政府正在全面推广的"一带一路"国家战略，其主要成型原因之一就是我所说的全新的经济助推器。

此外，跳出经济学的范畴看"一带一路"战略，根据我目前的观察，作为中长期的对外开放战略，"一带一路"将在未来对中国的国际地位、国家能源安全，乃至欧亚大陆的发展都起到至关重要的作用。

一、"一带一路"：推动区域经济一体化，创建全新的欧亚大陆经济体系

那么什么是"一带一路"战略？2013 年 9 月 7 日，在对中亚的访问中，国家主席习近平首次提出共建"丝绸之路经济带"的战略构想；2013 年 9 月 3 日，李克强总理强调"铺就面向东盟的 21 世纪海上丝绸之路"。它们加在一起，就是"一带一路"。此后，在出访哈萨克斯坦、吉尔吉斯斯坦、印度尼西亚、德国、蒙古、塔吉克斯坦、马尔代夫、斯里兰卡和印度等国家时，习近平主席多次强调双方共建"一带一路"，比如中蒙促进亚欧跨境运输，中国和东盟国家加强海上合作等。那么经过新一届政府的不断努力，由中国提出的"一带一路"战略得到了很多国家的肯定和积极参与，在之后的亚信峰会等重要国际会议上都成为了重要议题。2014 年 5 月 13 日，外交部长王毅和中东欧 16 国协调员声明，要把"丝绸之路经济带"和"海上丝绸之路"这样的重大国际合作提上日程，取得更多成果。

背景提示：在 2014 年博鳌亚洲论坛年会开幕大会上，中国全面阐述了"一带一路"战略构想。其中，"丝绸之路经济带"的具体路线图是：

一条北线：北京——俄罗斯——德国——北欧；

一条中线：北京——西安——乌鲁木齐——阿富汗——哈萨克斯坦——匈牙利——巴黎；

一条南线：北京——南疆——巴基斯坦——伊朗——伊拉克——土耳其——意大利——西班牙。

从地理上看，"一带一路"战略路线贯穿欧亚大陆：东边连接亚太经济圈，西边连接欧洲经济圈。而且各位发现没有，"一带一路"的沿线国家，在经济结构上、贸易类型上，都和我们有着互补性。从国际经贸关系上来看，"一带一路"战略是把上海合作组织、欧亚经济联盟、"中国—东

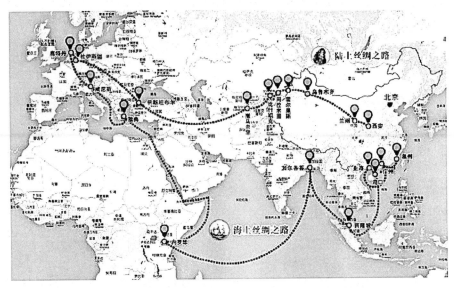

"一带一路"路线示意图

盟 10+1 机制"都统筹了起来。告诉各位,能够想到这一点需要具有非常高的战略眼光。为什么?上海合作组织也好,欧亚经济联盟也好,都是点状的发展格局,那么"一带一路"战略把它们贯穿起来之后,就会形成一个网状的全新的亚太经贸关系。

这个全新的经贸合作关系对我们有什么好处?从国内来看,它贯穿中国东部、中部和西部;纵向看,我们主要的沿海港口城市都将从更加紧密的国际贸易中受益。另外,国际贸易的延展性还将把发展的红利不断向中亚、东盟延伸。

各位都晓得,我们的经济在过去几年中,产生了很多的过剩产能。一般情况下,健康且具有创利能力的产业,其产能利用率在85%以上,而据国际货币基金组织的测算,中国全部产业产能利用率不超过65%。各位知道如此之低的产能利用率,给我们正在转型中的经济造成了多么大的麻烦吗?它让我们完全找不到经济内生性增长的驱动力。更可怕的是什么?我们传统的出口国还非常单一,美国、欧洲和日本占据了我们出口的大部分份额,而这些传统的出口市场已经没有了再开拓的空间。以美国为例,它还在搞自己的"制造业回归",与我们的出口产品打擂台。由此可见,国内的过剩产能很难通过出口欧美日进行消化。

那么谁来代替欧美日,成为我们最新的、对中国产品有巨大需求的出口对象?我认为就是"一带一路"的沿途国家。有些人会说,像俄罗斯、伊朗等国,我们过去都是从它们那里进口能源,我们才是进口国。那么我现在告诉你,现在的国际贸易几乎不存在单边交易的可能性,比如巴基斯坦、孟加拉国、缅甸等,它们的基础设施非常落后,而我们在过去几年中因为大量的基建投资,既产生了水泥等行业的过剩产能,也积攒下了基建工程的丰富经验,这些都是和巴基斯坦等国需求对口的有效供给。各位看明白了吗?我们过去对欧美日出口芭比娃娃、iPhone,现在透过开辟新的贸易路线和产品,可对巴基斯坦、缅甸等国输出水泥等过剩产能。

最后,我们将透过"一带一路"战略实现以中国基本利益为核心的非常重要的区域经济一体化;与此同时,我相信每一个参与到"一带一路"战略的国家,也都会从中获利,和中国形成互惠互利的全新的国际关系。如果"一带一路"战略能够稳步进行,和其他参与国家之间形成一种长期、良性发展的互利关系,并不断扩大覆盖的地理范围,我认为它很可能将起到整合欧亚大陆经济体系的重要作用。

从战略高度看,"一带一路"的战略意义重大。但是很多人会问,"一带一路"和我们老百姓有什么关系呢?我告诉你,关系极为巨大,甚至有可能改变我们未来的商贸环境。我先说"丝绸之路经济带",它不是具体的某一条路,而是我们对中国和中亚、西方来往通道的统称。它在东边可以连接东南亚经济带,然后横向贯穿中国连接东北亚经济带,最后将以中国为核心的东亚经济带与欧洲相连,形成欧亚大陆经济整合的大趋势。目前在中国境内,"丝绸之路经济带"途经陕西、甘肃、青海、宁夏、新疆等地。既然是商贸往来通道,那就肯定会有对铁路、公路、航空、商贸物流,甚至电信、金融、文化等方面的需求。这些都是各个地方政府在自身转型期间非常需要的经济增长点。关于"一带一路"战略为内陆省份带来的建设需求,我在后面和各位详细说明。

再说"21世纪海上丝绸之路",它从海上联通欧亚非三个大陆,最终可以和"丝绸之路经济带"战略形成一个海上、陆地的闭环。更为重要的是什么?目前我们的资源,包括油气、矿产对外依存度非常高,而这些资源主要通过沿海海路进入中国。但是在美国"重返亚洲计划"的干扰之下,我们的海上资源供给线正遭到"南海争端"等问题的干扰。

背景提示:"海上丝绸之路"的形成源自古代时期,东洋、西洋间一系列港口网点组成的国际贸易网。中国境内的泉州、广州和宁波早在唐宋时期就是这个网络的主要组成部分,其他的重要组成部分是东南亚国家,甚至还包括非洲国家。2013年秋,我国领导人在频繁访问东南亚国家的过程中,曾提到过"海上丝绸之路"的主体构架——东南亚地区自古以来就是"海上丝绸之路"的重要枢纽。

那么在这个大背景下,我们能不能透过构建"21世纪海上丝绸之路"的方式和东南亚国家搞好关系,增强海上资源供给线的安全性呢?坦白讲,我认为很难。为什么?我们提出的"海上丝绸之路"和美国推动的TPP有巨大冲突。什么是TPP?它用中文翻译过来就是"跨太平洋伙伴关系协议",目前成员国包括加拿大、美国、智利、新西兰、澳大利亚等在内的12个国家,未来还要有7个国家加入。关于TPP,我将在之后的章节给各位仔细分析。

二、"互联互通战略":加强全方位基础设施建设

关于"海上丝绸之路"的建设,这中间牵扯到很多国家安全、国际政治等问题,我在这里不多做解释。我下面针对"一带一路"战略里面的"丝绸之路经济带"进行分析,因为它涉及了大量的基础设施建设、货物运输成本等经济范畴的问题。

在新一届政府的国家战略里面,我认为"加强互联互通基础设施合

作，促进区域经济互利发展"，是重中之重。其中，互联互通涉及的领域主要是互联网、通信基础设施建设，金融体系建设，以及由公路、铁路、航空、港口等组成的交通基础设施建设。而我们的"丝绸之路经济带"在国内途经的省份基本都在西部地区，这些地方的基础设施相对薄弱。那么为了内外联通顺畅，我们要怎么做？自然是在途经的陕西、新疆等地进行交通设施建设。

根据我们的研究，政府很有可能在西部这些省区建设铁路、公路、口岸、民航等基础设施。这些通路的重点连通对象都在国外，将是中亚、南亚、东南亚地区，在这里面，我认为中老、中泰、中缅、中巴、中吉、中乌等铁路项目可能会被我们的政府优先考虑。

请注意，我在前面提到了，和我们的"丝绸之路经济带"相连接的国家，比如巴基斯坦、孟加拉国、缅甸等大部分都是新兴市场国家（EME）和欠发达国家（LDC），它们基础设施非常落后。所以，第一，它们没有现成的和我们的"丝绸之路经济带"通路相对接的交通设施；第二，它们本国其他的基础设施也很落后。这意味着什么？当我们为"丝绸之路经济带"建设交通基础设施的时候，实际上是在国内和国外同时进行建设。而且我认为，在国外，我们除了建设和"丝绸之路经济带"相关的交通基础设施，还有机会参与到当地其他基建工程中。这就是我们对外输出过剩水泥、基建建设能力的方式。

事实也确如我所预计的，2014 年 5 月 12 日，中国签署了第一个关于丝绸之路的运输备忘录《中华人民共和国交通运输部和土库曼斯坦经济发展部关于交通运输领域合作基本原则谅解备忘录》；2014 年 10 月，APEC 财长会议特别提及了促进基础设施投融资合作的议题；2014 年 11 月，巴基斯坦总理谢里夫访华，中巴或已签署超过 300 亿美元的基础设施项目大单。2014 年 11 月 4 日，中央财经领导小组召开第八次会议，研究的内容就是"一带一路"规划。习近平主席在当时指出，"要抓住关键的标志性工程，帮助有关沿线国家开展本国和区域间交通、电力、通信等基础设施规划，提出一批能够照顾双边、多边利益的项目清单"。再告诉各位，根据兴业证券的测算，亚太区域未来十年间的基础设施投资需求将达到8万亿美元，这对于我们基建行业的过剩产能是一个重大利好消息。

那么请各位想想看，我们建这些交通基础设施只是为了消化水泥等过剩产能吗？如果是这样，那么我们就是在制造更新、更大的过剩产能。既然建了这些交通运输通道，我们就必须高效地利用起来。实际上，这些基础设施的建设本身，就是为了拉动经济增长和就业，提升相关国家的经济发展和民生水平。怎么做？我认为"陆上丝绸之路"最主要的贡献就是，为中国的经济发展提供了两个新的竞争优势：陆路、铁路运输将成为未来中国国际贸易的主导力量，这些在费用、运输时间等方面性价比相对较高的运输方式，将为中国不断提高的生产成本减压。

在这方面，我想以重庆为例来讲一讲。2014年6月，重庆市政府宣布"新丝绸之路"渝新欧铁路开通三年多来的首趟满载列车正式从波兰出发，经过11178公里的路程抵达重庆。这条铁路线路是怎么来的呢？2010年5月，重庆市和多个国家的铁道部门商量，让一个40英尺（相当于12.192米）长的集装箱从波兰运到重庆的运费，从11000美元降到6000美元。怎么做到的？透过三部曲。第一部曲，便捷通关、统一货运、统一货单、一次通关、一次查验，这个流程让原本的11000美元降到了8500美元。第二部曲，中国同哈萨克斯坦、俄罗斯和德国一起，成立了一个新型的物流公司，各自按照轨道的长度入股。由于国家利益牵扯到里面，所以各国就非常主动地解决了宽轨和窄轨的问题，又使得运费在原来的8500美元的基础上降低了1000美元，降到了7500美元。第三部曲，过去的火车运输都是单向运输，送货物出去，回来可能空车回来。而2014年6月12日开出的波兰至重庆火车，去是满载，回来也是满载，使得运输成本大幅降低，终于降到6000美元。

各位晓得一个货柜的运输成本降低近一半的意义是什么吗？这是我们制造业前所未有的优势，而这种优势是我们过去所没有想到的。现在，我们透过欧亚之间的火车运输——比较优势甚至超过飞机、轮船，开启了一个所谓的火车运输革命，这将大幅降低运输成本。

在这里我想特别说明一点，重庆和其他"丝绸之路经济带"上的国内城市都将背负起重要的使命，但是这不等于说地方政府就可以此为借口，继续大搞建设，建一些"一带一路"战略完全用不上的基建。我为什么会有这种忧患？因为我已经看到了一些不好的苗头。比如，陕西希望借助"陆上丝绸之路"，引进自由贸易区，国际化程度甚至要超过上海；再看宁夏，它是想借助"陆上丝绸之路"的开放程度，进一步招商引资；甘肃是直接寄希望于基础设施建设，打算将"陆上丝绸之路"的甘肃段打造成一个所谓的"甘肃综合建设区"；新疆维吾尔自治区也是注重机车设施建设，打算借助"陆上丝绸之路"建立一个"综合运输三大通道"，换句话说，就是建立公路和开放口岸。

按照这些省区提列的计划，陕西和宁夏把"陆上丝绸之路"当作了自由贸易区，把它当成了一个简单的基础设施建设。之后，我们经常在媒体上看到评论，说"新的丝绸之路"是雷声大雨点小。这就是我批评地方政府的症结所在，我们必须弄清楚，"新的丝绸之路"不是在搞经济刺激政策，不是在搞自由贸易区，更不是在大搞基建。

我们的新一届政府在确定"一带一路"战略之后，确实重点调研过新疆、福建、宁夏、陕西。其中，新疆已经被确定为"丝绸之路经济带"的核心区；福建也被赋予建设通向中西部和东南亚运输大通道的使命；陕西是发展临空经济产业，构筑"空中丝路"。请各位仔细分析中央政府的意图，这些地方都是有明确的分工，都是有真正重要的事情做的，那么它们就应该把中央政府给予的分工做好，如果有必要和余力再去搞所谓的自贸区。

三、"一带一路"：为中国的国际能源合作提供载体

在"一带一路"战略的基建项目中，能源基础设施建设是非常重要的一环。为什么？目前，包括中国在内的亚太地区国家普遍存在能源安全问题，只有透过更多元化的能源合作，才能维持我们的能源安全。2014 年 9

月 2 日召开的第 11 届 APEC 能源部长会议上，国家发改委副主任、能源局局长吴新雄表示："我们倡导开放、包容、合作和可持续的亚太能源安全能源观。一方面维护亚太地区能源供应多元化和能源供应安全，推动能源价格平稳机制；另一方面不局限于双边合作安全，更应建立多边、地区安全机制。"

所以我们看到中国与亚欧、非洲、美洲等国家的对外合作中，电力、油气等能源合作一直被当作重中之重，成为维系大国能源外交的生命线。比如，我们在 2014 年和俄罗斯签订了两个能源大单。

想想看，油也好、气也好，它们肯定是通过油气管道才能正常运输，所以能源基础设施建设就成了维护能源安全的前提。那么在"一带一路"战略中，打造能源通道——修建铁路、公路、油气管道等——成为重要职能。目前，"丝绸之路经济带"中的油气管道建设包括西北、西南、东北的油气运输战略通道，其中，中俄、中亚天然气管道，中哈原油管道也都会作为重点项目建设，连接中亚资源地与中国市场；中俄电力通道都会进行部署、建设或升级改造。

我在这里对重要的能源管道做一个细致的分析。第一，中哈原油管道是我国首条长距离跨国输油管道，全线总长度 2800 余公里。目前，中哈原油管道增输扩建改造工作已完成，实际输送能力可以达到 2000 万吨/年。第二，中国—中亚天然气管道。告诉各位，中国—中亚天然气管道 A/B 线和国内西气东输二线相连，C 线和西气东输三线相连。此外，中国—中亚天然气管道的 D 线已经开工建设，计划 2016 年投产，它将与国内正在规划的西气东输五线相连。等到这条线路全部建成，中国从中亚进口天然气的输气能力就会从 550 亿立方米/年提升到 850 亿立方米/年，成为中亚地区规模最大的输气系统。第三，中俄油气管道互联互通。2014 年 5 月，俄罗斯天然气工业公司和中国石油签署了对华供气合同。根据合同规定，从 2018 年起，俄罗斯开始通过中俄东线天然气管道向中国供气，输气量逐年增加，最终达到 380 亿立方米/年。

再告诉各位，我们和俄罗斯的能源合作还将不断深入。继 2014 年 5 月中俄签订第一单能源大单《中俄东线天然气合作项目备忘录》后，当年10月，中石油管道公司称收到《国家发改委办公厅关于中俄东线天然气管道项目有关问题的复函》，这意味着中俄东线管道工程项目预计可在2015年上半年开始中国境内段建设，在2018年竣工投产。在东线准备建设的同时，中俄天然气西线管道谈判也已经启动，结果就是我们在2014年11月的APEC会议期间，促成了和俄罗斯的第二单能源合作，俄罗斯在未来的30年内向中国再多出口300亿立方米/年的天然气。关于中俄能源大单，以及中国能源安全的问题，我在后面的章节将会和各位仔细分析。

告诉各位，根据我的研究，在能源通道的建设过程中，国内的汽轮机、发电机厂商，甚至电网设备厂商都将从中受益，获得大量订单。另外，一旦能源通道建设成功，中国西部以及中亚地区的煤炭、油气资源等也都将收获更大的市场。总结而言，"丝绸之路经济带"在前期会给我们的油气基础设施行业带来利好，之后则是给资源开发、物流、资金流、信息流等贸易服务行业带来利好。

四、"一带一路"：助推人民币国际化

透过"新丝绸之路"，人民币可能加快成为国际结算货币的步伐。根据我们查到的数据，2013年以来，全世界有124个国家的主要贸易国，或者说最大贸易国是中国。可是我们的贸易用什么货币结算？用美元。没有办法，现在还是美元结算的时代，人民币很难和美元竞争。

但"一带一路"不一样，因为途中经过的国家没有统一的结算货币。以"丝绸之路经济带"为例，从西向东数，德国、波兰、俄罗斯、哈萨克斯坦、土库曼斯坦、吉尔吉斯斯坦、伊朗等国，大部分是东欧国家，它们都是和美国关系不好，和中国关系比较好的国家，其中比较难缠的是德国和俄罗斯。但是，2010年我国政府和俄罗斯签订协议，贸易结算可以使用双方的货币。2014年3月，我们又和德国签署协议，可以用人民币做结算货币。因此这些国家从西到东，基本上都有可能采用人民币结算，这意味

着什么呢？人民币有可能成为一个区域性的货币。

但要想实现这个目标，我们必须做到两点。第一，我们要和"丝绸之路经济带"上的国家尽量保持贸易逆差，为什么？比如我们和土库曼斯坦交易，比如买它 100 万元人民币的石油、天然气，我们拿到能源，让土库曼斯坦拿到 100 万元人民币。因此，我们只有通过贸易逆差才能不断向邻国输出人民币，只有逆差才能让我们的贸易伙伴持有人民币。所以我们如果全面实行"新丝绸之路"经济带，那么首先要对涉及的各个地方政府加上一条"贸易逆差"这个考核点。

第二，要鼓励中国以外的两国交易，也用人民币结算，保证人民币的流通性和国际化。我们怎么能要求别的国家用人民币结算？提供给它们其他国家没法提供的优势——只要是"丝绸之路经济带"上的国家，以人民币做贸易结算工具，可以最优惠的价格来我们这里换你需要的外币。比如，央行可以提供比国际汇兑再优惠 5% 的价格。透过优惠的兑换措施，让其他国家乐于持有人民币。

所以，我认为我们有可能透过在"丝绸之路经济带"实行贸易逆差、外汇补贴两项措施，加快人民币的国际化。另外，我还建议对于"海上丝绸之路"，比如越南、老挝、缅甸等地，先实行类似于"丝绸之路经济带"使用的互联互通战略。为什么？因为我们发现，这几个国家的北部贸易都是用人民币结算。既然我们的"海上丝绸之路"面临困难，不如在其中选取几个国家，我们先实行所谓的"第二个丝绸之路经济带"战略，特别是人民币国际化战略。那么，它的好处就是能够复制我之前提到的"丝绸之路经济带"的优势。这样一个战术转变，我相信会给中国未来发展"一带一路"、发展区域经济带来重大贡献。

五、中国正在酝酿属于自己的"马歇尔计划"吗

新一届政府继任之后，我们能明显地感觉到中国在大国崛起的过程中，正在不断地和世界其他国家形成一种更加紧密、互惠互利的合作关

系。其中，"一带一路"战略是至关重要的一环。除此之外，我们和其他国家的合作往来还透过 APEC 会议、亚信峰会、金砖国家会议等机制实现。

在 2014 年 11 月举行的北京 APEC 峰会上，我们可以说是把崛起的步调做了一次集中展示。总结起来一共两条：第一个是"启动亚太自由贸易区进程"，第二个是"加强全方位基础设施和互联互通建设"。从这个议题就可以看出，本次 APEC 会议的主题和中国正在实施的"一带一路"战略契合度非常高。而在 APEC 会议促成的多项合作，也可以算作是"一带一路"战略的辅助工程。我在这里就讲其中三个最重要的创举——建立亚洲基础设施投资银行、丝路基金，以及成立亚太自由贸易区（FTAAP）。

2014 年 10 月 24 日，在 APEC 召开之前，中国和印度、新加坡在内的 21 个意向创始成员国代表签署了《筹建亚投行备忘录》，域内意向创始成员国将启动章程谈判和磋商。21 个国家包括孟加拉国、文莱、柬埔寨、中国、印度、哈萨克斯坦、科威特、老挝、马来西亚、蒙古国、缅甸、尼泊尔、阿曼、巴基斯坦、菲律宾、卡塔尔、新加坡、斯里兰卡、泰国、乌兹别克斯坦和越南。大家仔细看，这 21 个国家有什么共性？第一，它们都在中国周边；第二，它们都在"一带一路"经济带上；第三，基本上所有国家都和中国的高铁（铁路）有合作或者有合作意向，都是我们的潜在客户。

2014 年 11 月，习近平主席在 APEC 峰会上表示，中国将出资 400 亿美元成立丝路基金，为"一带一路"沿线国家的基础设施建设、资源开发、产业合作和金融合作等与互联互通有关的项目提供投融资支持。财政部部长楼继伟随后表示，按照目前工作计划，亚投行将在 2015 年年底前投入运作。

关于亚投行和丝路基金的建立，最不高兴的就是亚洲开发银行和美国。为什么？先说亚洲开发银行，它和这两个新的金融机构的工作性质有非常高的重复性。亚洲开发银行的总裁中尾武彦就明确表示，"不欢迎成立一家目的基本相同的区域性银行"。

美国为什么也不欢迎亚投行和丝路基金？它实际上是忌惮这两个金融

机构支持的"一带一路"战略，以及由此带动的中国崛起。告诉各位，截至 2013 年底，中国已经是 124 个国家的第一大贸易国，"丝绸之路经济带"途经的哈萨克斯坦、乌兹别克斯坦、俄罗斯、吉尔吉斯斯坦、土库曼斯坦、伊朗等第一或第二大贸易伙伴都是中国；东盟整体的第一大贸易伙伴和第一大出口目的地也是中国。可以这么说，日渐崛起的中国正在一下下敲击美国的危机意识。那么为了打击崛起中的中国，美国推出了"重返亚洲计划"，关于这一点我在著作《郎咸平说：让人头疼的热点》一书中做了详尽说明。其中，美国主导的跨太平洋伙伴关系协议（TPP）开出了把中国排除在外的加入条件，其实际目的就是为了联合中国周边国家，或者主要贸易伙伴建立起一个把中国排除在外的全新的国际贸易组织。关于这一点，我在本书后面的章节会为各位做详尽的解读。

继续说亚投行和丝路基金的建设问题。根据各国签署的《筹建亚投行备忘录》，亚投行的法定资本为 1000 亿美元，各意向创始成员国将以 GDP 衡量的经济权重作为各国股份分配的基础。也就是说，这 21 个国家谁的 GDP 多，谁就为法定资本金多做贡献。有些人会说，根据这个规定，如果美国要求加入，以美国的经济体量，它肯定是出钱最多，话语权最多的国家，那么它势必会成为亚投行的主导。告诉各位，美国不可能参加，为什么？亚投行成立之初就规定，它是为基建服务的，再说得具体点，就是为高铁服务。在高铁这个领域，美国和日本的企业都没有比较优势。所以美国在亚投行占的份额越大，越是为中国这样高铁行业有领先优势的国家做贡献。

我给各位举一个高铁的例子，在车体建设上，美国、日本、瑞士、德国等国的企业利润率比我们高得多，但是它们在基建上没有优势。高铁最大的建设成本不是车体本身，而是基建。世界银行发布的《中国高速铁路：建设成本分析》的报告指出，截至 2013 年年末，中国已建成的高速铁路网远远超过世界上任何其他国家，而中国的高铁建设成本至多只有其他国家的 2/3。因此，如果举行高铁招投标的话，美国、日本和德国的企业都不占优势，所以美国不愿意为亚投行出资。

那么除了美国之外的其他国家是如何看待亚投行和丝路基金的呢？它们都非常欢迎。根据亚洲开发银行的测算，2020 年以前亚洲地区每年的基础设施投资需求高达 7300 亿美元。对于巴基斯坦等国家来说，亚投行和丝路基金愿意借钱给它搞基础建设、发展经济、解决就业，何乐而不为。再比如，老挝有很多水果、农作物，但在收获季节却只能堆在港口没法运出去，因为它的港口吞吐量不够。如果它加入到"一带一路"战略的大布局里面，和我们形成互联互通的合作关系，再透过亚投行和丝路基金贷款修港口。那么对于老挝的经济来说就是一个巨大的利好消息。其实，很多国家都像老挝一样，有生产能力，没有贸易能力。那么我们设计的"一带一路"战略就是把内陆国家和沿海国家通过公路网、铁路网连接起来，既解决中国的经济问题，又为世界提供更多价廉物美的商品，并且透过更大范围的国际贸易帮助其他国家发展经济。有关 APEC 会议的内容，我会在本书后面的章节为各位做更加详细的分析。

关于中国的"一带一路"战略，很多人把它形容成中国版的"马歇尔计划"。前世界银行首席经济学家林毅夫就曾表示："今天的世界需要新的'马歇尔计划'，促进全球范围对基础设施的投资，以打破发展中国家的经济增长瓶颈，并给高收入国家的结构性改革提供空间。"那么我们的"一带一路"战略是所谓的新的"马歇尔计划"吗？

背景提示：第二次世界大战结束后，全球经济百废待兴。其中的德国、法国等国因在战争中遭到严重打击，更是急需大量的工业原料和产品。美国为了遏制共产主义在此时侵入欧洲，选择帮助西欧国家进行重建。美国在当时是全球唯一的工业强国，但与此同时，它因在"二战"期间扩充了大量产能，正在经历产能过剩的阵痛。就在此时，美国拿出了130 亿美元，对西欧国家进行经济援助。在金本位时代，这相当于美国自身黄金储备的 65%，且占当时世界黄金储备的 38%。获得救助的欧洲国家又只能拿钱去向美国买东西，这相当于同一笔钱转一圈又回到美国手中。凭借"马歇尔计划"，美国获得了两大好处：

第一，解决了美国国内的产能过剩问题。"二战"期间，美国向全球出口军需用品和各种工业品，其生产能力在"二战"时期扩张了约50%，工业生产总值占资本主义世界工业生产总值的56.4%。但在战争结束后，又制造了大量过剩产能。借助"马歇尔计划"，美国先是借钱给欧洲国家，再把过剩产能卖给它们，拿回资金，同时成为欧洲的债权国，主导欧洲政治。

第二，布雷顿森林体系能够推行很重要的原因是美国能控制欧洲，美元和黄金挂钩，成为全球通用货币，美国可以通过印美元在全球买东西。

今天的中国和"二战"结束后的美国有很多相似之处，比如经济都出现了严重的产能过剩，外汇储备量庞大。由此看来，我们完全应该借鉴"马歇尔计划"的思路，透过"一带一路"战略和亚投行、丝路基金等消除过剩产能，寻找新的未来经济增长点，以及推行人民币国际化，透过这一套组合拳，或者说中国版"马歇尔计划"实现国家崛起。

第二十章　国际能源新常态：能源安全大战一触即发

随着中俄关系进入新一轮"蜜月期"，我们和俄罗斯之间在能源领域的合作不断深入。2014 年 5 月 21 日，习近平主席和俄罗斯总统普京在上海签订了《中俄东线天然气合作项目备忘录》。根据备忘录的规定，从 2018 年开始至未来的 30 年时间里，俄罗斯每一年向中国输气 380 亿立方米，总金额差不多有 4000 亿美金，单价相当于 350 美元/千立方米。11 月 9 日，也就是召开 APEC 会议的时候，中国又和俄罗斯签订了第二轮天然气大单——俄方将在 4 ~ 6 年后，向中国每年多供应 300 亿立方米的天然气，且为期 30 年。两单天然气大单签订后，中国超越德国，成为俄罗斯最大的天然气客户。

透过研究这一系列的能源合作，中俄两国在经济发展上的互补性，以及不断变化的国际局势等方面，我发现我们的新政府正在布局一个前所未有的能源安全新常态。

一、中俄天然气大单是两国政经需要的必然选择

我在这里，就透过中俄天然气大单这个话题，来和各位好好分析一下中国的能源安全新常态。根据媒体的报道，在中俄签订的第一轮天然气大单中，我们将以 350 美元/千立方米的单价从俄罗斯进口天然气。另一方

面，根据媒体的报道，我们从土库曼斯坦和乌兹别克斯坦进口天然气的单价大概是 340 美元/千立方米。有人会问，我们和俄罗斯签订的合同单价比之前要贵 10 美元，我们不是亏了吗？

我请各位用更加深远的国际视野再去仔细观察这个问题。俄罗斯现在每年卖给欧洲的天然气单价是 415～450 美元/千立方米，其中卖给东欧经济相对落后的国家是 350 美元/千立方米。所以从俄罗斯目前的价格来看，它确实为我们提供了最低价格。另外，请各位注意，协议里所说的 350 美元/千立方米指的是 2018 年以后的天然气单价。考虑到国际能源变化以及地区间关系，350 美元/千立方米在那时可能确实会是一个比较低廉的价格。

好了，撇开单价这个环节，我认为我们更应该深入地探讨一下中俄两轮能源大单成交的契机。告诉各位，中俄之间的天然气合作其实已经谈判了十多年，为什么在 2014 年大功告成？

过去这个项目一直谈不太拢，因为俄罗斯的主要供气国是欧洲，它对中国的需求不是那么感兴趣。另一方面，坦白讲，中国这几年也不急着向俄罗斯买气，因为我们有很多自己的问题要解决。所以在双方都不是很急切的情况之下，连续两个数目庞大的能源大单很难谈成功。

转机出现在乌克兰危机以及克里米亚危机的相继爆发，特别是克里米亚危机让欧美等国受到了极大的震撼。现代式的领土纷争和过去是完全不一样的，这就造成俄罗斯和欧美之间形成了极大的军事和政治方面的对峙。

那么在这场对峙中，俄罗斯的优势是什么？就是它庞大的能源输出能力。以东欧为例，它 100% 的能源来源于俄罗斯；以北欧为例，60% 的能源也来自俄罗斯。所以对俄罗斯而言，它透过能源供给这一项基本上就可以控制东欧和北欧。有的人可能会说，欧洲政治、经济的双引擎不在东欧和北欧，而是中欧的德国和西欧的法国。那么我再给各位一组数据，德国有 37% 的能源仰赖于俄罗斯，法国也有 18% 的能源仰赖于俄罗斯。

根据以上数据，请各位朋友注意一下，如果欧洲各国对俄罗斯的能源依赖程度，东欧达到100%，北欧达到60%，连德国、法国都分别是37%和18%的话，你能不能想象到俄罗斯在整个欧洲的影响力有多强大？一旦某一欧洲国家和俄罗斯发生冲突，俄罗斯完全可以从能源上对其进行打击。比如乌克兰，它过去经常拖欠俄罗斯天然气钱不给，俄罗斯就以冬天"断气"的方式催债。那么乌克兰危机爆发后，俄罗斯还是用了"断气"催缴的老方法。因此，乌克兰在与俄罗斯发生冲突后，只能源这一项就被俄罗斯搞得非常被动。这就是现代能源战争的威力，如果俄罗斯不是掌控着欧洲能源的绝对话语权，怎么会如此轻易地搞得乌克兰狼狈不堪？

乌克兰危机和克里米亚危机的爆发，对其他欧洲国家而言，是另一重的震撼。欧洲国家非常警觉地意识到，必须保证能源独立，才能在与其他国发生冲突后不被掣肘。怎么做？举例来说，德国现在希望把对俄罗斯的能源依赖度降低，怎么办？它改从加拿大进口能源。

另外一点，美国在2013年的能源自给率已经达到了87%，当年12月份的这一数据甚至到了90%。而根据石油公司BP的报告，美国在2018年将会成为能源净出口国。所以，美国已经从一个能源消耗大国、能源进口大国，逐步变成能源输出国，比如向欧洲出口天然气等。对于俄罗斯而言，老对手美国变得更加强劲，可以在能源上抢夺自己与欧洲的订单。

所以俄罗斯目前的形势是，欧洲最主要的国家都在慢慢降低对它的能源依赖，与此同时，美国对欧洲的能源供给可以慢慢补充俄罗斯的缺位，俄罗斯对欧洲的影响力正在慢慢消退。就在这个时刻，俄罗斯想起来自己还在和中国进行为期十余年的能源谈判。在这种情况下，俄罗斯肯定非常愿意和中国缔结能源合约。

再来看中国的能源问题。最近几年，我们的能源对外依存度越来越高，再加上爆发了东海和南海争端等事件，这使得我们的政府必须把能源安全的新常态定位在多元化上。我给各位举个例子，目前的数据显示，我们的石油对外依存度是58%，其中50%都是从中东地区进口的。一旦美国透过控制马六甲海峡，阻碍我国对中东石油的进口，就会直接威胁到中国的能源安全。所以中国在此时选择向澳大利亚、俄罗斯进口能源，分散自己的能源进口渠道就成为了必然。那么在美国一步步实施"重返亚洲计划"，透过中东对我们实施能源围堵的时候，我们转身向北与俄罗斯签订能源合作大单，可以说是一拍即合，也是非常正确的决定。

二、德国能源安全的路径：进口多元化

如果我们只把眼光停留在中俄两轮天然气合作大单上，我认为这是非常不够的。希望各位能够在表面问题之下，和我一起探索更深层的、有关世界能源最新一轮危机的问题。

我们和俄罗斯签订的天然气合同一直被媒体报道为"双赢"，但很多人并不知道一个巨大的危机正在冉冉升起，它笼罩着中国、俄罗斯，甚至是欧洲各国。是什么呢？是一个我们过去可能没有花太多心思研究，或者是还没有意识到的一个全新的能源战争。这个能源战争的主导国不是俄罗斯，也不是欧洲，而是已经基本实现能源自给自足的美国。

我们在前面提到过，美国在 2018 年将成为能源的净出口国，它会做什么呢？美国一定会透过能源战争控制欧洲、中国以及俄罗斯，这也是我最关注的事件之一。目前，中国的能源结构和欧洲，尤其和德国是非常类似的，所以我就把中国、德国、法国放在一起，给各位分析一下中国当前的能源问题，以及美国有可能乘虚而入的途径。

请各位注意，德国、法国和中国目前的能源来源是非常多元化的。其中，中国的能源结构和 40 年前的德国很像，58% 的能源来自于进口。德国目前是 75% 的能源来自于进口，如果我们继续发展下去，也许能源进口比例也要达到德国现在的水平。

另外，仔细分析德国过去的能源进口结构，在 1973 年之前它 70% 的能源来自于中东。1973 年爆发世界石油危机之后，德国人对中东国家实施的石油禁运感到非常恐慌，所以将对中东原油 70% 的依存度一下子降到了 4%。现在，俄罗斯又再次爆发乌克兰危机和克里米亚危机，德国人又希望透过加大对加拿大能源的进口力度，把对俄罗斯的能源依存度降下来。

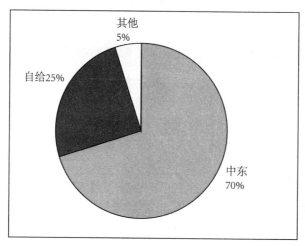

20 世纪 70 年代德国能源来源

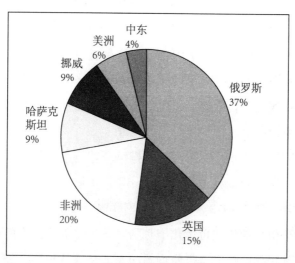

2013 年德国能源来源

　　中国现在其实和 40 年前的德国有非常相似的处境和想法。我们现在进口原油中对中东的依存度达到了 50%，风险太高了。各位都晓得，中东是由美国掌控的，一旦美国加强实施它的"重返亚洲计划"，继续针对中国制造一些麻烦，我们对中东原油如此高的依存度就是非常危险的突破口。所以，我认为中国继续走德国能源的发展路径，也就是继续坚持多元化进口路径的能源战略是正确的，而且我认为这也是唯一能走的路。

三、美国透过两次石油战争，操纵了国际石油市场

我把中国、德国、法国这类实施能源进口多元化战略的国家列为一类，把俄罗斯、未来的美国这类能源自给自足的国家列为另外一类。请各位注意，在这种情况之下可能发生能源战争吗？当然可能，不要以为能源进口国实行能源进口多元化就能解决危机。那么是不是像俄罗斯那样能源完全自给自足就能避免发生能源危机呢？也不是。我们必须抛下教科书里的旧思维，认识到一个现实——全新的能源战争一旦爆发会对所有国家造成重大打击。

什么是全新的能源战争？它其实从 2008 年就开始了，原理非常简单，那就是美国继续 1973 年以来一直在做的，牢牢地控制住能源价格。我以石油为例，石油价格上涨就打击中国和欧洲这种进口原油的国家，石油价格下跌就打击俄罗斯等国这种以出口原油为主要经济支柱的国家。而美国自身因为在逐渐实现能源自给自足，所以不管现在石油价格是涨是跌，对它的影响都不会有对中国、俄罗斯等国的严重。

首先，我想谈谈美国是如何控制、操纵全球石油价格的。我们分成两个阶段来讨论，第一阶段是 1973—2003 年这 30 年，是石油供需决定价格的阶段。各位是否知道 1973 年中东产油国联盟 OPEC 发动了一场震撼全世界的石油禁运危机，油价在短短几个月的时间里暴涨。这次的石油禁运给美国和欧洲带来极大的伤害，也使得美国人清楚地认识到，如果能源进口问题不解决的话，美国将被石油所绑架。美国的经济发展需要石油，但它又不想被石油绑架。怎么做？美国经过一个长期精心的策划来摆脱石油进口对自己经济发展的遏制，然后反手一斧头砍向中东和其他国家，透过全球石油定价反制其他国家。

在第一个阶段，中东当时生产的石油占到全世界总量的 50%～60%，完全控制着石油市场的走向，它一旦实施石油禁运这类影响国际石油供需

的动作，欧美各国是无法挺得住的，它们的经济也是无法渡过这个难关的。美国反制 OPEC 是透过"两板斧"的战略实现的，这个战略在我看来相当的高明。

第一板斧击溃 OPEC。美国要击溃 OPEC 就需要在这个联盟之间找到一个反叛者，它找的是沙特。沙特这个国家和周边的阿拉伯国家不一样，它是阿拉伯世界唯一一个君主制国家，其他国家都想对它输入革命。沙特王室为了保护自己家族的利益，肯定会和周边的阿拉伯国家有冲突。1973 年 OPEC 实施石油禁运的时候，沙特也在 OPEC 之中。但它同时还在国家治理方面遭遇周围国家的围攻。当时南也门有 1500 名苏联的军事人员，此外，叙利亚、埃塞俄比亚和伊拉克也有很多苏联的军事人员。苏联的势力在沙特周围形成了一个包围圈。沙特王室非常恐惧，因为他们怕被推翻。

在恐惧之中的沙特王室之后是怎么做的？他们向美国求助，"请大哥帮助维系我们这个家族专制政体"。美国及时地抓住了沙特的这个软肋，从 1976 年到 1980 年的 5 年期间，向沙特大概出售了 700 亿美金的武器。而沙特在 1985 年，则完完全全地正式投靠美国。

我再告诉各位，沙特是 OPEC 国家中最大的产油国之一，如果它都背叛了 OPEC，请问 OPEC 联盟还怎么维系呢？ OPEC 说减产，但沙特在美国的授意下马上增产，这种内讧让 OPEC 的威力大大减弱。这就是美国在石油战争中使出的第一板斧，它成功地策动了反叛者沙特。

在这一阶段，美国还挑动伊朗和伊拉克爆发两伊战争，怎么做到的？ 1974 年，OPEC 结束了对美国的石油禁运。1975 年，时任美国国务卿的基辛格和当时伊朗的国王巴列维说，"你和伊拉克对阿拉伯河的归属是不是还有争议？美国可以给你提供军事帮助"。不过巴列维王朝不争气，在 1977 年因国内政变被推翻了。新掌权的霍梅尼上台后非常反美，导致伊朗和美国断交。在这之后，美国又找到了伊拉克，承诺给它军事帮助，让它进攻伊朗。这个挑拨奏效了，最终引发了两伊战争。

各位知道美国为什么要挑拨两伊战争吗？因为这两个国家也是 OPEC 成员国，挑拨的结果就是到 1979 年战争前夕，两个国家为了准备打仗都减少了原油产量。伊朗的石油生产从每天600万桶跌到100万桶，伊拉克从每天350万桶跌到100万桶，导致整个OPEC的石油供应量下跌了7%。有人会说，原油开采量减少，会导致原油售价上升，美国在当时还是原油进口国，它吃亏了呀？结果恰恰相反。石油产量下跌导致原油价格攀升，但同时激起了其他国家开采石油的兴趣，因为大家都想高价卖石油。所以产量一跌，价格一上去，反而使得更多的非OPEC国家开始开发油源，勘探新的石油区块。

非OPEC成员国加入开采石油大军后，导致OPEC国家的石油产量从原来占全球总数的50%以上，一下子降到了30%～40%。另外，还导致全球原油在1982年出现供大于求的现象。在第一阶段末期，我们看到世界原油市场在美国的搅动下，出现了OPEC影响力下降，以及原油供给非常充分这两个关键转变。所以我说，美国成功地打赢了第一阶段战役。

接着进入第二阶段，也就是2003—2013年，在这段时间里美国透过操纵期货市场，操纵全球石油价格。美国这么做是针对谁？就是我刚刚讲的欧盟、中国和俄罗斯。它怎么操纵期货市场？全球原油价格由两个期货交易所决定，一个是美国的西德克萨斯轻质原油（WTI）指数，一个是伦敦石油交易所的布伦特指数。美国的高盛、摩根大通、花旗等投行建立了一个叫作国际商品交易所（International Commodity Exchange，ICE）的机构。这个ICE直接经营着30%～40%的西德克萨斯轻质原油的期权交易，后来还买下了伦敦国际石油交易所（ICE），掌控布伦特指数走向。

自此之后，美国投行的一切目的就是围绕着美国利益最大化而进行石油价格操纵。请记住我在讲述第一阶段结尾时提到的，原油已经不像过去那样是稀缺产品了，它的供应是充分的。在此背景下，美国透过第二阶段对石油期货价格的操纵，随意地控制全球石油的价格，高可以达到147美元/桶，低可以达到30美元/桶。请各位注意，原油价格还驱动着全世界其他主要大宗商品天然气、铁矿石、铜等的价格，它们的价格不能说100%都由原油价格决定，但基本上都会受到石油价格波动造成的冲击。

所以，美国透过第二阶段掌控全球石油价格这个利器，已经将打击对象锁定为欧洲和俄罗斯。从 2008 年开始，美国就在酝酿发动一场惊天动地的现代能源大战。这场能源大战是极其可怕的，而且我相信这场大战还会牵扯到中国，就算我们的能源来源做到多元化，也逃脱不了被打击，俄罗斯能源 100% 自给自足也逃脱不了被打击。那么美国如何透过操纵期货市场打击欧洲、中国和俄罗斯的能源市场呢？

四、美国利用能源+金融战争，消除欧元对美元的威胁

我在这里想用实际的案例为各位讲解，美国是如何从 2003 年开始操纵国际大宗商品价格的。我先讲全世界的石油格局。美国到了 2014 年，基本上超过 90% 的能源都能自给自足。到了 2018 年，它将会像俄罗斯一样不但成为能源自给自足的国家，而且还有能力出口，成为能源的净出口国。只要美国本土的能源不发生问题，它一定会发动能源战争，目的是什么？打击欧洲、中国、俄罗斯。欧洲我只谈两个主要经济体，一个是德国，一个是法国。请看这两个国家的能源来源图，它们的能源来源还是比较多元化的。

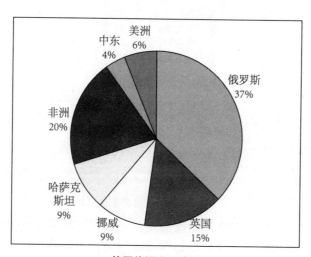

德国能源进口地区

那么再看中国的能源来源图，会发现我们和德国、法国一样也是非常

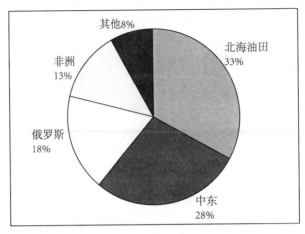

法国能源进口地区

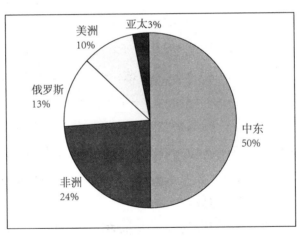

中国能源进口地区

多元化的。我在前面说过，多元化本身是对的，因此我把中国、德国、法国并成一个集团，叫作能源来源多元化集团。把俄罗斯这类能源100%自给自足的国家划为另外一个集团，叫作能源自给自足集团。

这两个集团看上去好像都能保证能源安全，这种想法是错误的。记住我的话，只要是用一般认知去判断全球能源问题，基本都是错的。比如说中国、德国、法国的能源来源这么多元化，美国要制裁我们，我们就从中东买；中东制裁我们，我们就从澳洲买；澳洲制裁我们，我们就向俄罗斯买。反正我们的能源来源非常多元化，应该不会受到打击。这种想法大错特错。

在全新的能源战争思维之下，像中国、德国、法国这类能源来源多元化集团，或者像俄罗斯这类能源自给自足集团，受到的打击都是相同的。为什么？美国透过操纵石油价格，上涨的话就打击中国、欧洲，下跌的话就打击俄罗斯。这个战争已经开始一段时间了，而且到 2018 年，美国彻底成为能源自给自足的国家以后，它的态度一定会更为强硬，下手一定会更加狠毒。

我在这里主要讲一讲美国在 2003—2013 年，也就是在它逐步控制全球能源期货价格的时间段里，是如何策动新一轮全球能源大战的。1999 年欧元问世各位都记得吧，但是欧元一经面世，汇率却是一路狂跌。请看下页这个图，欧元问世之后，汇率一路狂跌，一直跌到 2000 年 11 月才停止。为什么止跌？因为当时的伊拉克政府宣布，它卖的石油将以非美元计价，比如大家可以用欧元计价买伊拉克的石油。到了 2002 年 4 月，OPEC 的高级代表在演讲的时候表示，OPEC 正在考虑将石油改为欧元计值的可能性。这个谈话一出来，随后 8 个月欧元兑美元汇率持续上涨了 24%。2002 年当年，全世界国际贸易中有 50% 是用美元结算，30% 则是用欧元结算。欧元在诞生两年之后，已经成为除美元之外的第二大国际结算货币，严重地威胁到美元的国际结算货币地位。

然后到 2003 年 3 月，时任伊拉克总统的萨达姆宣布，以后任何国家要向波斯湾国家买石油，用欧元、日元、英镑等货币都可以，总之就是企图再次边缘化美元。面对萨达姆的公开挑战，美国政府只有两个选择。第一个选择就是承认现实的残酷，然后让美元、欧元同时作为石油的结算货币。一旦欧元崛起，欧盟会怎么做呢？它就开始像美国一样，滥印钞票向其他国家买产品，或者是向中东国家买石油，在国际贸易上和美国分庭抗礼。另外，欧元的崛起还将让很多的热钱从美国的股市、房地产、战略市场等地方撤出，使得美国的金融资产和实物资产价格暴跌，造成经济危机。那么情况一旦发展到这个阶段，美国经济就将陷入重大危机。

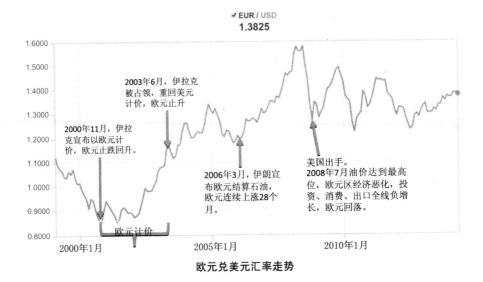

欧元兑美元汇率走势

　　第二个选择呢？置萨达姆于死地，将这个叛乱的火苗立即消灭掉。这就是为什么美国小布什政府在 2003 年 6 月发动伊拉克战争，当时给出的理由是伊拉克拥有大规模杀伤性武器。这是什么？欲加之罪何患无辞。在摧毁萨达姆政权之后，小布什一点不掩饰自己真正的意图，美国在占领伊拉克后做的第一件事就是恢复用美元计价、结算伊拉克出口的石油。第一个想要挑战美元地位的国家被颠覆后，欧元的涨势也停止了。

　　但是到 2006 年 3 月，伊朗又宣布要用欧元计价、结算出口的石油。不过伊朗做的比伊拉克聪明多了。它非常正规地搞了一个伊朗石油交易所，符合所谓市场经济的程序，然后宣布以欧元计价，而不是像伊拉克那样宣布除了美元什么货币都可以，直接挑衅美国。在伊朗宣布以欧元计价、结算出口的石油后，美国怎么办？难道它会明目张胆地对伊朗出兵吗？这相当于直接挑战欧元，这个做法肯定太不明智了。所以，伊朗的这个做法让美国非常头痛。

　　就在美国为伊朗的事烦恼的时候，2006 年 3 月，美国的次贷危机开始酝酿，并在 2007 年 2 月正式爆发。在经济陷入严重的衰退后，美国开始更加深入地思考。既然爆发严重的经济危机已经不可避免，美国该怎么办？

我相信美国的精英阶层一定在想，如果自身危机不可避免的话，最好的做法就是把中国、欧盟，还有俄罗斯一起拖下水。怎么做？第一步，利用石油战争操控石油价格将全世界一起拖下水，也就是透过抬高石油价格全面拉抬打击中国和欧盟。2006 年的时候，石油价格大概 60 美元/桶，还算是比较正常的价格，但在 2008 年原油价格开始大幅波动，最高价格达到了 147 美元/桶。

有人会质疑，这确实是美国在幕后操纵的吗？我给各位看一组数据，2008 年拉动石油价格到最高点的是高盛、摩根大通、巴克莱、摩根士丹利四家投行，它们当时操纵了石油商品掉期交易头寸的 70%。在它们吹响集结号之后，有 800 只基金进入石油期货市场，所以操纵石油期货的资金由 130 亿美元暴涨到了 3170 亿美元，增长了 2300%，也就是涨了 23 倍。这些基金是如何拉抬油价的？各个基金之间不停地转手一桶原油，让一桶原油从储运到消费之间经过 27 次转手。什么概念？每经过一次转手，原油价格就会上涨一些，最终将石油价格炒到最高点——147 美元/桶。在这个原油价格历史最高位上，欧洲经济全面瘫痪，中国经济也面临非常大的困难。

在这个时候，我们发现了一个可怕的现象，那就是美国为了给欧元第二个沉重打击，引爆了它在欧洲埋伏多年的主权债务危机"地雷"。其实，早在 2002 年美国已经开始酝酿针对欧元的货币战争。2002 年，希腊想加入欧盟，但它的负债比例过高不符合欧盟的入门条件。这个时候高盛说，它有办法帮希腊"瞒天过海"加入欧元区。怎么做？高盛让希腊政府发行 100 亿欧元的债券，但是通过一个衍生品合约给了希腊 110 亿欧元现金，相当于凭空多出来 10 亿欧元。之后，高盛又将这个衍生品合约转卖给了希腊的银行，为主权债务危机埋下"地雷"。

再告诉各位，根据媒体的报道，高盛当时为很多加入欧元区的国家都做了类似的策划案。既然美国透过投行给欧元区埋下了这么大一个地雷，它缺少的仅仅是一条导火线。那么在 2008 年 11 月，石油价格达到最高点，正好给了美国人这个契机。

2008 年油价高涨，工会力量强大的欧洲爆发了反对油价上涨的游行示威和罢工浪潮。其中，西班牙、意大利、希腊和马耳他的渔民工会透过封锁港口等抗议行动，逼迫政府加强补贴援助。希腊的骚乱最严重，竟然持续了两个月，导致 2009 年希腊财政赤字大幅上升，赤字占 GDP 的比例从预计的 6% 上升到 13.2%，涨了一倍多。

这个时候美国看到机会了，高盛在希腊爆发危机的节点满世界喊，当初它给希腊设计的债券是有问题的，让大家赶快抛售希腊国债。一个小小的希腊哪里是高盛的对手，债务危机的恐慌从希腊开始，一直蔓延至整个欧盟，欧债危机迅速爆发，打得欧盟措手不及。

请注意，这就是美国为欧元区精心设计的石油战争加主权债务危机，使得整个欧洲陷入混乱，至今没有恢复。所以我请问各位，欧元今天可能取代美元吗？在欧洲经济深陷危机之时，是不可能的。

中国在 2008 年由石油价格暴涨引发的大宗商品价格暴涨时期，也面临了非常大的冲击。在这种情况下，我们自己在防御时还犯了错误，就是我经常诟病的"四万亿投资计划"。这个庞大的政府投资计划到底给中国经济带来了怎样的影响，我在过去的作品《郎咸平说：中国经济到了最危险的边缘》《郎咸平说：让人头疼的热点》中都做了详细的解读，这里不再赘述。

五、美国操纵国际石油价格，阻碍中国、俄罗斯经济发展

美国在成功引爆欧元区两颗"炸弹"之后，突然发现石油价格上涨对俄罗斯很有好处。普京在 2000 年就任俄罗斯总统的时候，石油价格只有 20 美元/桶，经过美国人的运作一下子涨到 140 多美元/桶。俄罗斯的经济年增长率因此能保持在 6.5% ~ 7%，进入世界前十大经济体之列，黄金和外汇储备跃居世界第三位。

另外，因为俄罗斯的财政收入有 52.2% 都来源于石油出口，石油价格越高，俄罗斯的财政收入越丰裕，所以在这段时间，普京政府给俄罗斯的

公务员、医生、教师，甚至军人都加薪，而且给退休基金也投入了大量资金。这些做法让俄罗斯老百姓非常心动，普京在俄罗斯的声望如日中天，支持率甚至达到了80%。

俄罗斯经济实力的增长，难道真是普京一个人做成的吗？不是，我不是说他不能干，但俄罗斯经济实力的上升并不是靠他的个人能力，而是靠石油价格在他执政期间的迅速攀升实现的，是石油价格塑造了"普京强人"这个形象。但在经济实力上升后，我们发现以普京为代表的俄罗斯人变得非常嚣张，甚至派出轰炸机到美国的领空边缘去巡逻。我想请问，美国能够容忍吗？石油价格涨到这么高，俄罗斯不但受益而且变嚣张了，美国能够容忍吗？美国后来是怎么做的？透过压低石油价格给俄罗斯一个教训。

如何让油价下跌呢？美国国会出马了，2008年5月它请来索罗斯等国际金融投机大鳄作证指出：国际原油价格正在被操纵。一般情况下，这种调查是完成以后才会披露，但是美国证券期货监管委员会反常地公开宣布，它们正在调查期货操纵行为。这个消息一经发出，石油价格在两个月后开始下跌，并在当年12月19日跌到33美元/桶的谷底。

这个消息对俄罗斯来说就是晴天霹雳，因为石油价格跌到70美元/桶的时候俄罗斯经济还能维持正常运作，只要跌破60美元/桶大关，俄罗斯就会爆发财政赤字，跌破40美元/桶，则一定导致国际收支出现逆差，而且这种情况一旦维持两年以上，俄罗斯经济就可能崩溃。当美国将石油价格操控到33美元/桶的时候，俄罗斯立刻爆发严重的通货膨胀，失业率创下历史新高，股市市值跌了70%。俄罗斯经济一片萧条、哀鸿遍野。

好了，那么到2009年奥巴马上台后，我相信他一定会思考，金融危机使得美国经济受到打击，而美国又透过拉抬油价到最高点，打击了欧盟和中国经济，之后又把原油打到最低点打击俄罗斯经济，使全世界经济陷入萧条。这之后美国应该怎么做？美国要成为第一个经济复苏的国家。怎么做？2009年奥巴马宣布以重塑制造业拉动美国经济。各位应该都晓得，要推动制造业复苏有多不容易，特别是美国在各项生产成本都非常高的情况下，美国制造业产品不具备价格竞争优势。所以最后摆在奥巴马面前的问题简化成了如何降低制造业生产成本。

在这个时候美国的页岩气开发、利用技术已经非常成熟了，而且商用效果非常好，产量在稳定地上升。所以奥巴马清楚地知道，美国在不久的未来将成为能源自给自足的国家，而美国制造业的成本也会因为能源价格降低而相应地降低。

美国重塑制造业的最大竞争对手是谁？不是俄罗斯，而是中国，以及欧洲的德国、法国。美国的这些竞争对手都属于我所说的能源进口多元化集团，也就是能源需要进口的国家。所以，奥巴马在上台之后，再次提升石油价格。2009 年，世界原油价格上升到了 70 美元/桶，2010 年石油价格上升到了 80 美元/桶，2011 年涨到 100 美元/桶。与此同时，其他大宗商品价格跟着上涨，直接增加了中国和欧洲制造业的成本。

最近一两年，美国因为能源自给自足，天然气价格比日本、德国、法国、英国和意大利低了 60%～70%，直接导致美国的电价比这 5 个国家低40%～70%。另外，由于经济危机导致失业率上升的影响，美国的人工成本大幅下降，这几年在美国政策的刻意调整之下，也没有显著的回升，所以美国劳动成本竟然比这 5 个国家低 15%～35%。因此，美国制造的总成本目前比这 5 个国家低 8%～18%。

我还要告诉各位一个令人震惊的消息，美国制造业的生产成本目前只比中国高 5% 而已，你晓得这有多可怕吗？我们制造业的生产成本优势只有 5%，但我们其他成本却远远在美国之上。比如官僚成本、物流成本、管理成本等，都比美国高。另外，美国的创新能力远远在我们之上，奥巴马在第一任任期内就连续发布政令鼓励民间创新，鼓励纳米技术、感应器、机器人、3D 打印等的发展。我请问，中国制造如何与美国制造竞争？

美国先是透过操控石油价格把全世界拉入经济危机泥沼，接着利用自身页岩气开采、利用优势，以及创新能力实现重塑制造业，进而提振了整个美国经济。时至今日，美联储停止量化宽松（QE），美国经济已经提前复苏回暖。而反观中国呢？我们的经济陷入了非常困难的境地。我必须承认，这一切和美国的能源战争关系重大。

我在这里做一个总结。首先，我很高兴看到中国和俄罗斯签订了天然气合同，这显示中国正像德国、法国一样，走向能源进口多元化，让我们平稳进入一个能源安全新常态。第二，由于美国将逐渐成为能源自给自足的国家，它对国际能源价格的操控将更加得心应手，在其操控的过程中，以中国、德国、法国为代表的能源进口多元化国家，和以俄罗斯为代表的能源自给自足但主要靠出口能源支撑经济的国家，都将受到美国的牵制。

但我们要更加清楚地意识到，这不仅仅是能源环境安全的问题，而是我们进入了一个已经爆发，且会愈演愈烈的能源大战的危机当中。所以我希望，不单是各位读者，我们的有关部门也能够深刻地认识到危机的可怕性。

第二十一章　国际贸易新常态：
以国际合作回击美国的挑战

2014 年 11 月在北京举办的 APEC 可以说是万众瞩目，中国作为本次会议的主办国出尽了风头。那么各位朋友有没有在歌舞升平中看到，其实我们在处处"亮剑"。为什么？我在这里提出一个新的观念，那就是利用国际合作突破美国的封锁，而且我认为目前的结果是理想的，是正面的，它也许将成为我们迎接国际贸易博弈的新常态。

一、美国提出 TPP 狙击和包围中国

美国为什么要在经济、外交等方面处处对我们进行封锁？2001 年的时候，我们经历多番谈判终于加入 WTO。在当时，我们的国际贸易进出口总额是 5098 亿美元，排世界第六名，而且 GDP 排名也是世界第六。加入WTO 之后，中国在国际贸易方面的发展可以说是突飞猛进。到 2012 年的时候，我们的进出口总额已经上升到 3.87 万亿美元，超过美国成为世界第一；GDP 也超过日本，成为世界第二。这个时候，看着中国经济体量的成长势头，美国不可能坐视不管，它把崛起的中国当作了自己的竞争对手。

2012 年还发生了另一件重要的事，就是俄罗斯也加入了 WTO。什么意思？对于美国而言，连曾经的冷战对象、现在的制裁对象俄罗斯都加入WTO 了，就相当于基本上全世界的大经济体都加入了这个组织。那么大家

都有最惠国待遇，和没有这个待遇有什么区别？世界贸易体系和没有 WTO 之前有什么区别？所以美国希望国际贸易关系能够重新洗牌，针对正在崛起的中国和俄罗斯。

美国是怎么做的？它搞了两个所谓的"新世贸"，一个是和欧盟合作的"跨大西洋贸易与投资伙伴关系协定"（TTIP），另一个是"跨太平洋伙伴关系协议"（TPP）。我在这里只谈和中国息息相关的 TPP，它的另一个名字叫作 ABC 世贸，什么意思？就是 Anyone But China ——除了中国谁都可以。那么由此可以看出，这个协议本身的设定就是要把中国排除在外。

背景提示：跨太平洋伙伴关系协议（Trans‐Pacific Partnership Agreement，TPP），也被称作"经济北约"。前身是跨太平洋战略经济伙伴关系协定（Trans‐Pacific Strategic Economic Partnership Agreement，P4），是由亚太经济合作会议成员国中的新西兰、新加坡、智利和文莱四国在 2002 年发起的一组多边关系自由贸易协定，旨在促进亚太地区的贸易自由化。

2008 年 2 月美国宣布加入，同年 9 月，美国总统奥巴马决定参与 TPP 谈判，并邀请澳大利亚、秘鲁等一同加入谈判。2009 年 11 月，美国正式提出扩大"跨太平洋伙伴关系计划"，澳大利亚和秘鲁同意加入。美国借助 TPP 的已有协议，开始推行自己的贸易议题，全方位主导 TPP 谈判。自此"跨太平洋战略经济伙伴关系协议"更名为"跨太平洋伙伴关系协议"，开始进入发展壮大阶段。TPP 将突破传统的自由贸易协定（FTA）模式，达成包括所有商品和服务在内的综合性自由贸易协议，对亚太经济一体化进程产生重要影响。

美国 2008 年加入 TPP 之后，又召集了澳大利亚等其他国家一起加入，目前 TPP 已经有 12 个成员国，而包括日本、韩国在内的 7 个国家也在考虑加入。那么最后，如果以美国为首的 19 个国家都加入到这个 TPP 里面会有什么结果，各位知道吗？对中国的影响将非常巨大。

根据 TPP 的规定，成员国之间进行贸易可以减免关税。如果中国加入不了 TPP，那么在面对 TPP 组织中同一出口对象时，TPP 成员国就比我们有优势。根据美国彼得森国际经济研究所的估算，如果 TPP 建成，中国的年出口额将因为贸易转移而损失 1000 亿美元；美国的出口则可以增加 1910 亿美元。各位晓得吗？中国 2013 年的出口总额是 2.21 万亿美元，一旦 TPP 成型，我们每年的进出口总额将可能减少约 4.5%，这是对我们国际贸易的直接打击，间接打击则是针对整个宏观面的，包括企业倒闭、人员失业等。

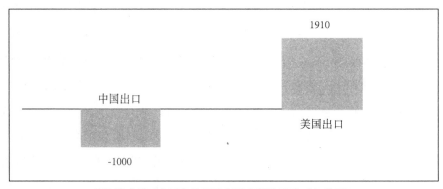

TPP 建成后对中国年均国际贸易总额的影响（亿美元）

另外，TPP 还要求签署国之间互相购买原料和产品才能完全免税，形成圈子内的经济互动。一旦 TPP 建成，以原材料为例，加拿大、美国、澳大利亚、新西兰、智利等都可以作为农业、工业原材料供应国，这样中国就在原材料上被 TPP 成员国排除在外；再看制造业方面，越南、马来西亚等东南亚国家将取代我们在低端制造业的位置，美国、日本，还有韩国将进一步限制中国高端、中端制造业的发展，这种所谓的一条龙产业链一旦形成，中国制造就将被 TPP 成员国彻底排除在外。我曾经多次强调过 TPP 的可怕之处，希望能够引起多方的关切。

二、TPP 入门要求掐住中国经济"七寸"，中国无法加入

有些人会说，既然没有加入 TPP 对我们这么重要，那么我们加入进去

行不行？以前我们要加入 WTO 美国不是也反对吗？我们最终也加入了。告诉各位，TPP 的进入门槛非常严苛，有几个关键条件都卡在了我们的"七寸"上，可以说 TPP 的游戏规则就是不让中国加入。

首先，TPP 要求农业、工业、服务业这三大产业必须完全开放。以中国目前的现状而言，第二产业工业，以制造业为例我们基本上都开放了。第三产业服务业当中除了金融之外，其他大部分的服务行业基本上也开放了。那么金融行业能不能开放？不可以。各位晓得日本为什么会在 20 世纪 90 年代爆发金融危机，欧洲为什么会在 2009 年爆发债务危机吗？原因就是，日本希望在 20 世纪 80 年代"买下美国"的背景下搞日元国际化；2010 年之前，欧洲想搞欧元国际化。美国为了打击日本、打击欧洲，就通过华尔街精心策划了一个所谓的狙击战，首先在 20 世纪 90 年代狙击日本，使得日本在 1990 年 1 月的时候楼价、股价暴跌，造成日本经济萧条 20 多年；20 年后美国又透过华尔街打狙击战，透过希腊危机打击欧元，最终在 2009 年引爆欧债危机。关于货币战争的问题，我在本书的其他章节给各位仔细分析。

日本和欧盟都在美国精心策划的华尔街阴谋里败下阵来，那么我请问各位，我们的金融体系有能力抵挡住华尔街的狙击战吗？我们极其缺乏金融操作高手，要想成为金融高手不是说聪明、有学识就可以，全球顶尖金融人才俱乐部始终建在美国，我们很难加入其中。那么在金融操作手段不达标的情况下，我们当然不能锁国，永远不开放这是不可以的，但我主张逐步开放，不要一下子就全面开放，这个想法应该是和我们的政府不谋而合的。2014 年 11 月 17 日，上海市市委书记韩正说："下一步的工作目标之一就是在风险可控的条件下以间距有序的方式允许上海自由贸易区内合格的个人开设资本账户。"这就是所谓的金融逐步、稳步开放，而不是 TPP 要求的全面开放。

那么第一产业——农业，它能不能开放？不可以，我讲过多次，我本人反对农业开放，甚至反对外资参与中国的农业，这出于我对粮食安全的危机感，这一点也与我们新一届政府的思路基本吻合。2013 年 10 月 29

日，习近平主席在山东农科院召开座谈会说，"保障粮食安全对中国来说是永恒的课题，任何人任何时候都不能放松，历史经验告诉我们一旦发生大饥荒，有钱也没用，解决 13 亿人口的吃饭问题要坚持立足国内"。

总结中国当前的情况来看，我们的农业最好是完全不开放，服务业里面的金融业是逐步开放，这些已经完全违反了 TPP 的游戏规则，所以中国是不能加入的。

三、北京 APEC 峰会：透过"三个组合拳"建立攘外安内的经济新常态

既然无法加入 TPP，我们就要想办法阻击其一旦成立可能带给我们的冲击。那么在 2014 年 11 月的 APEC 会议当中，我们的政府透过"三个组合拳"——建立亚太自由贸易协议（FTAAP），强化丝绸之路的重要性，建立"两行一金"的方式，回击美国领头的 TPP。

第一拳是 FTAAP。目前，APEC 有 21 个成员国，TPP 只有 12 个。两个集团对全球经济的影响体量是不同的。截至 2014 年，TPP 国家 GDP 占全球 GDP 的比重是 37%，APEC 国家是 57%，当量比 TPP 国家大得多，所以一旦成立亚太自由贸易区，我们的国际贸易势必会大幅度地提升。数据显示，如果 FTAAP 成型，中国每年的出口总额将可增加 1.6 万亿美元，当然，与此同时美国也能获利 6260 亿美元。但是中国出口的这个飞跃使美国感到压力异常的大，它是怎么做的？根据商务部网站披露的信息，"美国在会前对中国施压，阻止中国在 APEC 结束时发表对 FTAAP 进行'可行性研究'以及 2025 年建成该自贸区的公报"。结果各位都知道了，习近平主席还是发表了有关 FTAAP 的重要讲话，并且明确了可行性研究时间是两年。

我们提出的 FTAAP 和美国的 TPP 打擂台，目前取得了什么成果？2014 年 11 月，韩国考虑加入 FTAAP。在 APEC 会议期间，韩国总统朴槿惠主动支持我们提出的 FTAAP。这让美国非常不高兴，所以 APEC 期间的美韩首脑会谈只进行了 20 分钟就草草收场。

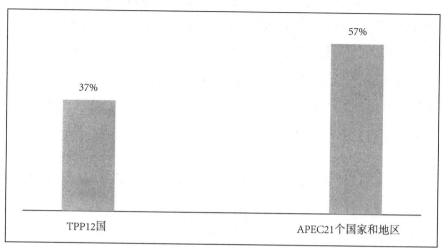

GDP 占全世界比重

韩国为什么在考虑加入 TPP 之后，又公开支持 FTAAP？其实韩国也不敢开放农业，韩国的农业和畜牧业团体的政治力量非常大，如果开放国内市场，将侵害这部分人的利益。相对于 TPP 的苛刻条件，我们主导的 FTAAP 的入门门槛要低很多，没有开放农业的要求。因此韩国加入 FTAAP 的机会远远大于 TPP。另外，日本的情况也是一样的，各位都知道日本农民的政治实力是非常强大的，很多的日本议员都是从农业群体里面选出来的，所以日本也不可能开放本国农业。因此，日本加入 FTAAP 也是可以期待的。

除此之外，目前已经是 TPP 成员国的澳大利亚也在 2014 年 11 月 17 日宣布加入 FTAAP。对于我们一般老百姓来说，以后澳大利亚的牛奶可以免税进入中国。这件事情对于我们对抗美国的 TPP 而言，也是一个重大利好。按照这种速度走下去的话，我相信很多国家都有可能加入 FTAAP，而不是 TPP。

第二拳，就是我在其他章节特别讲解的"一带一路"战略，我在这里不再赘言。总结而言，"一带一路"有两大贡献，第一是开创了前所未有的跨欧亚大陆的货物高效运输体系，这有助于我们消化过剩产能；第二，透过"一带一路"，我们可以推动人民币国际化。透过丝绸之路这第二个组合拳，我们正在将中国的外贸影响力推广到中亚地区和欧洲。

第三拳，成立"两行一金"——金砖银行、亚洲基础设施投资银行、丝路基金，这些金融支持也都是为了消化我们的过剩产能。中国经济是严重的产能过剩，在2008年11月推出"四万亿投资计划"之后，我们的各行各业都开始疯狂地生产、建设，我们的工业产能过剩，基础设施建设产能也过剩，除了对外输出，没有其他更好的渠道。

另一方面，根据亚洲开发银行的估计，2020年之前亚洲其他国家的年均基础建设投资高达7300亿美元。这么大的需求市场正好和我们过剩供给匹配，我们当然要去抢夺。但其中重要的问题之一是，很多有需求的国家没有足够的资金。怎么办？这就是我们使出的第三拳，成立三大金融机构帮助能消化我们过剩产能的国家，把钱借给它们来买我们的产品。

我先说金砖银行，它主要是服务除中国外的其他四个金砖国家——俄罗斯、印度、巴西、南非的基础设施建设，初始资本金1000亿美元，由金砖五国平均出资。中国财政部副部长朱光耀在2014年11月表示："金砖国家开发银行将专注于基础设施开发，与世行和其他地区性银行在基础建设项目上展开合作。"美国彭博社对金砖国家的评价是"造了西方主导的国际金融体系的反"，亮出了"威胁和讨价还价的筹码"。

接着说亚洲基础设施投资银行，创始国一共有21个，包括孟加拉国、文莱、柬埔寨、中国、印度、哈萨克斯坦等，基本都是中国的周边国家，而且大部分对中国基建能力有需求。它的初始资本金也是1000亿美元，各成员国按照GDP份额入股。2014年10月2日，习近平主席访问印尼时说："中方倡议筹建亚洲基础设施投资银行，愿向包括东盟国家在内的本地区发展中国家基础设施建设提供资金支持。"

最后谈"丝路基金"，它是和亚洲基础设施投资银行一起，在2014年11月初召开的中央财经领导小组会议上被提出的。在之后几天召开的APEC峰会上，习近平主席公开表示，中国将出资400亿美元成立"丝路基金"，为"一带一路"沿线国家基础设施、资源开发、产业合作、金融合作等，与互联互通有关的项目提供投融资支持。按照财政部部长楼继伟的说法，丝路基金将于2015年投入运作。

各位晓得"两行一金"的体量有多么庞大吗？它们三个的初始资金就有 2400 亿美元，在全世界主要的同类金融机构中，它们目前的体量仅仅排在欧洲投资银行之后，但比世界银行的规模还大。而这三家金融机构的主要成员国就是中国，这使得我们将真正成为亚洲地区重要的经济实体，并且有助于我们突破 TPP 的封锁。

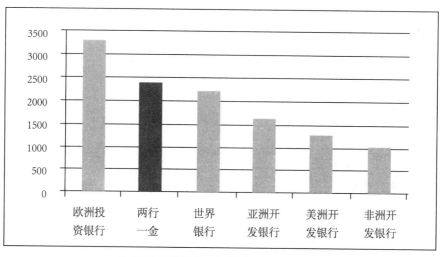

全球国际性银行资产规模排行榜（亿美元）

作为一个学者，我对于中国政府最近几年一系列的"亮剑行动"是非常认可的，它们组合起来的力量绝对有可能突破美国 TPP 的封锁。美国起初突然参与进 TPP 的根本目的，就是为了把中国排除在外以后，联合其他国家制定所谓的国际贸易新规则。那么我们在 2013 年推出上海自贸区，虽然也是还击和自我改革的一个方式，但是坦白讲它现在的体量和开放程度无法和 TPP 相抗衡。

那么在这里我特别想说的是，不能够在各地疯狂上马自由贸易区，我认为它的意义不大。我个人认为，中央政府应该对自贸区做出新的思考，在中国境内搞特区、贸易区的时代已经过去了。我们现在最应该做的是把"三个组合拳"发挥好，以整个国家的经济当量来推动自由贸易，来和美国抗衡。由此看来，在北京举行的 APEC 峰会最终取得的成果，将会为我们对内消化过剩产能、产业升级转型，对外抵御来自美国 TPP 等的国际狙击展开全新的一页——以举国经济实力攘外安内，让中国能够真正成为亚洲各国重要的经济伙伴，让每一位中国老百姓都能得到实惠。

第二十二章　国际货币新常态：
人民币能够真正实现国际化吗

一、不了解美国的动向，就没有资格谈论人民币的走向

我想在这里谈一个非常惊悚的话题——货币战争。为什么？日本透过"安倍经济学"让日元在两年内贬值了30%；从2014年6月开始到当年年底，欧元也贬值接近8%；而美元因为美国经济复苏，美联储取消QE，而持续走强。在这个国际大背景下，人民币该何去何从？我们只有两个选择：第一，让人民币跟着美元一起升值；第二，让人民币跟着日元、欧元一起贬值。不论我们如何选择，都会引发一场激烈的"货币战争"。2014年10月，中国各大主流媒体纷纷热议"货币战争"的话题。中证网提出"货币战争即将打响"，和讯网说"全球货币战争一触即发"，凤凰网说"货币战争悄然兴起"。

那么货币战争有用吗？我就以日元为例，给各位分析一下本币汇率对一国经济的影响。对日本汽车业来说，1美元兑换的本币每增加1日元，丰田公司就可以增加400亿日元的利润，本田公司则增加120亿日元的利润。因为日元巨幅贬值，日本汽车行业在2013年整个会计年度的总利润达到了1.8万亿日元。如果日元汇率维持在目前的水平，2014年下半年还将给日本7家汽车厂商带来1578亿日元的额外收入。

电子和机械行业也因为日元贬值而大获其利。据日本经济研究机构的测算，如果日元对美元的汇率维持在 104 日元兑换 1 美元的水平，则 2014 下半财年，日立公司可望增加 124 亿日元、佳能可望增加 62 亿日元、小松制作所可望增加 74 亿日元的利润。

旅游行业也是一样，由于日元贬值，来日旅游的费用大幅降低，前来观光的外国游客人数暴涨，2013 年首次超过了 1000 万。2014 年 1—7 月的游客人数增幅进一步增长，达到了 753 万人，同比增长 26.4%。这里面，来自中国大陆的游客就达到了 129 万，同比增长 90%。

这就是为什么日本政府要让日元不停地贬值，但是有没有代价呢？有，日元贬值以后，日本进口商品的价格就会提高，而日本在核电站危机后，又是异常依赖国际能源的国家，所以日本的国际贸易在最近 3 年，连续出现了赤字。

我们再看欧元，它现在也开始步日元的后尘。2014 年 6 月，欧洲央行首度开启负利率政策，这让欧元彻底失去了继续强势的理由。欧元汇率在 6 月以后直线下跌，目前已经跌了 7.2%。欧洲央行行长德拉吉称赞欧元的下跌，而且还向投资者暗示欧元疲弱是欧洲央行政策的核心目标之一。

那么目前国际汇市的情况就是，日元贬值让日本在出口方面获得了巨大的利益，欧元也开始慢慢贬值，而且这是欧元的既定方向，欧洲央行行长德拉吉讲得非常清楚，而且他还讲了一句特别发人深省的话——"美国能在实际上采取任何措施来对抗欧洲的货币相关行动吗？答案是否定的。欧洲现在采取的货币行动正是美国在过去十年时间里做过的事情。"

德拉吉为什么这么说？这里面的意义非常重大。美元目前升值的趋向应该是不可避免的，但美国不采取对抗欧元贬值的措施，不仅仅是因为汇率的原因，它在谋划一场更大的"战争"。各位请注意，如果我们不了解美国的动向，就根本不要谈"货币战争"，也没有资格谈人民币的走向。

二、打击俄罗斯的"石油战争"，其实是"货币战争"

目前，日本和欧洲在透过本币贬值来增加出口，美国则是在让美元走强。美国为什么选择结束 QE，没有和日元、欧元一起贬值？因为美国正在联合欧洲打一场更可怕的"石油战争"，而这场战争是针对俄罗斯的。

2013 年年底乌克兰危机爆发，紧接着在 2014 年又爆发了克里米亚危机，俄罗斯与欧洲、美国等西方国家的对峙公开化。欧洲和美国对俄罗斯提出了制裁，坦白讲制裁效果并不是很好。美国不可能放弃，怎么办呢？它打算以"石油战争"带动"货币战争"。

首先，国际三大评级机构之一的穆迪在 2014 年 10 月将俄罗斯的主权债务评级降至 Baa2，离"垃圾级"只差一级；与此同时，时任美国国防部长的哈格尔在美国军人联合会上发言说："未来美军面临的任务包括极端组织和高效率的俄罗斯军队。"美国现任总统奥巴马更是多次指责俄罗斯，俄罗斯现任总理梅德韦杰夫愤怒地说奥巴马现在精神失常。

再告诉各位，我们所看到的债务打击、军事压迫，以及外交交锋都是表面现象。对俄罗斯而言，债务、军事和所谓的外交都不是它的"七寸"，它真正关心的是国际石油价格。可以说，俄罗斯唯一惧怕的是美国发动"石油战争"。

2014 年 7-10 月纽交所原油期货价格走势图

　　根据俄罗斯联邦储蓄银行的分析，原油价格要维持在104美元/桶，俄罗斯才能在2015年的财政预算中实现收支平衡。俄罗斯企业集团AFKSistema的首席经济学家Evgeny Nadorshin称，如果油价维持在90美元/桶附近，那么2014年年底时俄罗斯的经济可能会开始萎缩；如果油价跌破80美元/桶，俄罗斯政府将可能不得不削减开支。最可怕的是什么？2014年10月16日，国际油价真的跌破了80美元/桶这个关卡。

　　在2008年全球经济危机爆发的时候，国际油价要降到60美元/桶以下，俄罗斯才会爆发国际收支危机，降到40美元/桶以下才会发生财政收支的危机。可是由于俄罗斯政府最近几年为拉动经济增加了特别多的政府支出，国库不像过去那么充裕，导致俄罗斯经济对国际油价的降幅变得特别敏感。可以说按照目前纽交所原油期货价格来判断，俄罗斯很可能将无可避免地发生经济危机。就在此时，美国还有扩大俄罗斯危机的企图，它是怎么做的？依靠"两板斧"。

　　第一板斧，美国让其在中东的"小兄弟"沙特宣布，未来几个月将以50~60美元/桶的价格在亚洲和北美市场抛售石油。随后媒体在2014年10月13日报道，石油输出国组织（OPEC）当年9月的原油产量升至2013年夏天以来的最高水平。再告诉各位，在OPEC增长的几个月里，中国、欧洲这些原油进口大国都因为经济疲软，而减少了石油消费量。那么在需求减少的情况下，石油产出国为什么还要加大产量？道理很简单，听美国的话，打压油价。

　　第二板斧，美国自己出手。美国因为页岩气革命，即将在2035年实现能源自给自足，它目前的石油储备约为7亿桶，还有很多战备油井和石油储备，一旦美国出手，国际油价还将下跌。如果在几年之前，美国动用石油武器属于"杀敌一千自损八百"，但现在不同了，即使把手里的石油都抛出去，它也能靠最近几年日趋成熟的页岩气开采技术维持自己的能源正常供应。

　　各位看看，美国厉不厉害，先让沙特为首的OPEC组织打压油价，自己再把储备石油这个砝码抛出来震慑市场。与此同时，欧盟作为美国的盟友也加大了对俄罗斯的打击力度。2007 年的时候，欧洲天然气总需求量的 37% 都是由俄罗斯供应的，到了 2013 年，这个数字则降到了 31%。乌克兰危机爆发以后，欧洲正在计划到 2020 年的时候，对俄罗斯天然气的总需求减少 25% 以上，进一步减少俄罗斯对欧洲地区的能源供应影响力。所以各位发现了吗？欧盟不是在简单地打一场货币贬值的战争，它在协助美国打一场由其主导的石油战争。

我们请各位仔细思考一个问题，美国能够让美元贬值吗？目前，全球石油价格可是美元定价，美元只要一贬值石油的价格马上上涨，所以为了有效地打压石油价格，美元必须保持强势，而且美元保持强势还给俄罗斯带来极大的压力。这相当于美国在"石油战争"之外，再为自己增加了货币战争这个砝码，以实现打击卢布，强化美元霸权的战略目的。

从 2014 年年初开始，卢布兑美元持续贬值，俄罗斯央行为了维持卢布汇率的稳定，几次干预市场，但都以失败告终。比如从 2014 年 10 月 3 日起的 10 天内，俄罗斯央行接连投入 60 亿美元干预汇市，但都是以卢布持续贬值的惨败而收场。俄罗斯央行行长都坦言，他们无法与市场对抗。再告诉各位，俄罗斯政府的外汇储备在 2014 年前 10 个月大幅减少了 550 亿美元左右，其中约 400 亿美元是用来扶持卢布汇率的。截至 2014 年 10 月，俄罗斯的外汇储备仅剩 4520 亿美元。而根据俄罗斯财政部提供的数据，截至 2013 年底，俄罗斯的外债规模已达 7320.46 亿美元。因此我更担忧俄罗斯可能爆发可怕的金融海啸，这对俄罗斯经济的打击是不可想象的。

三、中国应避免直面"货币战争"

面对如此复杂的国际时局，我们的人民币该怎么办？2014 年 1 月之前的几年时间里，人民币兑美元几乎一直是单边升值的局面，甚至在 2014 年 1 月创下了 6.1:1 左右的历史高位；但是人民币在 1 月突然出现了大幅贬值，一直到 5 月跌到 6.25:1 左右才止住单边贬值的趋势，然后又逐步升值到 6.15:1 左右的水平，并开始持稳。对于人民币汇率的一系列波动，我不想谈论央行在里面可能的动作，只想透过自己的分析告诉各位人民币走强是一个什么样的概念。

目前，我们的经济困境是什么？那就是"三驾马车"基本上都出了问题。首先谈消费，以 2011 年的数据为例，我们的消费比重只占了 GDP 的 35%，与此同时美国的这一比例是 70%，其他发达国家也差不多是 70% 左右。用消费拉动经济是很多发达国家的必行政策，中国 35% 的比例只是人家的一半。数据这么难看，怎么办？我们修正了统计方法，2013 年的时候，中国最终消费在 GDP 中的占比达到了 50%。告诉各位，我其实一直不认同这个所谓的修正数据，为什么？修正数据对我们的经济发展是没有益处的，实话实说才是最根本的统计方法。

再告诉各位，就算我们把数据修改了，美国 2013 年消费占 GDP 的比重已经超过 80% 了。这么看，我们的消费对 GDP 的拉动作用还是非常有限。我们有些学者说，中国的储蓄率非常高，是潜在的消费力量。这完全是曲解数据的结果。我曾经在《郎咸平说：让人头疼的热点》一书中提到过，中国 90% 的人口人均储蓄还不到 1 万人民币。而且这个占人口大多数的群体还要为看病、孩子学费等花销预留出资金，他们怎么可能增加消费？所以，在中国这么一个财富分配严重不均的国家里面，想靠储蓄拉动消费基本上是不可能的。

看第二驾马车——投资。"四万亿投资计划"导致了严重的产能过剩，所以新一届政府已经明确表示不能再用刺激政策。这个做法是对的，因为在当下的中国，投资已经不能拉动经济了。

既然消费不行，投资不行，那么出口怎么样呢？各位应该都晓得，汇率对国际贸易的影响非常大，特别是像我们这样的国际贸易大国。那么在此次的国际货币大战中，欧元和日元已经开始贬值，而欧洲又是我们重要的出口目的地，本币贬值意味着对欧洲人来说买中国生产的东西将需要花更多的欧元。那如果人民币跟着欧元一起贬值呢？因为欧元一直在贬值，我们也贬值的话，很难说在降幅上能超过欧元，重新拿回低价优势。再看美国，美元现在在稳步升值，那么我们是不是让人民币越贬值，对美出口越有利呢？也不是，因为美国现在正在全面实行"制造业回归"，奥巴马政府不光想召回高端制造业回归本土，他还想发展低端制造业解决美国的就业问题。所以中国对美国的出口货物，我很担忧会逐渐被美国本土的制造业所取代。因此，对美元大幅贬值在未来能不能够增加出口我都表示担忧。

这么看来，人民币贬值对欧美出口市场的影响力不会有我们想象的那么大。所以我们看到人民币在 2014 年 5 月又重新开启了升值空间。而人民币升值对出口肯定有打击，那么人民币升值有没有一点好处呢？我想还是有一个好处的，那就是有助于人民币国际化。

如何实现国际化？我认为如果人民币维持稳定，能够在国际化方面有所进展，因为人民币要想成为其他国家的储备货币，就一定要稳定，这是一个基础。比如德国马克，在推行欧元之前，德国马克的币值是稳定且不断升值的，因此欧元就是以德国马克为基础而发展出来的。所以，人民币如果想成为其他国家的储备货币，就必须维持币值稳定。

我们目前正在大力推行人民币国际化，而且已经有了一些效果。比如2014 年 10 月 18 日，英国发行了首只人民币主权债券，该债券将直接注入英国的外汇储备池，人民币或将成为继美元、欧元、日元、加元以外的第五大英国外汇储备货币。目前，俄罗斯、韩国、蒙古、马来西亚、白俄罗斯、尼日利亚等 40 多个国家已将人民币纳入其外汇储备。2014 年 6 月以来，在央行的布局下，伦敦、法兰克福、巴黎、卢森堡等欧洲多地正在逐渐形成离岸人民币中心。另外，我们正在积极建设的"一带一路"也是人民币实现国际化的重要推手之一。

根据环球同业银行金融电讯协会（SWIFT）公布的数据，目前人民币已成为全球第二大国际贸易融资货币，跃居全球外汇市场交易最活跃的十大货币之列，并已成为全球第七大支付货币，前六大货币包括美元、欧元、日元、加元等。人民币排在第七位，表示我们还有很长一段人民币国际化的路要走。

除了保持币值稳定、继续推进国际化，我们还必须要特别警惕美国。

为什么？美元是全世界的强势货币，过去欧元、日元要国际化，都遭到了美国的打击。比如欧债危机和日本经济危机，都是美国打击欧元、日元国际化的手段。所以一国货币如果进行国际化，且威胁到美元地位的话，就会遭到美国的疯狂报复。这一点我希望我们的有关部门应该密切注意。

如此看来，人民币走强、持稳，对我国的国际贸易将造成打击，且会受到来自美国的打击。但就目前的情形看，我们的政府很坚决地选择了人民币强势，进行国际化这条路。而这就将不可避免地遭遇"货币战争"。

我认为我们的行政部门在当下，应该在日本、俄罗斯、美国之间发生的"货币大战""石油大战"中保持一个独立的心态，我们如何做才能够让老百姓获得最大的利益，才是货币应该持有的新常态。这个时候不必极早表态，我认为既不要让人民币马上贬值，也不要马上升值，最好是边走边看。俄罗斯的金融危机可能很快就要爆发了，它在这个时候会非常希望和中国保持一个良好、稳定的能源贸易，可以从我们这里拿到美元。这意味着我们有更好的谈判本钱，我们可以购买俄罗斯更多更便宜的石油和天然气。我甚至相信，俄罗斯在"石油大战"的压迫之下一定会出让更多的利益给中国，这个时刻就不是货币战争的问题了，而是中国如何参与本次"石油战争"，甚至是未来"能源战争"的问题了。

今天的中国处于一个非常复杂的局面，人民币国际化的过程中不单单要遭遇"货币战争"，因为汇率问题牵一发而动全身。我认为在这个时刻应该重新衡量国际局势，坐下来和俄罗斯谈判、和美国谈判、和欧洲谈判、和日本谈判，取得我们最大的利益。其中，尤其是对一个金融海啸即将爆发的俄罗斯，一个外储即将枯竭的俄罗斯，我们更要处理好和它的关系，希望我们能够在国际军事、政治、经济、能源等方面，与俄罗斯一同分享更大的蛋糕，这是我给部门的建议。不要急急忙忙地打一场"货币战争"，因为贬值对人民币国际化不利，升值对出口不利。如何维持一个"货币战争"不爆发的局面，同时在国际争夺上取得更大的利益，我相信是有关部门目前应该考虑的一个现实情况。